Rupert Voß

Herz-Schlag

RUPERT VOSS
Initiator der Work and Box Company

Herz-Schlag

Mein Engagement für Menschlichkeit

Unter Mitarbeit von
Sibylle Dietermann

KÖSEL

Für Viktoria

FSC
Mix
Produktgruppe aus vorbildlich bewirtschafteten Wäldern und anderen kontrollierten Herkünften
Zert.-Nr. SGS-COC-1940
www.fsc.org
© 1996 Forest Stewardship Council

Verlagsgruppe Random House FSC-DEU-0100
Das für dieses Buch verwendete FSC-zertifizierte Papier *Munken Premium* liefert Arctic Paper, Munkedals AB, Schweden.

Umschlag: 2005 Werbung, München
Umschlagmotiv: Matthias Tunger
Druck und Bindung: GGP Media GmbH, Pößneck
Printed in Germany
ISBN 978-3-466-30842-2

www.koesel.de

Inhalt

Prolog

Montagmorgen in der Work and Box Company. Ich ziehe meine roten Boxhandschuhe an und steige in den Ring. Werner, mein Partner in unserer Jugendwerkstatt für gewaltbereite junge Männer, leitet das Boxtraining. Mir gegenüber steht der 17-jährige Mike*. Außer uns sind noch sechs Jungs im Ring. Wir machen Partnerübungen. Werner gibt die Techniken vor: »Immer zwei Gerade, zwei Schwinger, zwei Haken. Der eine schlägt, der andere deckt sich und schlägt nicht zurück. Dann wird gewechselt.« Es ist halb neun am Morgen, und wir schwitzen schon. »Fester!«, muss ich Mike immer wieder auffordern und: »Komm auf mich zu! Näher!« und: »So triffst du mich nicht!« Mike grinst mich unsicher an, dann schaut er an mir vorbei und bewegt seine Fäuste ohne Kraft, ohne Überzeugung in meine Richtung. »Mann, schlag doch wenigstens einmal richtig zu. Oder kannst du das nicht? Auf der Straße kannst du das doch auch.« – »Auf der Straße ist doch ganz was anderes. Warum soll ich dich denn schlagen, ey? Hab ich 'ne Wut auf dich? Nee!«

»Und Wechsel!«, ruft Werner. Jetzt bin ich dran mit Schlagen. Nun muss Mike sich decken, die gelernten Verteidigungstechniken einsetzen. Er muss auf die sechs Schläge reagieren und sich schützen, ohne dabei selber kontern zu dürfen. Auf sich selbst achten – das kann Mike genauso wenig. »Wie bist du denn mit *der* Deckung durch deine Schlägereien gekommen?«, frage ich ihn. »Erstaunlich, dass dich nicht längst einer plattgemacht hat.« – »Schwall nicht rum,

---

* Die Namen und Lebensumstände aller Jugendlichen sind in diesem Buch geändert.

Mann. Ich hab dir schon gesagt, dass das alles auf der Straße ganz anders läuft.«

Wie es auf der Straße läuft? Davon hat Mike vor ein paar Tagen im Erstgespräch erzählt, im Büro der Work and Box Company. Wir sind ein berufsbezogenes Jugendhilfeprojekt für straffällige junge Männer von 16 bis 21 Jahren. Die meisten haben neben ihrer Gewaltbereitschaft noch weitere Probleme wie fehlender Schulabschluss, Drogen oder Schulden. Auch Mike hat in seinem Strafregister schon einiges vorzuweisen, unter anderem Körperverletzung, räuberische Erpressung und Diebstahl. Er spricht von seinem bisherigen Leben und redet über seine letzte Schlägerei wie über einen Actionfilm. »Ich kann auch nicht sagen, wie ich da reingeraten bin. Plötzlich ging die Post ab – es war echt 'ne Massenschlägerei. Jeder hat auf jeden eingedroschen, der eine lag sofort am Boden und hat geblutet. Ich weiß nicht, Mann, wie das gekommen ist. Ich hab mich umgeschaut und war einfach mittendrin.« – »Und weiter?« – »Dreimal hab ich zugeschlagen. Ja, dreimal.« – »Und du weißt nicht, wie du da reingeraten bist?« – »Ich? Nee ... Also, ich war mit Freunden unterwegs, vier oder fünf Kumpels. Wir standen da so vor der Hauptschule herum, und ich hab gesehen, da haben sich ein paar geschlägert. Der eine Typ ist dann gleich zu mir rübergekommen, wollte mir auch eine verpassen. Ich hab ihm einen Tritt gegeben. Dann lag er auf dem Boden. Danach war es schon vorbei. Der zweite hat seine Schläge von den andern bekommen. Und – na ja ... ich hab ihm seinen Geldbeutel aus der Tasche gezogen und eingesteckt.«

»Hast du ihn angemacht? Ja oder nein?« – »Also, wenn ich jetzt denke ...« – »Ja oder nein?« – »Wenn du ...« – »Ja oder nein?« – »Jetzt lass mich doch reden, Mann! Wenn mich einer so volltextet und mich nicht in Ruhe lässt, dann ist mir das einfach zu viel, dann flippe ich aus.« – »Okay, ich erklär dir mal was: Du musst keine Freundschaft mit ihm anfangen, du musst auch nicht mit ihm abhängen. Aber klarkommen musst du auch mit so jemandem. Morgen auf der

Arbeit kann das dein Kollege sein, und ihr müsst 'nen Job zusammen machen. Was dann?«

Auf diese Frage hat Mike keine Antwort. Bisher reagiert er auf Menschen, mit denen er nicht auskommt, mit Aggression, genauso in stressigen Situationen.

»Partnerwechsel!«, gibt Werner vor. Ich boxe jetzt mit Ozan. Ozan ist schon drei Monate da, neulich hat es bei ihm zum ersten Mal »Klick!« gemacht. Angekommen ist er so wie alle Jungs hier: ohne Respekt, ohne Ziele, ohne Hoffnung. Dann haben wir ihm Herausforderungen gestellt, und er versuchte zu zeigen, dass er alles kann, was er will. Auch zum Beispiel pünktlich kommen, jeden Tag.

Als das erste Praktikum vereinbart war, hat er gekniffen: Er ist nicht hingegangen. Beim zweiten ist er nach drei Stunden abgehauen – und war hinterher stocksauer auf sich selbst, weil es ihm eigentlich gut gefallen hatte. Am nächsten Tag war er wieder bei uns und hat Werner gefragt: »Kannst du den Chef anrufen und das noch mal mit ihm klarmachen? Ihm sagen, dass ich mich jetzt voll reinhängen werde?« – »Ruf ihn selbst an«, war Werners Antwort. Dazu ist Ozan erst mal gar nichts eingefallen, dann hat er gejammert: »Ich kann doch nicht da anrufen. Was soll ich dem denn sagen?« – »Was du mir gerade gesagt hast.« – »Aber wenn du anrufst ...« – »Wie war das noch mal bei dir? Du kannst alles, was du dir vornimmst, oder? Also nimm dir vor, den Chef anzurufen.« Damit hat Werner ihn stehen gelassen. Eine Stunde hat es in Ozan gearbeitet, dann hat er zum Telefon gegriffen: Nächste Woche bekommt er eine zweite Chance. Jetzt boxt er: voll konzentriert auf die Übung und das Ziel, beweglich, zugewandt, offen und in direktem Kontakt mit mir.

Im nächsten Moment bricht hinter uns das Chaos aus. Mike steigt plötzlich aus. Er knallt seine Boxhandschuhe auf den Boden und schreit: »Was soll die Scheiße hier, boxen, boxen, boxen! Gerade, Haken, Deckung – so ein Müll! Soll ich davon etwa Arbeit finden?« Er machte die gleiche Übung wie vorher mit mir jetzt mit Fabio, einem anderen Teilnehmer, aber Fabio hat nicht so wie ich Rücksicht genommen. Mikes Deckung war nicht weit genug oben, und Fabio hat ihn getroffen. Mike rastet total aus, er will auf Fabio losgehen. Jetzt hat er die Wut im Bauch, die ihm vorhin fehlte. Als die anderen ihn zurückhalten, macht er sich frei, steigt aus dem Ring und geht unten auf der Anlieferungsrampe eine rauchen.

Mike kam mit drei Jahren das erste Mal ins Heim. Der Vater ist Türke, die griechischstämmige Mutter drogenabhängig. Sehr früh haben sich die Eltern getrennt. Mit sechs kommt er für ein Jahr zu Mutter und Stiefvater, der Alkoholiker ist und sowohl die Mutter als auch Mike schlägt. Dann kommt er wieder ins Heim. Mit zwölf wird er zum ersten Mal straffällig. Danach wieder und wieder. Als er erwischt wird, lässt die Konsequenz auf sich warten: Es dauert von der Straftat bis zur Gerichtsverhandlung über ein halbes Jahr. In dieser Zeit kommen weitere Delikte hinzu, und der Teufelskreis, der schon im Kindesalter begann, nimmt seinen Lauf. Mike wird mit 16 zu zweieinhalb Jahren Gefängnis verurteilt. Nach einem Jahr wird er auf Bewährung entlassen und kommt in die Work and Box Company.

Jetzt geht es darum, Mike wieder in den Ring zu holen, zurück in die Übung, zurück in den Kontakt. Werner ist schon auf dem Weg zur Rampe. Die restlichen Jungs und ich machen derweil Liegestütze.

»Mike!« Keine Reaktion. »Mike!« – »Ja, was ist denn schon wieder?« –»Hey, Alter! Wo bist du?« – »Ich bin, wo ich sein will, und auf keinen Fall im Ring!« – »Warum nicht?« – »Ey, der Pisskopf hat mir voll eine eingeschenkt. Das langweilt mich.« – »Du hast dich nicht gedeckt, und er hat nur die Übung gemacht.« – »Ich komm doch nicht hierher, um Schläge zu kassieren!« – »Aber um zu lernen, zum Beispiel, besser auf dich achtzugeben. Und jetzt genug gelabert. Du kommst wieder in den Ring, und ich zeig dir das mit der Deckung noch mal. Also weiter geht's!« – »Aber ich brauch eine Pause, mir tut alles weh. Morgen mache ich wieder mit ...« – »Morgen? Da hast du doch wieder alles vergessen. Heute machen wir weiter, weiter und weiter. Auf geht's!« – »Aber ...« – »Komm, lass uns weiterarbeiten.«

Schließlich hat sich Mike so weit beruhigt, dass er wieder in den Ring kommt und weiterboxt, erst mit Werner, dann mit mir, schließlich sogar mit Fabio. Die Wut ist von Mike abgefallen. Er boxt gezielter, zugleich vorsichtiger und mit mehr Deckung, er wirkt dabei erreichbar – und sehr viel klarer in seinem Handeln. Heute hat er die erste Entscheidung gefällt, den ersten Schritt in seine Zukunft, in seine Eigenverantwortung gemacht.

Vorwort

Die im Prolog geschilderte Szene – das ist das Bild, das viele Menschen von mir vor Augen haben: Rupert Voß mit roten Boxhandschuhen im Ring. Der boxende Schreinermeister aus München, wie in den Presseberichten, wie auf dem Cover dieses Buches, wie auch in dem Film »Friedensschlag – Das Jahr der Entscheidung«, der voraussichtlich im Herbst 2009 im deutschsprachigen Raum in den Kinos anlaufen wird. Aber was steckt dahinter?

Der Anstoß, dieses Buch zu schreiben, entstammt in erster Linie den vielen Fragen interessierter Menschen, die wissen wollen, was mich motiviert, das zu tun, was ich tue, es so zu tun, wie ich es tue, und wie es möglich ist, allen Verantwortungen und Aufgaben gerecht zu werden.

Ich bin Jahrgang 1965, Schreinermeister, Box-Instructor, Sozialtherapeut, Unternehmensberater, Vorstandsvorsitzender der Voss AG und der hand in gemeinnützigen AG, Gründer der Rupert-Voß-Stiftung, Initiator der Work and Box Company, verheiratet und Vater von sechs Kindern.

In meinem Leben gab es viele Herausforderungen, viel Trauer, viele Schmerzen. Meine beiden Brüder starben mit 18 und 20 Jahren – da war ich gerade 13 bzw. 16 Jahre alt, mein Vater starb mit 56 Jahren, und meine jüngste Tochter starb fünf Wochen nach ihrer Geburt. Meine Kindheit war geprägt vom Zwiespalt meiner Eltern, der Härte meines Vaters, der Behinderung meines ältesten und der Drogensucht des zweiten Bruders, dem Streit mit und der Kontaktlosigkeit zu meinen Geschwistern. Alles in allem eine einzige Krise. Doch was war die Chance darin? Die Krisen meiner Kindheit und meines Lebens als Chancen zu erkennen und meine Entscheidung, mit diesen Erkenntnissen mein Leben zu gestalten, hat zu dem geführt, was Sie, liebe Leserin, lieber Leser, in diesem Buch miterleben.

Auf der Grundlage meiner Herkunft erklärt sich auch mein Engagement in den verschiedenen Lebensbereichen. Denn es liegt an mir, was ich in meinem Leben tue, es sind meine Entscheidungen, die mitbestimmen, was in meinem Umfeld passiert und was mit mir passiert.

Dazu ein oft gehörter, scheinbar selbstverständlicher Satz: »Es gibt nichts Gutes, außer man tut es!« Und das Gute beginnt immer bei mir. »Liebe deinen Nächsten wie dich selbst« heißt es dazu in der Bibel. Darin stecken viele wichtige Botschaften. Eine davon lautet: Unser Nächster ist in der Nähe. Sonst hieße es: »Liebe deinen Fernsten ...« Das schönste Gleichnis der Bibel dazu ist das vom barmherzigen Samariter – es beschreibt meine Motivation. Es ist für mich weniger die Geschichte von einem verletzt am Wegesrand Liegenden und von denen, die vorbeigegangen sind und ihm nicht geholfen haben, obwohl sie gewissermaßen dafür zuständig waren. Es ist die Geschichte von einem, der aus Sicht der Gesellschaft nicht verantwortlich war, der aber das Leid gesehen und gehandelt hat.

Wir müssen nicht zuständig sein, um helfen zu können, wir müssen nur wollen.

Und darum geht es mir: zu erkennen, die Initiative zu ergreifen und zu handeln. Es geht mir darum, das für mich selbst umzusetzen, und darum, andere Menschen in Beziehung mit sich selbst zu bringen.

Mir ist es wichtig – als Teil unserer Gesellschaft, als den ich mich sehe –, gesellschaftliche Probleme zu lösen oder zur Lösung mit beizutragen. Es geht zum einen um gewalttätige junge Männer, die in der Work and Box Company eine letzte Chance vor der Knastkarriere bekommen. Dabei wird mit den straffälligen Jugendlichen eine Gruppe unserer Gesellschaft sichtbar, die als verloren gilt und allzu schnell ins Gefängnis gesteckt oder abgeschoben werden soll. Diejenigen, die das fordern, sollten die Menschen kennen, über die sie reden. Denn auch diese Jungs sind Menschen. In diesem Buch werden sie sichtbar, und es kann damit ein Stück weit verstanden werden, wie es so kommen konnte – und wie auch für ihre schwerwiegenden Probleme Lösungen möglich sind.

Zum anderen geht es um »normale« Menschen und Lebenssituationen: um Entscheidungen, um Handlung und um Menschlichkeit, um Partnerschaft, Kinder, Unternehmen und die eigene Entwicklung. Entsprechend werden auch diese Menschen und Lebenssituationen sichtbar, die Schwierigkeiten des normalen Lebens und die Lösungen.

Dieses Buch folgt meinem Lebensweg, man könnte ihn unter das Motto stellen: *Die Gnade eines schweren Lebens*. Es schildert Erlebnisse aus meiner Kindheit bis heute, meine Einsichten und das, was daraus geworden ist – die lebendige Praxis, in die ich diese Einsichten umgesetzt habe. Es geht um mein Leben in allen Facetten und Bereichen und darum, dieses Leben als Ganzes zu sehen, in dem kein Element zufällig oder unwichtig ist. Es geht mir darum, das Zusammenwirken zu verdeutlichen: den Prozess vom Erleben über das Bewusstwerden und Verstehen zum nüchternen Annehmen dessen, was so ist, wie es ist, bis zur neuen Entscheidungs- und Handlungsfähigkeit. Dabei spielen die Entscheidungen in meinem Leben, wie im Leben aller Menschen, eine wesentliche Rolle. Denn wir entscheiden uns jeden Tag mehrere Tausend Mal.

Und schließlich geht es um Ihr Leben, liebe Leserin, lieber Leser. Ich möchte Sie einladen, mein Leben und das, was ich daraus gemacht habe, kennenzulernen. Vielleicht können meine Einsichten und Entscheidungen, vor allem die Art, sich dem Leben, den eigenen Herausforderungen und der eigenen Berufung zu stellen, Ihnen als Anregung und Beispiel dienen, mit sich selbst stärker in Beziehung zu kommen.

Wir alle kennen Krisen. Manches von dem, was wir erleben, erscheint uns unüberwindbar, anderes hingegen, das wir aus tiefstem Herzen tun, das wir umsetzen und bewegen wollen, nicht erreichbar. Doch wir alle können weit mehr, als wir glauben. Wir müssen uns nur dafür entscheiden. Möglicherweise kann dieses Buch dazu beitragen, Sie ein Stückchen näher zu Ihrer Eigenverantwortung zu führen und Sie in Ihrer Entscheidungs- und Handlungsfähigkeit zu unterstützen.

Denn wenn jeder in unserer Gesellschaft – vom jugendlichen Serienstraftäter bis zum Unternehmer, vom Drogenabhängigen bis zum Fabrikarbeiter, vom Kleinkind bis zum Greis – mehr Eigenverantwortung übernimmt, wird zwischen uns auch mehr Menschlichkeit entstehen. Denn eines verbindet uns alle: Wir sind Menschen!

Die Work and Box Company

Menschlichkeit als Methode

Die am häufigsten gestellte Frage zu meinem Leben ist: »Wie sind Sie denn auf die Idee zur Work and Box Company gekommen?« Zuerst war da keine Idee, nur eine gesellschaftliche Tatsache und die Notwendigkeit zu handeln.

In Deutschland wächst ein neuer Männertyp heran: unsicher, orientierungslos und gewaltbereit. Jahr für Jahr vermehrt er sich um das Zehntel aller Schüler, die die Schule ohne Abschluss verlassen, und jene 20 Prozent der Auszubildenden, die ihre Lehre nicht zu Ende führen. Während die Medien ihnen nur punktuell Aufmerksamkeit widmen – bzw. die Sensationsgier bedienen und die Atmosphäre aufheizen – und die Politik noch nach Wegen aus der Misere sucht – wenn sie sie nicht gerade als populistisches Wahlkampfthema einsetzt –, muss es darum gehen, diesen jungen Männern das zu geben, was sie wirklich brauchen: Konfrontation, Herausforderung und Liebe.

Gewalt ist ein überwiegend männliches Phänomen: Gewaltdelikte werden zu ca. 85 Prozent von Männern verübt. Während die Kriminalität, auch die der Jugendlichen, in Deutschland insgesamt leicht zurückgeht, steigt der Anteil jugendlicher Gewalttäter, vor allem in Ballungsräumen und unter jungen Menschen nicht deutscher Herkunft. Außerdem werden immer mehr Delikte von immer weniger Tätern verübt: das Phänomen der jugendlichen Serienstraftäter. Viele von ihnen stammen aus Problemfamilien, versagen früh in ihrem sozialen Umfeld und erleben und praktizieren Gewalt als Mittel der Selbstbehauptung. Eine weitere wichtige Tatsache:

97 Prozent der Gewaltstraftäter waren oder sind selbst Gewaltopfer.*

Ich sehe dahinter ein grundlegendes gesellschaftliches Problem: eine Fehlentwicklung im Heranwachsen junger Menschen. In einer Welt, die im Zuge der Globalisierung immer unübersichtlicher geworden ist, benötigen insbesondere junge Menschen mehr Orientierungshilfen. Die stehen oft schon bei »normalen« Jugendlichen nicht zur Verfügung.

Wie viele Angebote gibt es, gewaltauffällige Jugendliche zu resozialisieren und sie erfolgreich in die Gesellschaft und den Arbeitsmarkt zu integrieren? Die üblichen Jugendhilfe- oder berufsvorbereitenden Maßnahmen greifen nur in den wenigsten Fällen. Meistens brechen solche Jungs wie die, mit denen wir arbeiten, sie ab oder können aufgrund ihrer Auffälligkeiten nicht gehalten werden; ihre ausweglose Situation besteht weiter.

Statt an den Ursachen und Hintergründen anzusetzen, werden diese jungen Männer ausgegrenzt oder weggesperrt – das ist die teuerste und ineffektivste Variante. Denn 80 bis 90 Prozent derer, die eine Haftstrafe verbüßen, werden nach ihrer Entlassung wieder straffällig. Gerade am extremen Beispiel der Todesstrafe in den USA wird sichtbar, dass auch die härtesten Abschreckungsmethoden nicht zum Rückgang der Straffälligkeit führen. Also brauchen wir keine Verschärfung des Strafrechts. Und der Schrei nach mehr Abschiebung verhallt angesichts der Tatsache, dass die Täter größtenteils die deutsche Staatsangehörigkeit besitzen. Wir brauchen keine großen Worte und neuen Gesetze, wir brauchen Taten, die diese jungen Männer erreichen. Taten, die sie wieder in unsere Gesellschaft integrieren. Wir als Gesellschaft müssen handeln!

---

* Vgl. Kriminologisches Forschungsinstitut Niedersachsen e.V.: *Gewalterfahrungen von Kindern und Jugendlichen. Ergebnisse von Schülerbefragungen im Jahr 2005 und Möglichkeiten Erfolg versprechender Prävention. Eine Handreichung für Kommunalverantwortliche, Schule und Polizei*, Stuttgart 2007, S. 15

Gehandelt habe ich bereits zehn Jahre *vor* dem ersten Gedanken an ein Projekt wie die Work and Box Company. Es war meine erste bewusste Entscheidung, einem Menschen mit derartigen Problemen zu helfen. Als ich Ende 1991 die Betriebsleitung einer Schreinerei übernahm, war da ein Schreinerlehrling, 17 Jahre alt – nennen wir ihn Hansi. Mir fiel als Erstes auf, wie schmal er war, fast mager, dass er sehr unsicher auftrat und dass seine Kleidung immer unordentlich wirkte. Hansi hatte Schwierigkeiten bei der Arbeit und in der Schule. Entscheidend war seine Unzuverlässigkeit, das Zuspätkommen und Blaumachen. So konnte es nicht weitergehen. Also nahm ich mich der Situation an und sprach mit Hansi. Er erzählte: Seine Tante, bei der er aufwuchs, war Alkoholikerin, seinen Vater hatte er nie kennengelernt. Es gab eine Menge Probleme zu Hause. Eine »typische« Karriere! Ich führte dann auch Gespräche mit seiner Tante, die mit ihrem Neffen völlig überfordert war. Sie wollte Hansi rausschmeißen, um dieses »Problem« endlich loszuwerden.

Ich habe daraufhin mit meiner Familie gesprochen: ob wir uns zutrauen würden, einem jungen Mann aus seinen persönlichen Schwierigkeiten zu helfen. Letztlich – wir hatten ein Zimmer frei – entschieden meine Frau Viktoria und ich, Hansi bei uns zu Hause aufzunehmen. Ein sehr gewagtes Unterfangen – in einem Drei-Generationen-Haushalt! Wir wohnten damals gemeinsam mit meiner Mutter im Haus meiner Eltern. Anna, unser erstes Kind, war gerade geboren. Wir waren uns bewusst, dass es nicht leicht werden würde, und starteten mit viel Engagement den Versuch, diesem jungen Mann eine neue Heimat zu geben und ihn in ein normales Leben zu begleiten.

Natürlich war ich selbst mit der Doppelfunktion Chef und »Wohnbetreuer« überfordert, allerdings war mir dieser Zusammenhang – die verschiedenen Aufgaben und Rollen, die ich mir aufgebürdet hatte – nicht klar. Auf jeden Fall war es ein erstes, sehr konkretes Wirken in diesem Bereich, einfach aus der Notwendigkeit geboren. Da war jemand, der Hilfe brauchte, einer dieser »Nächsten«, die wir lieben sollen »wie uns selbst«.

Hansi war über ein Jahr bei uns und konnte sich über weite Strecken ganz gut mit der Situation arrangieren. Diese Zeit war sehr spannend – und das unaufgeräumte Zimmer das geringste Problem. Bis hin zu Diebstahl lernten wir alles kennen, was so ein Jugendlicher mitbringt. Wir hatten ja solche Situationen zuvor noch nicht erlebt – auch wenn mir manches von Hansis Verhalten aus meiner Kindheit bekannt vorkam. Aber – und das war entscheidend – in diesem Jahr verbesserten sich Hansis Leistungen, und es sah so aus, als ob er seine Lehre schaffen würde.

Uneinigkeit zwischen den Erziehungsvorstellungen – zwischen denen von meiner Frau und mir und denen meiner Mutter – war nach einem Jahr der Grund für das Scheitern des Projekts. Wir mussten für Hansi eine andere Bleibe suchen. Er brach auch seine Lehre bei uns ab, beendete sie aber in einer anderen Schreinerei. Es war für uns jedenfalls eine sehr lehrreiche Erfahrung. Und für ihn?

Sechs Jahre später erfuhr ich es. Als uns ein Paket geliefert wurde, kam mir der Zusteller bekannt vor. An seinem Lächeln erkannte ich Hansi, es war so charmant wie früher. Er sah gefestigter aus, selbstbewusster, er konnte mir in die Augen schauen. Auch war er kräftiger als damals. In einem kurzen Gespräch bedankte er sich für die Zeit bei uns und entschuldigte sich auch. Er habe Dinge erleben dürfen, die er so noch nie erlebt hatte, sagte er, und es sei für ihn die Rettung gewesen.

Doch Hansi war beileibe nicht unser einziger Problemfall. In meinen Firmen hatte und habe ich im Durchschnitt 16 Lehrlinge in den Berufen Schreiner, Parkettleger und Kaufmann für Bürokommunikation. Immer wieder entschied ich mich, schwierige Jugendliche in die Lehre aufzunehmen. Über die Jahre wurde ich bei der Innung dafür bekannt, ein offenes Ohr für heikle Fälle zu haben. Und so waren immer ein bis zwei Lehrlinge mit erheblichen Verhaltensdefiziten dabei. Permanent versuchte ich die Vorgehensweisen zu verbessern, mit denen wir diese Jugendlichen begleiteten. Doch die Möglichkeiten innerhalb eines Wirtschaftsunternehmens sind sehr eingeschränkt – vor allem, wenn Gefahr besteht, dass die anderen Mitarbeiter und natürlich auch das Unternehmen darunter leiden. Es war schwer für mich, das im Vorfeld immer exakt einzuschätzen. Sehr oft ging mein soziales Handeln mit mir durch.

In all den Jahren hatten wir von Diebstählen über eingetretene Türen bis hin zu Unfällen, bei denen mit einem gestohlenen Schlüssel, aber ohne Führerschein, nachts ein Firmenauto in den Graben gefahren wurde, alle möglichen Zwischenfälle. Auf der anderen Seite brachten unsere Lehrlinge hervorragende Leistungen bis hin zu Innungssiegen in der Prüfung. Und das Unternehmen war die ganzen Jahre über wirtschaftlich sehr erfolgreich. Es blieb dabei, dass in mir etwas wirkte und mich veranlasste, solchen jungen Menschen in schwierigen Situationen helfen zu wollen, und dass ich zugleich in der Lage war, meine Hauptaufgabe als Geschäftsführer erfolgreich wahrzunehmen.

Als wir mit unseren Unternehmen 1999 nach Taufkirchen bei München zogen, war in der Werkstatt mehr Platz, als wir brauchten. Da wir gerade wieder zwei »schwierige« Lehrlinge hatten, kam mir die Idee, ihre Unterstützung zu professionalisieren. Konkret hatte ich mir vorgestellt, vier bis fünf solcher Jugendlicher als Lehrlinge im Unternehmen aufzunehmen und dazu eine halbe Sozialpädagogenstelle einzurichten. So nahm ich Kontakt zum Arbeitsamt auf. Zwei Mitarbeiterinnen kamen zu einem Termin ins Haus, und ich erzählte, was ich vorhatte. Schon im Gespräch bemerkte ich, dass meine Gegenüber mich offensichtlich nicht verstanden. Entsprechend war das Ergebnis: Das Arbeitsamt sah keine Fördermöglichkeit für die halbe Sozialpädagogenstelle.

Also machte ich mit meinen problematischen Lehrlingen allein weiter. Zu dieser Zeit hatte ich auch Kontakt zu »for! (ju:)«, einer Ausbildungsakademie, die im Bereich Jungenpädagogik aktiv ist. Ihre Vorträge begeisterten mich ebenso wie ein erstes Seminar. Auf der Suche nach neuen Möglichkeiten, erfolgreicher bei der Integration der schwierigen Jugendlichen im Unternehmen zu sein, meldete ich mich für die Ausbildung zum Box-Instructor an. Es gab bei »for! (ju:)« vier verschiedene Instructor-Ausbildungen. Die drei anderen hätten mir eigentlich besser »gefallen«. Ich empfand dem Boxen als Sportart gegenüber eher Unverständnis und Ablehnung. Trotzdem – oder vielleicht wegen dieser Abneigung – stand für mich fest: Genau da gibt es etwas für mich zu verstehen, gerade beim Boxen kann ich auf der pädagogischen Ebene etwas Neues finden.

Die Ausbildung fand berufsbegleitend über ein Jahr statt (34 Tage, meist an Wochenenden). Da ich mit dem Boxen meine Schwierigkeiten hatte, suchte ich einen Boxtrainer und fand ihn in Werner Makella, dem damaligen Heilpraktiker und Homöopath meiner Familie. Ursprünglich hatte er Tiermedizin studiert, sich dann der Humanmedizin zugewandt und war aufgrund immer stärker werdenden Interesses an der Naturheilkunde schließlich Heilpraktiker geworden. Hinzu kamen Qualifikationen in systemischer Familientherapie und Homöopathie.

Wir lernten uns näher kennen und verstanden uns sehr gut. Obwohl oder weil wir aus völlig unterschiedlichen Lebensentwicklungen kamen und gänzlich unterschiedliche Ausbildungen durchlaufen hatten, ergänzten wir uns besonders gut. Wir wollten zusammenarbeiten. Aus seinem therapeutischen und meinem pädagogischen und unternehmerischen Erfahrungsschatz entwickelten wir die Idee, gemeinsam Seminare für Jugendliche und Erwachsene zu veranstalten: Boxseminare. Als Probelauf planten wir ein Seminar in Schweden mit Lehrlingen aus meinen Firmen – mit dabei natürlich die »schwierigen«.

Am 2. Januar 2001 ging es los: sieben Teilnehmer, 23 Stunden Nonstop-Fahrt nach Mittelschweden, minus 20 Grad, eine Hütte von elf Quadratmetern, in der Früh um halb sechs aufstehen und ein bis zwei Stunden boxen, dann Frühstück, danach Bäume fällen mit Handsägen. In den sieben Tagen fällten wir 60 Bäume, schnitten sie auf fünf Meter Länge und transportierten sie auf den zugefrorenen See. Werner und ich arbeiteten voll mit. Wir integrierten Erfahrungen aus unserem Leben und unseren Ausbildungen in das Seminar, zum Beispiel eine Übernachtung auf dem See, Boxkämpfe am letzten Tag, Gesprächseinheiten und natürlich gemeinsames Planen, Kochen, Essen und Saubermachen. Bei den jungen Leuten geriet einiges in Bewegung: Einer der Teilnehmer gab noch während der Fahrt das Rauchen auf, ein anderer verbesserte seine schulischen Leistungen im folgenden halben Jahr um eine ganze Note.

Die Devise für Werner und mich war: »Wenn unter diesen Bedingungen die Zusammenarbeit klappt, dann könnte es auch länger gut gehen.« Und es klappte. In diesen zehn Tagen lernten wir uns intensiv kennen und bemerkten, dass unsere Grundphilosophie sehr, sehr ähnlich ist. Was uns hauptsächlich vereinte, war die Illoyalität zu jeder Art von festgelegter Wissenschaft oder Lehre und unsere Fähigkeit, in Krisensituationen richtig zu handeln. Also entschieden wir uns für einen gemeinsamen Weg. Wir überlegten uns, wie wir künftig solche oder ähnliche Seminare veranstalten könnten, und wir wollten nach wie vor professionelle Unterstützung für Jugendliche mit Problemen schaffen. Wir entwickelten unser erstes grobes Konzept und dachten dann – im Herbst 2001 –, wir bräuchten nur noch mit ein paar Leuten zu reden und könnten anschließend beginnen. Wir hatten zu diesem Zeitpunkt noch keine Ahnung, wie man ein Sozialprojekt startet …

Als ersten konkreten Schritt gründeten wir den gemeinnützigen Verein »hand in« (Institut für **hand**lungsorientierte Erfahrungs**in**tegration), der einmal Träger unserer Jugendhilfe-Aktivitäten werden sollte. Was die Inhalte unserer Idee anbelangte, stießen wir auch bald auf Interesse. Allen voran Klaus Schenk von der Evangelischen Jugendsozialarbeit Bayern unterstützte uns bei der Ausarbeitung unseres Vorhabens. Durch seine Vermittlung konnten wir uns in unserer ersten Projektdarstellung an bestehende und erfolgreich praktizierte Konzeptionen anlehnen und so eine brauchbare Leistungsbeschreibung in »Sozialmaßnahmen-Deutsch« erstellen.

Sehr viel schwieriger war die Organisation der Finanzierung. Schließlich eröffnete uns ein Mitarbeiter des Bayerischen Sozialministeriums die vage Aussicht auf Fördermittel aus dem Europäischen Sozialfonds. Diese deckten aber maximal nur die Hälfte der Kosten ab. Also brauchten wir weitere Geldgeber und fragten uns bei den Institutionen durch, die uns genannt wurden – mit den unterschiedlichsten Reaktionen. Nach dem Sozialministerium kamen wir zur Arbeitsagentur. Dort war der Wind deutlich kühler. Beim ersten Termin wurde uns schon gesagt: »Frühestens Anfang 2002!« und: »Lesen Sie erst mal unsere Ausschreibungsunterlagen.« Wir waren ziemlich vor den Kopf gestoßen: Wir wollten etwas bewegen und hofften auf Unterstützung, und uns blies ein »Was wollt *ihr* denn?« entgegen. Jeder normale Unternehmer hätte nun gesagt: »Das sollen die allein machen.« Bei uns löste es eher »Das kann doch nicht sein!« und »Jetzt erst recht!« aus.

Als nächsten Partner kontaktierten wir den Landkreis München. Dort fanden wir viel Unterstützung und das klare Signal, die Verantwortlichen wollten dabei sein, wenn es losgeht. Dann fehlte noch die Stadt München. Alle Versuche, damals mit dem Jugendamt in Kontakt zu kommen, schlugen fehl. Schließlich gewannen wir das Referat für Arbeit und Wirtschaft als Partner. Da war es bereits Frühjahr 2003.

All unsere Hoffnungen, früher mit unserer Arbeit beginnen zu können, waren vergebens. Die zuständigen Stellen hielten große Fachrunden ab, in denen sie unsere Ideen diskutierten. Aufgrund unserer Unerfahrenheit und unserer fehlenden fachlichen Qualifikation hatten unsere Geldgeber unterschiedliche Bedenken und Zweifel. Zweifel, ob diese Jugendlichen überhaupt zu uns kämen, da der Standort ja im Gewerbegebiet Taufkirchen lag – mit öffentlichen Verkehrsmitteln ca. 20 Minuten von der Münchner Innenstadt entfernt. Zweifel, ob wir in der Lage wären, die Jugendlichen zu halten, da sie doch sonst überall abhauen würden. Zweifel, ob wir für diese Jugendlichen tatsächlich Arbeits- oder Ausbildungsstellen auf dem ersten Arbeitsmarkt finden könnten.

In dieser Erklärungsnot unsererseits entstanden unsere Kennzahlen als Zielvorgabe und Messlatte. Wir garantierten, dass 70 Prozent der Jugendlichen bei uns bleiben und 70 Prozent der Jugendlichen, die wir das Maßnahmenjahr über halten könnten, vermittelt würden. Und wir krönten unseren unternehmerischen Ehrgeiz mit der Verpflichtung, die öffentliche Finanzierung zurückzuzahlen, falls wir unser Ziel nicht erreichen sollten.

Jetzt mussten wir noch für jeden unserer Finanziers unterschiedliche Detailanforderungen erfüllen. Wir entwickelten eine Konzeption der berufsvorbereitenden, qualifizierenden, resozialisierenden und in den ersten Arbeitmarkt vermittelnden Jugendhilfemaßnahme. Als Zielgruppe blieben uns nur die schwierigsten kriminellen Jugendlichen übrig. Für alle anderen Problemfälle existierten auf dem »Sozialmarkt« schon Projekte und war kein Bedarf für unser Angebot vorhanden.

Im Laufe des Frühjahrs 2003 konkretisierte sich immer mehr die Finanzierung unseres Projekts durch die Agentur für Arbeit, das Referat für Arbeit und Wirtschaft, den Europäischen Sozialfonds und den Landkreis München. Jetzt brauchten wir noch die Einrichtungs- und Umbaukosten. Und wieder ging das Suchen nach Geldquellen los. Der erste Ansprechpartner war Heiner Janik, damals Landrat des Landkreises München, der uns einen Teil des Geldes zusagte. Dieselbe Summe sicherte uns nach längerem Zögern die Gemeinde Taufkirchen in Form eines zinslosen Darlehens zu, das sich über die Resozialisierung von Jugendlichen aus Taufkirchen tilgen würde. Die restliche Summe kam über die Bayerische Landesstiftung. Und somit war auch für den Umbau gesorgt.

Um Pfingsten 2003 – wir wollten gerade mit dem Umbau beginnen – erhielten wir plötzlich einen Anruf, dass unser Projekt nun doch wieder gestorben sei. Wieder waren es fachliche Bedenken, die uns als Grund genannt wurden. Wir mussten dazu übergehen, politisch Druck zu machen, indem wir Stadträte aus allen Fraktionen kontaktierten und viele Telefonate und persönliche Gespräche führten, bis sich schließlich die politische Ebene einsetzte, damit der Rückzieher der Verwaltungsebene nicht noch alles verhinderte. Die letzte Geldgeberentscheidung fiel am 27. September 2003 – drei Tage vor dem Start des ersten Jahrgangs unserer Work and Box Company.

Kennen Sie so etwas auch aus Ihrem Leben? Sie haben eine Idee und rennen geraume Zeit von Pontius zu Pilatus, um sie zu verwirklichen. Meist wissen wir, wenn wir so »herumrennen«, nicht, was uns treibt, und können erst später erklären, warum wir das gemacht haben. Bei mir sind es im Nachhinein betrachtet vier Hauptmotivationen, die zu dieser Arbeit geführt haben:

Die erste ist mein biografischer Hintergrund, vor allem die Krisen- und Gewalterlebnisse meiner Kindheit und meine Ohnmacht beim Versuch, zu helfen und für Ordnung zu sorgen. Dadurch entstand in mir das seelische Muster, Verantwortung zu übernehmen für Menschen, die anders sind und es schwer haben.

Die zweite Motivation stammt direkt aus der gelebten sozialen Verantwortung eines Unternehmers: die Erfahrung mit den vielen unterschiedlichen Lehrlingen und ihren Schwierigkeiten und die Tatsache, dass immer weniger Jugendliche die Zugangsvoraussetzungen für eine Ausbildung mitbringen.

Das Dritte ist meine feste Überzeugung, dass jede Art von Ausbildung unter realistischen wirtschaftlichen Bedingungen stattfinden muss, dass nur in echten Wirtschaftsbetrieben und also in unserem klassischen dualen Ausbildungssystem Facharbeiter für den ersten Arbeitsmarkt ausgebildet werden können. Jeder, der einmal Menschen eingestellt hat, die in außerbetrieblichen Lehrstätten ausgebildet wurden, weiß, wie viel Nachqualifizierung sie benötigen, um unter realistischen Bedingungen leistungsfähig zu sein.

Das vierte entscheidende Kriterium für die Entwicklung dieser Arbeit war das Zusammentreffen mit meinem Partner Werner Makella. Seine und meine methodischen und handlungsorientierten Kompetenzen ergänzten sich perfekt für das gemeinsame Entwickeln unserer eigenen Methode.

Am 1. Oktober 2003 begann also die wirkliche Arbeit mit unseren Jugendlichen. Die Odyssee bis zum Start lag hinter uns: mehr als 800 Stunden Aufbauarbeit pro Kopf. 800 Stunden, um mit diesen Jugendlichen, mit denen sonst keiner etwas zu tun haben will, arbeiten zu dürfen. 800 Stunden für einen 25-Stunden-Job, für eine zusätzliche und auch noch schlecht bezahlte Teilzeitstelle. Und die berufliche Mehrfachbelastung lag noch vor uns. Werner hatte seine Praxis und ich meine Firmen – und natürlich hatten wir beide auch unsere Familien.

Wir hatten noch schnell die Mitarbeiter einzustellen, die für den Start da sein mussten: ein Sozialpädagoge und ein Schreinermeister, dazu Werner als Projektleiter, ich als Handwerksanleiter und wir beide auch als Boxanleiter.

Am 1. Oktober ging es also los – mit einem Jugendlichen. Schon am ersten Tag fehlte ein Handy. Bei nur einem Teilnehmer war die Zahl der Verdächtigen sehr übersichtlich, und so ließ sich das noch recht gut klären. Aber wir brauchten natürlich weitere Jungs. Denn von Stadt und Landkreis bekamen wir unser Geld nicht pauschal, sondern nur für angemeldete und anwesende Teilnehmer. Also machten wir uns selbst auf die Suche nach Kandidaten, die uns eigentlich von der Arbeitsagentur hätten vermittelt werden sollen, und wurden bei Streetworkern und Bewährungshelfern fündig.

Bis Mitte November waren wir voll belegt: 13 Jungs. – Es war die »Hölle«: Wir alle bildeten uns nur ein, eine Ahnung zu haben von den Jungs, die zu uns gekommen waren. Die merkten natürlich, dass wir unsicher waren und nicht wirklich wussten, was wir da machten. Wir hatten ja noch keinen Jugendlichen vermittelt oder resozialisiert. Und so testeten wir unsere Intuition, in der Krise die richtigen Entscheidungen zu fällen und dann auch durchzusetzen. Natürlich mussten wir unsere Ideen und Behauptungen zum Teil auch wieder aufgeben – dort wo wir bemerkten, dass unser Vorgehen nicht umzusetzen war. Wir hatten zum Beispiel die Malerarbeiten nach dem Umbau für den Projektstart übrig gelassen, um gemeinsam die Räumlichkeiten fertigzustellen. Es war eine fast unlösbare Aufgabe, diese jungen Männer zum Arbeiten zu bringen. Dass nur die Wände weiß werden sollten und nicht auch die Fenster, Böden und Türen, lag weit jenseits ihrer Möglichkeiten. Das ist eine einfache Feststellung und keine Anklage oder Herabwürdigung!

Im Laufe der nächsten Monate sollten wir lernen, dass diese Jugendlichen so schwer an der Seele verletzt waren, dass wir keine produktive Arbeit von ihnen erwarten konnten. Wir mussten akzeptieren, dass Abrissarbeiten oder ähnlich einfache Aufgaben in der Werkstatt das Höchste der Gefühle ist – am besten in Einzelbetreuung. Außerdem mussten wir lernen, dass diese Jungs weit mehr destruktive Energie in sich tragen, als wir es uns hatten vorstellen können. Elmir zum Beispiel konnte sich in der Früh ein bisschen konzentrieren, für etwa eine Stunde, und nach dieser Stunde wurde er sehr lebendig und machte mehr kaputt, als er vorher bauen und nachher wieder ganz machen konnte.

Wir dachten, wenn es Regeln gäbe – wenn wir ihnen zum Beispiel sagten, wo sie sich aufhalten dürfen und wo sie nichts zu suchen haben –, würden die Jungs sich schon daran halten. Doch nach ein paar Wochen war mein Geldbeutel verschwunden mit allen Papieren vom Führerschein bis zum Personalausweis und dazu noch 300 Euro. Den Täter herauszubekommen war uns damals nicht möglich. Also gingen wir dazu über, nicht nur ein klares Betretungsverbot zu erlassen, sondern die Firmenräumlichkeiten abzusichern. Im Bereich unseres Projekts gibt es keine Klinken mehr an den Türen, nur noch Knäufe, und ohne Schlüssel ist es unmöglich, die Räume zu betreten und zu verlassen. Wir folgen dem Motto »Führe sie nicht in Versuchung«, um die Jugendlichen vor sich selbst zu schützen. Es kam auch zu sehr heftigen Wortgefechten, zu Drohgebärden bis hin zu Morddrohungen und manchmal auch zu kleinen Übergriffen, die aber meistens sofort – in der Regel durch die Jugendlichen selbst – wieder geregelt wurden.

An manchen Tagen wünschte ich mir, ich hätte die Entscheidung, diese Arbeit anzufangen, nicht gefällt, aber so mittendrin mussten wir durchhalten und an unseren Versprechen arbeiten. Unsere Geldgeber hatten uns sechs Monate gegeben, um die ersten Ergebnisse zu liefern. Wir waren für ein Jahr finanziert, und nur wenn wir unsere Ziele und damit unsere Kennzahlen erreichten, würden wir die Chance zum Weitermachen bekommen. Die Jungs, die intuitiv merkten, unter welchem Druck wir standen, machten es uns natürlich extra schwer. Mit den Situationen des Tages emotional sinnvoll umzugehen, sie zu verarbeiten und zu verstehen, was sie für mich bedeuteten, wäre ohne Werner Makella kaum möglich gewesen. Nur als gegenseitige Stütze und genauso als Infragesteller der eigenen und der anderen Position konnten wir schnell genug lernen und unsere Handlungskompetenz erweitern.

Nebenbei führte ich noch meine Firmen und erledigte das Tagesgeschäft in der Schreinerei – auch wenn sich das auf die Zeit von 5.00 bis 7.15 Uhr und dann wieder ab ca. 14.00, 15.00 Uhr bis in die Nacht hinein beschränken musste. Denn die restliche Zeit brauchte am Anfang die Arbeit mit den Jungs.

Erst nach sechs Monaten sahen wir Licht am Ende des Tunnels. Da hatten wir den ersten Jugendlichen in einer Lehre untergebracht. Es war unser anatolischer Bauernjunge, der als Erster eine Lehrstelle fand – bei einem türkischen Maler. Anders als bei einem türkischen Muttersprachler wäre er nie untergekommen.

Wir hatten unsere Klientel kennengelernt und wussten jetzt, mit welchem Kaliber wir es zu tun hatten: junge Männer ohne jeden

Respekt vor Stellung, Alter, Materiellem, ohne Respekt vor den Werten unserer Gesellschaft und gefangen in fehlender Selbstachtung und Hoffungslosigkeit.

In Zahlen gefasst kann man unsere Jungs wie folgt beschreiben:

100 Prozent Polizeierfahrung, 80 Prozent Gerichtserfahrung, 50 Prozent Gefängniserfahrung. In der Regel sind ca. 50 Prozent unserer Jungs sogenannte Serienstraftäter, das heißt: Sie verübten mehr als fünf Straftaten pro Jahr, zu denen gegen sie ermittelt wurde und wird. Die anderen 50 Prozent sind »nur« straffällig. Unser Extrembeispiel war 17 Jahre alt und hatte schon drei Jahre am Stück im Gefängnis verbracht. Und 100 Prozent der Jungs haben Gewalterfahrung – als Täter und als Opfer.

80 Prozent stehen ohne Schulabschluss da – das bedeutet: in der 6., 7. oder 8. Klasse rausgeflogen oder die Schule abgebrochen. Und bei denen, die einen Hauptschulabschluss haben – qualifizierender Hauptschulabschluss ist die absolute Ausnahme, mittlere Reife kommt nicht vor –, ist das Zeugnis so, dass man es besser keinem zeigt.

100 Prozent sind arbeitslos, bevor sie zur Work and Box Company kommen. Keiner hat eine Ausbildung abgeschlossen. Wenn sie früher schon einmal in berufsvorbereitende Maßnahmen vermittelt worden waren, endete das immer – oft auch mehrmals – mit einem Rausschmiss oder Abbruch.

Eine weitere wichtige Kenngröße ist, dass 80 Prozent einen Migrationshintergrund haben, sei es von einem, sei es von beiden Elternteilen. Jeder kennt das zugehörige Argument: »Die schieben wir einfach ab, dann ist das Problem um 80 Prozent reduziert.« Aber Vorsicht, das klappt nicht. Denn erstens sind 50 Prozent unserer Jugendlichen trotz Migrationshintergrund Deutsche, die man nicht abschieben kann. Zweitens nutzen uns im Zuge der Globalisierung kriminelle Jugendliche nirgendwo auf der Welt. Und drittens ist das Problem größtenteils in Deutschland entstanden, da es sich um die zweite, dritte oder sogar vierte Generation der Einwanderer handelt. So haben wir ethisch nicht das Recht, uns der bei uns entstandenen Probleme zu entledigen, indem wir sie auf die Herkunftsländer der Großeltern abwälzen. Diese Probleme müssen und können bei uns gelöst werden.

Anhand der nackten Daten lässt sich sehr gut sichtbar machen, welches Potenzial, vor allem welches kriminelle, destruktive und zerstörerische Potenzial in diesen Jungs vorhanden ist. Nur: Was hat sie zu dem gemacht, was sie heute sind? Was in ihrem Leben hat dazu geführt, dass sie sich so entwickelt haben? Was hat sie so tief verletzt, dass sie so handeln, wie sie handeln – und geradezu nicht anders handeln können?

Oft werden wir gefragt, ob es irgendetwas Symptomatisches gibt, das alle unsere Jungs verbindet. Je länger wir mit ihnen arbeiten, desto deutlicher wird, dass außer der Handlungsoberfläche, die sehr ähnlich ist, kaum Gemeinsamkeiten bestehen, die eine pauschale Eingruppierung zulassen. Was alle Jungs verbindet, ist eine schwere innere Verletzung und die nach außen gerichteten aggressiven Verhaltensstrukturen.

Es geht bei der Erklärung der Hintergründe nicht darum, die Taten zu beschönigen, zu entschuldigen oder zu bagatellisieren. Wir sind weit davon entfernt, die Gesellschaftsunfähigkeit, die Grausamkeit oder die tatsächliche Gefahr dieser Jungs zu heroisieren oder zu verharmlosen. Wesentlich für die zielgerichtete Hilfe ist jedoch die genaue Analyse der Ursachen. Und es geht um den Kern, um den Wesenskern des Menschen, der uns gegenübersteht. Man könnte auch sagen: um sein Herz.

Zum Beispiel Jirko. Er kommt als Drogensüchtiger auf die Welt und muss danach auf Entzug. Er bleibt zuerst bei der deutsch-rumänischen Mutter. Der ebenfalls drogensüchtige Vater ist gerade wieder im Gefängnis. Mit zwei Jahren kommt Jirko ins Heim und pendelt bald zwischen Heim, Großmutter und Mutter hin und her. Mit zehn Jahren ist er dabei, als seine Mutter sich den »goldenen Schuss« setzt. Auch danach geht er wieder ins Heim und muss aufgrund seiner Verhaltensauffälligkeiten immer wieder das Heim wechseln. Nach 15 unterschiedlichen Stationen kommt er zu uns: mehrere Körperverletzungen, Verstöße gegen das Betäubungsmittelgesetz, zwei Jahre Jugendstrafe auf Bewährung.

Ebenso symptomatisch wie die nach außen gerichteten aggressiven Verhaltensstrukturen der Jugendlichen sind die Haltung der betreuenden Einrichtungen gegenüber dieser Oberfläche und das häufige Scheitern ihrer Bemühungen genau an diesem Verhalten der Jungs. Wenn Sie also fragen, was wir anders machen als andere Projekte, dann muss ich als Erstes unsere Haltung nennen. Aber welche Haltung ist es, die wir haben?

Wenn ich Haltung schreibe, dann ist damit zum einen die Grundhaltung zu einem anderen Menschen gemeint, zum anderen die Haltung zu dem Zustand, in dem sich mein Gegenüber befindet. Wenn wir unsere Jungs analysieren, haben sie eine Sache gemeinsam: Alle sind schwer verletzt an der Seele, alle haben in ihrem Leben schon mehr tragen und ertragen müssen als die meisten von uns »Erwachsenen«. Diese Verletzung zu verstehen, den Jugendlichen in Kontakt mit der Verletzung zu bringen und ihn gleichzeitig »nachzufüttern« mit dem, was ihm fehlt – darum geht es. Damit dieses Anliegen die jungen Männer erreicht, gilt es vor allem, es in die richtigen Handlungen zu übersetzen – und an der einen oder anderen Stelle auch in die richtigen Worte.

Wie sieht nun die Methode aus, die wir für diese jungen Männer in der Work and Box Company anwenden? Was ist es für eine Methode, die Werner Makella und ich gemeinsam aus den Erfahrungen unseres Lebens – aus meiner Biografie, meiner Arbeit als Lehrlingsausbilder, meiner Ausbildung als Box-Instructor und aus Werners Biografie, aus seiner Erfahrung mit Kampfsport und als Therapeut – entwickelt haben?

Anfangs konnten wir gar nicht erklären, wie unsere Methode funktioniert – wir haben einfach gehandelt. Grundlage für unser

Handeln waren unsere Philosophie, unsere Handlungskompetenzen sowie unsere Zielvorgaben und die Unterordnung unter diese Zielvorgaben. Wir stellten uns selbst die Aufgabe: Wie können wir schwierige männliche Jugendliche für solch ein Projekt interessieren? Daher die Namensgebung – das »Box« im Namen Work and Box Company weckt bei diesen Jungs Interesse.

Wir sind der Überzeugung, dass Veränderung am ehesten im Handeln erreicht wird.

Unsere Methodik beruht also in erster Linie auf Handlung. Dabei sollten wir uns an die Kommunikationslehre erinnern: Nur sieben Prozent dessen, was beim Gegenüber ankommt, läuft normalerweise über verbale Kommunikation, 93 Prozent sind Tonfall, Gestik, Mimik, Sympathie, Antipathie usw. – also Stimmung, Handlung und Haltung. Gerade bei so verletzten Menschen wie unseren Jungs sind die sieben Prozent verbale Kommunikationsfähigkeit noch mal erheblich reduziert. Also bedarf es eines Angebots in der Kommunikation, das nicht allein den sehr eingeschränkten verbalen Zugang nutzt. Natürlich haben wir im Tagesablauf auch Einzel- und Gruppengespräche, Vorbesprechung von Gerichtsterminen, Gespräche über Stellensuche usw.

Auf der Grundlage von Handlung haben wir eine vielseitige, individuelle, ganzheitliche Methodik entwickelt. Um besser verständlich zu machen, welche unterschiedlichen Mechanismen darin wirken, möchte ich die einzelnen Teile unserer Arbeit beschreiben. Zuerst zum Boxen:

Boxen ist wohl der am meisten missverstandene und fehlinterpretierte Teil unserer Methode.

Boxen ist in unserer Gesellschaft mit Vorurteilen behaftet, und viele Menschen verbinden damit entweder das Klischee »Die müssen sich auspowern, um ihre Aggressionen abzubauen« oder die Befürchtung »Die hauen sich dort die Köpfe ein, davon werden sie nur noch aggressiver«. Doch wir setzen die beinahe mythische Komponente des Kampfs als Eintrittskarte für die Jungs ein: Die Jugendlichen kennen Schläge aus eigenem Erleben, meist ohne Regeln und ohne sicheren Kontext, sowohl als Täter als auch als Opfer. Das ist eine der wenigen Kontaktmöglichkeiten, die ihnen auf der körperlichen Ebene zur Verfügung stehen. Denn etwas, das all unseren Jugendlichen in ihrer seelischen Verletzung fehlt, ist *Körperkontakt*. Und so lassen sie sich vom Mythos Boxen anziehen. Zuallererst ist Boxen also ein nonverbales und ein vertrautes Kommunikationsangebot. Es ist der Einstieg in einen Kontakt, der in anderer Form nicht möglich wäre, denn Boxen führt sehr schnell zu Körperkontakt. Indem wir den Jugendlichen mit Boxhandschuhen im Ring begegnen, laden wir sie geradezu ein, mit uns in Kontakt zu treten. Und sie erleben dabei das Gegenteil dessen, was sie bisher mit ihrer Drohkulisse erreicht haben: Sie erleben Menschen, die keine Angst vor ihnen haben.

Wir verwenden Boxen jedoch nicht im mythischen Sinne. Für unsere Arbeit ist Boxen kein Kampf, auch keine Vorbereitung auf Schlägereien. Boxen ist ein offener Umgang, der das Thema Gewalt nicht tabuisiert, ignoriert oder ausgrenzt, sondern es in einem gestalteten Setting, einem bewussten und nicht affektgesteuerten Handlungsspektrum anbietet. Es gibt bei uns beim Boxen keinen Gewinner oder Verlierer, weil wir keine Kämpfe, sondern Partnerübungen machen. Boxen ist Kontakt, Handlung, die Möglichkeit, in Bewegung übersetzbare Antworten zu finden. Der Kontakt, der beim Boxen entsteht, ist ein direkter Körperkontakt auf einer männlichen, ja fast schon intimen Ebene des Austauschs, ohne Pathos. Außerdem wird beim Boxen therapeutisch gearbeitet, handlungs- oder körpertherapeutisch. Einer unserer Mitarbeiter hat es so auf den Punkt gebracht: »Boxen ist Körpertherapie und -analyse zugleich.«

Boxen ist eine wunderbare Art und Weise zu »lesen«, was der Körper eines Menschen ausdrückt. Bewegungen – das wissen wir seit Samy Molcho und seinen Büchern und Filmen über Körpersprache – verraten, was jemand gerade fühlt und denkt und was er zum Beispiel mit Worten gut kaschiert. Und so ist Boxen für uns wie ein Buch, aus dem wir mehr über den Jugendlichen erfahren. Wir lesen in seinen Bewegungen, in seinem Verhalten und in seinem Handeln seinen persönlichen Status und bauen darauf auf.

Es gibt beim Boxen eine klar definierte Trefferfläche, und es gibt nur drei erlaubte Schlagtechniken. Die Jungs sind Straßenkampf gewöhnt, das heißt treffen, egal wie, meist in Wut und aus ihrer Hilflosigkeit heraus, ohne wirklich zu wissen, was sie tun. Beim Boxen müssen sie sich auf klare Regeln, auf die Auseinandersetzung mit einem Gegenüber, das sie kennen, einlassen – und das ohne Wut, ohne Hass und in Kontrolle des eigenen Verhaltens. Sie erleben und lernen saubere Schlagtechniken, sie lernen diszipliniert zu sein, da in der Übung sonst der Partner im Vorteil ist und trifft – und das tut weh. Sie erleben aber auch die Achtsamkeit, den Respekt und die Gelassenheit, mit denen wir ihnen dabei begegnen. Natürlich brechen auch ihre eigenen Gefühle durch und sie spüren sich selbst. Wir begleiten sie, wenn an der Grenze zum Ausrasten ihre Wut hochkommt, und deeskalieren die Situation. Auch dadurch erleben sie neue Verhaltensstrukturen in einem bewussten Zustand, denn auf der Straße haben sie in so einem Moment immer aus ihrer Verletzung heraus zugeschlagen.

Boxen ist aber auch eine ritualisierte, akzeptierte Form der gelebten Auseinandersetzung, in der sich die Jugendlichen eins zu eins gegenüberstehen. Sie müssen sich innerhalb der vorgegebenen Übungen ihrem Partner stellen, und die Ausweich- oder Fluchtmöglichkeiten sind durch die Ringseile begrenzt. Wenn einer der Jungs weiterflüchten will, dann kann er das nur, indem er aktiv entscheidet auszusteigen. Der Boxring ist außerdem ein geschützter Raum, in dem sich die Jungs ausprobieren und neue bewusste Erfahrungen machen können. Dadurch entstehen später im Alltag für die Jugendlichen neue Wahlmöglichkeiten im Verhalten.

Der zweite Bestandteil des Namens Work and Box Company ist das Arbeiten.

An Arbeiten in unserem üblichen werktätigen Sinne mit pünktlichem Beginn und durchgehender Konzentration ist mit diesen Jungs nicht zu denken. Sie erinnern sich: 80 Prozent ohne Schulabschluss, Abgang von der Schule nach neun Schuljahren aus der 6., 7. oder 8. Klasse, meist mit 15 oder 16 Jahren. Das bedeutet fast immer: unbeschulbar. Denn wenn ein Jugendlicher »unbeschulbar« und die Schulpflicht nach Anwesenheitsjahren erfüllt ist, hat die Schule die Möglichkeit, die weitere Beschulung abzulehnen. Was darauf im Regelfall folgt, wenn die Jungs überhaupt den Weg zur Ausbildungsberatung finden, ist der Vorschlag, als Erstes den Hauptschulabschluss nachzumachen. Doch wie soll das gehen, wenn sie vorher schon unbeschulbar waren? Meist klappt das nicht oder nur mit mäßigem Erfolg, gerade bei unseren Jugendlichen. Und welcher Unternehmer stellt schon gerne Hauptschüler mit schlechten Noten ein?

Also schaffen wir für die Jugendlichen die Möglichkeit, direkt mit Arbeit in Kontakt zu kommen. Viele der Jugendlichen stammen aus Familien, in denen Arbeit entweder gar kein Thema ist oder in denen die Eltern beide arbeiten und deshalb die Verbindung zu ihren Kindern verloren haben.

Arbeit ist bei uns wiederum als Handeln, als aktive Übernahme einer Aufgabe zu verstehen, nicht so sehr als Bildungsprozess. Anfang 2003 hatten wir noch geglaubt, dass wir mit der Arbeit der Jungs Erträge erzielen, dass sie in der Schreinerei schöne Sachen herstellen könnten. Wir mussten lernen, dass sowohl die destruktive Kraft dieser Jungs viel zu groß als auch ihre Wertschätzung für Schönheit, für Material, für Qualität und auch für sich selbst viel zu klein bis gar nicht vorhanden war. Sie kommen zu uns als Straßenkinder. Und so verhalten sie sich auch.

Arbeit ist bei uns Reibung: Reibung mit den eigenen Worten und Taten, Reibung mit Autoritäten, Reibung mit der Konzentration über einige Stunden, Reibung mit Durchhalten, Reibung mit Stolz, Reibung mit Unterordnung und Reibung mit Respekt. Diese Reibungen, unsere Betreuung in den resultierenden Schwierigkeiten und deren Überwindung sind ein langsames Begleiten hin zur Normalität. Sobald die Jungs ein Stück dieser Normalität verinnerlicht haben, steht die nächste Stufe in puncto Arbeitswelt an: Wir suchen ihnen ein Praktikum, um die Herausforderung durch die Realität auf dem ersten Arbeitsmarkt zu ermöglichen. Unsere Praktika sind immer mit der realistischen Chance verbunden, »die eigene Stelle zu erobern«. Nur unter dieser fairen Bedingung sind unsere Jungs zu motivieren.

Unsere nächste Aufgabe ist die Begleitung zur Eigenverantwortung.

Als »Eigenverantwortung« bezeichnet man die Fähigkeit und die Bereitschaft, für das eigene Handeln, Reden und Unterlassen Verantwortung zu tragen, dafür einzustehen und die Konsequenzen zu tragen. Dazu muss man sich dieser Verantwortung bewusst sein. Unsere Jugendlichen haben diese Eigenverantwortung nie gelernt. Und das ist auch ihr Dilemma. Sie stoßen mit ihrem Verhalten an die berechtigten Grenzen der Gesellschaft und müssten die gesellschaftlichen Konsequenzen für ihr Handeln tragen. Weil sie das nicht können, bleibt der Lerneffekt aus und sie ecken immer wieder und immer stärker an.

Aber wie schafft man es, dass ein junger Mann, der nicht eigenverantwortlich handeln kann und das auch nicht will – zumindest wenn man seinen Worten und Handlungen glaubt –, Verantwortung für sich selbst übernimmt? Es ist nur möglich, wenn dieser

Mensch für sich selbst Entscheidungen trifft und anschließend mit der Realität konfrontiert wird, dann reflektiert und sich neu entscheidet. So entsteht Beziehung zu sich selbst und damit Selbstachtung und Selbstwert.

Damit kommen wir zum nächsten Bestandteil unserer Methode: den Entscheidungen.

Wir verlangen von den Jugendlichen, sich bewusst zu »entscheiden«.

Das erste Gespräch, das wir mit ihnen führen, dauert meistens eine bis anderthalb Stunden. Dabei wird genauestens besprochen, was auf sie zukommt: dass sie sich als Erstes entscheiden müssen, ob sie zu uns kommen oder nicht, dass wir, wenn sie sich entschieden haben, zu ihnen stehen, solange sie sich auf ihrem Weg in die Veränderung befinden. Und dass wir auch dafür Sorge tragen, dass sie auf diesem Weg bleiben können. Und wir sagen ihnen, dass wir uns von (fast) nichts abschrecken lassen. Zu alldem müssen sie Ja oder Nein sagen – das ist bereits die erste wichtige Entscheidung, die sie fällen.

Wir zwingen diese jungen Männer geradezu, sich zu entscheiden, denn wir sagen ihnen nicht: »Wir wissen, was für dich gut ist«. Wir sagen: »Du musst wissen, was für dich gut ist« und »Du musst mit den Folgen deiner Entscheidung leben«. Sobald wir in die Haltung verfallen, es »besser« zu wissen, nehmen wir ihnen ihre Eigenverantwortung wieder ab.

Ein Beispiel dazu: Wir hatten einen Jungen, nennen wir ihn Franz. Franz war 20 Jahre alt und zwei Jahre im Gefängnis gesessen, weil er ein Familienmitglied fast erschlagen hatte. Bei uns wollte er nur eine Arbeit vermittelt bekommen. Allerdings war ihm kein Stellenvorschlag recht. Zugleich erzählte er dauernd, wen er als Nächstes verprügeln würde. Franz war auf Bewährung auf freiem Fuß und jede Straftat hätte sofort wieder Knast bedeutet. Was konnten wir tun, um ihn zur Eigenverantwortung zu bringen?

In einem Gespräch schlug ich ihm vor, wenn er schon »Killer« sein wolle, es doch einmal mit der Fremdenlegion zu versuchen. Weiter bot ich ihm an, einen Übersetzer zu organisieren und ihn nach Frankreich in ein Büro dieser Organisation zu begleiten. Nach einer Ausbildung zum »Killer« könne er dann in Afrika seiner Leidenschaft nachgehen. Ach ja, ansonsten gäbe es auch noch den Weg, hierzubleiben und über ein Praktikum eine feste Arbeitsstelle zu bekommen. Also hatte ich ihm zwei Entscheidungsoptionen gegeben. Und dann sagte ich ihm, er solle sich innerhalb von zwei Tagen entscheiden, damit ich ihn bei seinem Weg unterstützen könnte. Damit ließ ich ihn stehen. Zwei Tage war er völlig verunsichert, ging von Mitarbeiter zu Mitarbeiter und erzählte von den zwei Möglichkeiten und davon, dass ich ihm das mit der Fremdenlegion doch gar nicht hätte anbieten dürfen. Er war richtig im Stress, sich entscheiden zu müssen. Nach zwei Tagen kam er zu mir, wollte eine Praktikumsstelle und sagte zu, mit dem »Killermüll« aufzuhören.

Jedem Jugendlichen dürfte ich einen solchen Vorschlag nicht machen, aber für Franz war er genau der richtige. Nach einem Monat hatte er eine Praktikumsstelle, und nach einem weiteren Monat hatte er seinen Arbeitsplatz.

Dadurch, dass wir konsequent Entscheidungen einfordern und auch mit permanentem Versagen wertungsfrei umgehen, entsteht in den jungen Menschen immer mehr das Empfinden:

> *»Das war meine Entscheidung,*
> *und das ist das Ergebnis,*
> *das ich selbst zu verantworten habe.«*

Es ist ein sehr großer Unterschied, ob meine Entscheidung von außen mit guten Ratschlägen vorgegeben wird oder ob ich mich wirklich selbst entscheiden muss.

Folgender Mechanismus verhindert das Erlernen dieser Entscheidungsfähigkeit in der Seele verletzter Menschen: Wir Menschen neigen dazu, Unangenehmes zu verdrängen und leidvolle Erlebnisse auf die Seite zu schieben. Unsere Jugendlichen erleben in ihrer Kindheit Vernachlässigung, Schläge oder seelische Verletzungen und verdrängen das einfach. Damit entsteht eine Dynamik: »Das, was gestern war, verdränge ich und kann damit heute überleben. An das Morgen denke ich nicht, denn das, was ich da erleben werde, ist fürchterlich.« Also sind sich die Jungs dessen, was sie getan haben, nicht bewusst und auch nicht der Konsequenzen, die auf sie zukommen. Weder die Realität noch die Konsequenzen ihres Verhaltens berühren sie, da sie dies alles verdrängen. Die meisten Jugendlichen kommen zum Beispiel erst einen Tag vor einer Verhandlung zu uns und sagen: »Morgen muss ich zum Gericht«, weil sie das, was auf sie zukommt, nicht wahrhaben wollen. Wir führen sie an die unangenehme Realität heran und begleiten sie wertungsfrei mit der Frage, welche Entscheidung sie fällen wollen. So entsteht in einem Menschen Schritt für Schritt Eigenverantwortung, auch wenn er noch so viele Verletzungen in sich trägt.

Ein weiterer wichtiger Punkt in unserer Arbeit ist der Kontrast von Oberfläche und Kern:

Wir konzentrieren uns ausschließlich auf den Kern, das Herz eines jungen Menschen.

Unsere Jungs haben an der Oberfläche wenig »Schönes« zu bieten. Sie sind in der Regel so verletzt, dass ihr Verhalten erst einmal abstoßend ist. Dazu ein Beispiel:

Tom kommt zu spät (erstes Verhalten an der Oberfläche), und auf die Frage nach dem Warum antwortet er: »Was willst denn du schon wieder von mir, du Wichser?« (zweites Verhalten an der Oberfläche). Sobald ich mich in diesem Moment empöre und damit die Beziehung anhand der Oberfläche werte, bestätige ich Tom, was er gewohnt ist. Ich brauche also eine wertfreie Reaktion. Auf »Wichser« ist zum Beispiel eine der am besten wirkenden Antworten: »Und du nicht?« Wenn das spontan und unverkrampft kommt, können sich die meisten Jungs nicht mehr halten vor Lachen. Sobald ich mich – gerade in der Früh – aufrege oder ein Machtspiel anzettle, verliere ich für diesen Tag den Kontakt.

Natürlich müssen die Jungs auch lernen, wo ihre Schimpfwörter nicht am Platz sind, aber Empörung darüber ist für sie erstens normal und bringt einen zweitens nicht weiter. Der Punkt ist nämlich: Das ist ihre Sprache, sie haben es nicht anders gelernt. Das zu verstehen ist sehr wichtig. Einem Chinesen kann ich nicht vorwerfen, dass er nur Chinesisch kann und nicht Oberbayerisch. Selbst wenn der Chinese radebrechend deutsch spricht, kann ich nicht Bayerisch mit ihm reden. Das funktioniert nicht. Er versteht mich nicht, und dann erreiche ich auch nichts. Wenn ich nichts erreichen will, kann ich weiter auf diese Art und Weise mit ihm reden. Wenn ich jedoch etwas erreichen will, sollte ich mich bemühen, hochdeutsch zu sprechen oder vielleicht Chinesisch zu lernen.

Das ist die Übersetzungsarbeit, die wir zu leisten versuchen: dass wir erst einmal die Oberfläche akzeptieren und das, was uns entgegenkommt, für den Anfang so nehmen, wie es ist. Denn wenn man lediglich mit der Oberfläche eines jungen Menschen arbeitet, fällt man auf die Tricks herein, die er sich angewöhnt hat. Dann lässt man sich provozieren und wird nach der zwanzigsten Beleidigung, dem zehnten Foul, der dritten Gewaltankündigung oder spätestens der ersten Morddrohung die Notbremse ziehen, den Kontakt abbrechen und den Jugendlichen rausschmeißen. Dann hat er seine Ruhe, sein negatives Selbstbild ist bestätigt. Das Muster funktioniert, er muss sich nicht ändern. Das hat er im pädagogischen Bereich schon oft erlebt.

Wenn man aber die Schimpfkanonaden und Hässlichkeiten des Jugendlichen als das erkennt, was sie sind: eine Oberfläche, eine Schutzhaltung, ein verhärtetes Muster, kann man sich emotional leichter distanzieren und wird sich davon nicht so leicht provozieren lassen.

An dieser Stelle ein amüsantes Bild aus unserem Umgang, aus der ganz normalen Kommunikation mit den Jugendlichen. Wenn ein Jugendlicher zu mir »Arschloch!« sagt, liegt es an mir, was ich daraus mache. Ich interpretiere seine Aussage. Sie kann einfach eine Beleidigung sein. Oder er wünscht mir damit einen »guten Morgen!«. Sie kann auch bdeuten: »Bleib auf Abstand!« oder: »Im Moment ist mir die Situation zu eng!« Vielleicht sagt er mir so aber auch: »Ich hab dich lieb!«.

Sie werden jetzt vielleicht staunen und sagen: »Die sollen erst einmal lernen, sich zu benehmen.« Aber damit kommt man in dieser Situation nicht weiter. Und das heißt nicht, dass wir uns alles einfach so gefallen lassen. Es heißt auch nicht, dass wir nicht ganz klar Kontrapunkte setzen und im Zweifelsfall konsequent Nein sagen. Es heißt, in der Situation mit dem Jugendlichen kreativ zu reagieren.

Ein Beispiel: In einem Einzelgespräch wird es für einen Jungen »eng«. Das Eis, auf dem seine Geschichten und Ausreden basieren, wird immer dünner, und er fängt an, sich Raum zu verschaffen, indem er mit Beleidigungen um sich wirft. Meistens lege ich dann eine Strichliste an, und je nach Stimmung sage ich zum Beispiel: »So, jetzt sind es zehn. Ab wann rufst du deinen Bewährungshelfer (oder Richter oder Vater) an, um ihm zu erklären, was du damit bezweckst?« Es könnte auch sein, dass ich das letzte Gespräch mit dem Vater oder einer anderen Bezugsperson inhaltlich noch einmal aufnehme. So kommt der Jugendliche bei seiner Eigenverantwortung an, muss sich entscheiden, was er weiter tut, und kann nicht die Verantwortung bei uns abladen.

Aber das Nein gilt der Oberfläche des Jungen, nicht seinem Kern, seinem Herzen. Und wir gehen nicht aus dem Kontakt oder werfen ihn raus. Wir durchbrechen seine Grenzen, das von ihm gewählte Versagen und bleiben gleichzeitig an seiner Seite. So bringen wir ihm ein Stück Sicherheit, ein Stück Urvertrauen, das dieser Jugendliche braucht und vielleicht nie zuvor hatte.

Unsere Jugendlichen sind verletzt. Verletzt durch erlebte Gewaltübergriffe, Vernachlässigung, Liebesentzug, Überfrachtung mit Verantwortung, Missbrauch, Inkonsequenz und vieles mehr. Sie sind seelisch verwundet. Und dadurch können sie in vielen Fällen nicht anders handeln als so, wie sie es tun. Auch wenn sie schon viele Male erinnert oder ermahnt wurden, ist es ihnen nicht möglich, ihr Verhalten bewusst zu kontrollieren. Wir könnten sie in dieser Hinsicht mit einem Einbeinigen oder einem Rollstuhlfahrer vergleichen – nur dass deren Verletzungen für uns sichtbar sind. Keiner von uns würde auf die Idee kommen, von einem Rollstuhlfahrer mit Querschnittslähmung zu verlangen, aufzustehen und zu gehen. Doch von unseren in der Seele verletzten Jugendlichen erwarten, verlangen, ja fordern wir Veränderung. Und wir bestrafen sie, wenn sie es nicht so umsetzen, wie wir uns das vorstellen.

Was aber, wenn diese Jungs sich wirklich nicht anders verhalten können und im Grunde ihres Herzens nichts anderes wollen, als endlich von diesem Fluch befreit zu sein? Nur dass sie eben nicht wissen, wie das geht! Wenn wir davon ausgehen, dann ist es nicht nur notwendig, diese Verletzungen zu heilen, sondern auch unsere gesellschaftliche und menschliche Verpflichtung.

Deshalb gehen wir in unserer Arbeit therapeutisch vor. Nicht dass Sie sich jetzt vorstellen, dass wir mit den Jungs auf der Couch Gesprächstherapie machen. Doch verwenden wir in unserem Boxen, Arbeiten, Streiten, beim Fußball, bei Gesprächen, bei der Aufforderung zur Entscheidung und anderen Herausforderungen überall therapeutische Elemente und Vorgehensweisen. Jeder unserer Mitarbeiter hat unterschiedliche Ausbildungen und Erfahrungen, und diese verbinden sich in der Handlung mit den Jugendlichen und dem Erfahrungsaustausch im Team.

Ein weiterer Bestandteil unserer Arbeit ist das Setzen von Herausforderungen.

Am Anfang sind das sehr kleine Herausforderungen, über die wir als erwachsene, normal sozialisierte Mitteleuropäer nur schmunzeln können: zum Beispiel in der Früh pünktlich zu erscheinen oder zwei Stunden bei der Arbeit durchzuhalten oder wieder in den Boxring zu kommen, obwohl in der letzten Partnerübung der andere zu fest zugeschlagen hat. Es können aber auch Herausforderungen sein, die in das persönliche Umfeld hineinwirken, etwa mit dem Vater zum Gespräch zu kommen oder den Drogenkonsum zu verringern oder mit uns den Bruder im Gefängnis zu besuchen.

Es sind also kleine Herausforderungen, mit denen wir beginnen. Da es aber das Ziel der Work and Box Company ist, die Jungs zu wirklicher Arbeit zu befähigen, werden die Herausforderungen immer größer, zum Beispiel, wenn ein Jugendlicher »reif« ist für ein Praktikum, das heißt: wenn er es schafft, pünktlich zu kommen, eine gestellte Aufgabe zu Ende zu führen, der Auseinandersetzung mit persönlichen Problemen nicht mehr auszuweichen, oft auch, wenn er zu einem von uns kommt und sagt: »Ey, gib mir mal eine Stelle!«

Wie wir für diese Jugendlichen mit dieser Vergangenheit überhaupt eine Stelle finden? Zuerst schauen wir uns die Kompetenzen der Jugendlichen an. Jeder Mensch hat Kompetenzen. Nehmen wir Oman. Oman war ein beweglicher, agiler Junge. Er hatte zwei Klassen wiederholt und war dann in seinem 9. Schuljahr aus der 7. Klasse geflogen. Oman war einer von den Unbeschulbaren, einer der Jungs, die nicht mehr als eine Stunde still sitzen oder konzentriert arbeiten konnten. Bei Gesprächen schaute er immer unter den Tisch und kaute auf dem Kragen seiner Jacke oder seines Pullis herum. Beim Fußball war er sehr geschickt und flink, und auch beim Boxen schnell und wendig. Auf einer Bergtour flog einmal eine Flasche einen steilen Berghang hinunter – er hüpfte einfach über den Stacheldrahtzaun in den Hang hinein und holte sie. Also waren seine Kompetenzen: große Beweglichkeit und Geschicklichkeit, auch in schwierigem Gelände. Welche Berufe passen zu diesem Profil?

Wir versuchten es bei einem Dachdecker. Erst hatte Oman mehrmals Ärger mit seinen Vorgesetzten. Dann, als der Chef ihn schon rausschmeißen wollte, deckte er bei einem wichtigen Auftrag in der Mittagspause den heikelsten Dachbereich. Jetzt ist er im zweiten Lehrjahr.

Unsere Stellensuche ist immer eine sogenannte Kaltakquise. Wir schauen nach offenen Stellen oder suchen im Branchenbuch Unternehmen heraus, wir telefonieren, fragen, was gesucht wird, und gleichen die Anforderungen der Unternehmer mit den Kompetenzen der Jugendlichen ab. Und dann bieten wir dem Unternehmer und dem Jugendlichen sowohl ein Praktikum zum Ausprobieren als auch Begleitung bei Problemen an.

Mit der Herausforderung, sich in einem Praktikum zu bewähren, erhalten die Jugendlichen gleichzeitig die Perspektive auf einen Ausbildungs- oder Arbeitsplatz, an den sie vorher nicht mehr geglaubt hatten. Denn die Öffentlichkeit sagt allen jungen Menschen, dass sie ohne Hauptschulabschluss, mittlere Reife oder Abitur überhaupt keine Chancen in unserer Gesellschaft haben. Und die Jugendlichen glauben das irgendwann selbst, haben sie doch noch viel mehr Minuspunkte auf ihrem Konto: von Respektlosigkeit bis zu Kriminalität. Bei uns entwickelt sich für sie eine neue Perspektive, ein neuer Glaube an sich selbst.

Eine Perspektive im Leben zu haben ist eine der wichtigsten Voraussetzungen für innere Motivation. Sie, liebe Leserin, lieber Leser, werden das auch aus Ihrem Leben kennen. Wenn wir wissen, wo wir hin wollen, ist es viel leichter, sich auf den Weg zu machen. Mit der Perspektive und mit der Motivation, die durch die Perspektive entsteht, steigt erheblich die Chance, auch wirklich da anzukommen, wo man hin will.

Die wesentlichste Voraussetzung für die Arbeit mit den Jungs ist jedoch, wie oben schon erwähnt, die Haltung, mit der wir den Jugendlichen gegenübertreten. Welche Werte stehen hinter unserer

Haltung und unserem Handeln? Und welche Werte brauchen unsere Mitarbeiter? An erster Stelle steht das Freimachen für eine Beziehung zu den Menschen, die wir begleiten. Das bedeutet, dass wir vorab unsere Erwartungen, unsere Illusionen, unsere Bedingungen, unser Mitleid kennenlernen, also unsere eigenen Verletzungen verstehen müssen, um mit den Verletzungen der Jugendlichen in produktive Resonanz gehen zu können und uns nicht in der Empathie für ihr Leid zu verlieren. Daneben brauchen wir für dieses Vorgehen Konsequenz, Liebe und Glauben.

> ***Es ist die Haltung, dass eine Beziehung zu einem Menschen viel mehr ist als das, was wir sehen können.***

Daher konzentrieren wir uns auf den Kontakt zum Kern und stellen diesen im richtigen Moment gezielt und spontan her. Zugleich besteht die Herausforderung darin, die Beziehung auf den Moment des Kontakts zu beschränken. Die Bindung des Jugendlichen an uns als Mentoren darf nicht zu stark sein, sonst ist es das, was die Eigenverantwortung und den Aufbruch in die Veränderung behindert.

Der wahre, ernst gemeinte, ehrliche Kontakt von Herz zu Herz mit einem Menschen, den wir begleiten, ist der Dreh- und Angelpunkt unseres Wirkens, das heißt des Vorhabens, eine Wirkung zu erzielen. Dabei ist fast alles erlaubt, was der Einzelne für sich ehrlich und rechtschaffen tragen und verantworten kann: immer wieder an die Grenzen des Erlaubten gehen! So konzentrieren wir uns auf den Kern, versuchen wertungsfrei zu handeln, sorgen für klare Konsequenzen, konfrontieren die Jugendlichen mit der Realität, bleiben aber auch im Kontakt, wenn Versagen entsteht.

Es ist unsere Haltung, herzensoffen und einem Menschen zugewandt zu sein, ihn nicht für seine Handlung zu verurteilen. Denn nur so können sich diese verletzten jungen Menschen uns gegenüber öffnen und eine Veränderung bei sich zulassen. Nur so erleben diese Jungs Menschlichkeit, die auch in ihnen wohnt, obwohl sie alles tun, um nicht mit ihr in Kontakt zu kommen. Denn an derselben Stelle liegen auch ihre Verletzungen begraben.

Mit dieser herzensoffenen Haltung gelingt es uns, die Jugendlichen sehr schnell in Beziehung und in Veränderung zu bringen. Sonst wäre ein Weg vom Serienstraftäter zum Arbeitnehmer in durchschnittlich acht Monaten auch nicht möglich.

Ein Beispiel für unsere Haltung dem Menschen gegenüber, den wir begleiten, ist das von Ahmet. Ahmet lebte, bevor er zu uns kam, seit drei Jahren ohne irgendeinen geregelten Tagesablauf. Er kam anfangs in der Woche maximal an drei Tagen, das meistens zu spät und dann auch noch »stoned« (unter Drogen). Darüber machten sich sogar schon die anderen Jungs lustig. Ahmet das Arbeiten näher zu bringen oder ihn gar in ein Praktikum zu vermitteln, war undenkbar. Nach einigen Monaten ohne Veränderung gab das Team auf.

Wie so oft in unserer Arbeit: Wenn alle aufgeben, übernimmt einer von uns die Rolle dessen, der sagt: »Da muss doch noch was zu machen sein!« In diesem Fall war das ich. Ich vereinbarte ein letztes Gespräch mit Ahmets Mutter und der Jugendgerichtshilfe. Im Laufe dieses Gesprächs wurde alles noch einmal erörtert, auch die Konsequenzen, die ihm bevorstanden – wir waren seine letzte Chance vor dem Knast. Während des Gesprächs spürte ich mich noch einmal in seine Lebensgeschichte hinein – ohne Vater aufgewachsen und schon als Kind von der Mutter als Partnerersatz überfordert – und hatte spontan das Gefühl: Ahmet braucht eine Umarmung. Das ist eine völlig unübliche Idee, läuft man doch gerade bei unseren Jungs sofort Gefahr, als »schwul« abgestempelt zu werden. Also fragte ich ihn, ob das eine Möglichkeit wäre: dass er jeden Tag in die Maßnahme kommt, wenn er dort seine Umarmung kriegt. Er sagte einfach: »Ja!«, als hätte er genau auf diesen Vorschlag gewartet. Und so vereinbarten wir in diesem Gespräch, so vorzugehen.

Meist halten solche Vereinbarungen oder Ideen nicht länger als ein paar Tage, dann brauchen wir neue. In diesem Fall kam Ahmet wochenlang, sobald er mich sah, auf mich zu, blieb 20 Zentimeter vor mir stehen und holte sich seine Umarmung ab. Es war ihm nicht zu blöd, das vor allen anderen Jungs zu tun, von denen in diesem Fall auch nicht eine dumme Bemerkung kam! Zwei Monate später fing er sein Praktikum an. Er hielt fünf Wochen durch mit nur einem Tag Verspätung und ging anschließend in seine Ausbildung als Feinmechaniker, die er inzwischen abgeschlossen hat.

Von solchen Geschichten gibt es sehr viele. Die Jungs sagen über das, was sie bei uns bekommen: »Das ist etwas, das hast du noch nicht erlebt, nicht mal zu Hause« oder: »Da passiert etwas wie Vertrauen und Zuneigung«. Aber auch: »Das kann man nicht erklären, das muss man erleben«. Diese einfachen Worte beschreiben unsere Arbeit gut.

Vertrauen und Zuneigung – da sind wir wieder bei dem für mich so zentralen Gebot, das auch für die Haltung steht, die unsere Arbeit begleitet: »Liebe deinen *Nächsten* wie dich *selbst.*« Wobei wir nie den Satzteil »wie dich selbst« vergessen dürfen.

> ***Denn nur aus der Eigenliebe heraus entsteht die Kraft, den Nächsten zu seinem Besten zu lieben.***

Sonst könnte es passieren, dass ich den Nächsten mehr liebe als mich selbst und damit nur meine emotionalen Löcher stopfe.

Welchen Erfolg erzielen wir nun mit unserer Arbeit? Und wie hoch sind die konkreten Erfolgskennzahlen? Für uns sind auch die Zahlen der Vergangenheit interessant: Wie viel haben die Jugendlichen gekostet, bis sie zu uns gekommen sind? Die Unterschiede sind hier sehr groß. Wir haben Jugendliche dabei, für die der Staat so wie für jeden anderen jungen Menschen in unserer Gesellschaft bis zu seinem 18. Lebensjahr nur Erziehungs- und Kindergeld gezahlt hat – natürlich zuzüglich der Kosten für polizeiliche Ermittlung, Gerichtsverhandlung und für die angerichteten Schäden Diese Jugendlichen kosten den Steuerzahler ca. 50 000 Euro. Wenn wir aber Jirko mit seiner Heimkarriere nehmen, dann hat er, bis er bei uns angekommen ist, unsere Gesellschaft schon 835 000 Euro gekostet. Die Durchschnittskosten, die wir als Staat für die Jugendlichen bis zum Eintritt in die Work and Box Company bezahlen, liegen bei stolzen 335 000 Euro. Eine Zahl, die auf der einen Seite schockierend ist, auf der anderen Seite aber das enorme finanzielle Einsparungspotenzial zeigt. Dabei ist uns natürlich klar, dass der finanzielle Aspekt nur *ein* Gesichtspunkt der Betrachtung ist.

Jetzt aber die Erfolgskennzahlen unseres Projekts. In den ersten drei Jahren sind in der Work and Box Company 51 Jugendliche begleitet und 41 von ihnen vermittelt worden, also über 80 Prozent. Wir haben im Frühsommer 2007 zu allen ehemaligen Teilnehmern, Betreuern, Eltern, der Polizei und den Gerichten Kontakt aufgenommen, um uns nach dem langfristigen Verbleib unserer Jungs zu erkundigen: Wie ist es ihnen in den Jahren nach der Work and Box Company ergangen? Wie nachhaltig hat unsere Arbeit gewirkt? Diese Betrachtung zu den Jahrgängen 2003 bis 2006 ergab: 90 Prozent der Jugendlichen, die wir vermittelt haben, waren zum Zeitpunkt unserer Nachfrage noch in stabilen Verhältnissen: in Arbeit, in Ausbildung oder wieder in der Schule. Die Straffälligkeit – auch das ist uns sehr wichtig – ist um 85 Prozent zurückgegangen. Es sind also nur 15 Prozent der Jungs wieder straffällig geworden.

Iris Hecker, Studierende der Universität der Bundeswehr München, verglich in ihrer Diplomarbeit »›Work and Box Company‹ statt Jugendstrafvollzug – alternative Resozialisierung als Weg aus schwerer Jugenddelinquenz« das Resozialisierungskonzept der Work and Box Company mit dem des Strafvollzugs.

Hecker stellt den Zusammenhang zwischen einer Gesellschaft und den in ihr auftretenden Phänomenen her, nämlich »dass Kriminalität und abweichendes Verhalten (...) im Sozialprozess entsteht und Ergebnis eines gesellschaftlichen Zuschreibungsprozesses ist, hinter dem ein bestimmtes und individuelles Verhalten steckt«. Auf dieser Grundlage weist sie auf die Signalfunktion von Kriminalität und Delinquenz hin: »Sie machen auf Missstände aufmerksam und verweisen dahingehend auf einen sozialen Korrekturbedarf.«

Vor diesem Hintergrund kommt sie zu dem Ergebnis, »dass eine generalpräventive oder spezialpräventive Wirkung und nachhaltige Resozialisierung des Jugendstrafvollzuges nicht überzeugend nachgewiesen werden kann. Eine Vielzahl von Studien belegt, dass die Wirkungen von Strafvollzug auf die Gefangenen, insbesondere die starke Reglementierung, die Disziplinarordnung und die Subkultur, kaum zu einem rechtskonformen, eigenständig verantwortlichen Leben beiträgt.«

Hinsichtlich der Work and Box Company arbeitet sie heraus, diese habe »schon etlichen Jugendlichen, die als aussichtslos galten, eine Chance gegeben, ihr Leben in den Griff zu bekommen und es für sich erfolgreicher zu gestalten. ›Work and Box‹ gibt auch der Gesellschaft die Chance, jugendliche Straftäter zu integrieren und letztendlich damit eine effektivere Kriminalprävention als Strafvollzug zu leisten.«*

Für mich als Unternehmer war die volkswirtschaftlich-ökonomische Sicht, der Blick auf die harten finanziellen Fakten, besonders interessant. Da der Fokus der Work and Box Company auf der Vermittlung in Arbeit und Ausbildung liegt, orientierte ich mich an einer Lehrzeitlänge von drei Jahren, um eine nahe liegende Rechengröße zu verwenden.

Die volkswirtschaftlichen Kosten eines jugendlichen Serienstraftäters, zum Beispiel für Jugendhilfe, Justiz, Vollzug, Wohnbe-

* Iris Hecker: *»Work and Box Company« statt Jugendstrafvollzug – alternative Resozialisierung als Weg aus schwerer Jugenddelinquenz. Zu strukturellen Bedingungen und Hintergründen erfolgreicher Reintegration von mehrfach straffälligen Jugendlichen*, Universität der Bundeswehr, Fakultät für Pädagogik, München 2007, S. 111 ff.

treuung, Ausbildung oder Beschäftigung auf dem zweiten Arbeitsmarkt, Sozialhilfe usw., liegen pro Jahr bei durchschnittlich 35 000 Euro. Unberücksichtigt sind Kosten für die Strafverfolgung und für etwaige Heilbehandlungen von Opfern oder Schäden welcher Art auch immer, die von den Jugendlichen nicht beglichen werden können. Für einen Zeitraum von drei Jahren entstehen also Kosten von rund 100 000 Euro. Diese 100 000 Euro entfallen, wenn unser Jugendlicher auf dem ersten Arbeitsmarkt beschäftigt ist.

Von 41 jungen Männern, die wir in den ersten drei Maßnahmejahren vermittelten, standen bei einer Nachhaltigkeitsquote von 90 Prozent im Mai 2007 noch 37 in Arbeit, das bedeutet: weitgehende wirtschaftliche Autonomie. Natürlich wurde der eine oder andere noch durch die Jugendhilfe betreut oder wohnte bei den Eltern, war aber auf jeden Fall auf dem Weg zur wirtschaftlichen Autonomie. So haben wir also in einem Zeitraum von drei Jahren ungefähr 3,7 Millionen Euro eingespart. Die drei Jahre Work and Box Company haben rund eine Million Euro an öffentlichen Geldern gekostet. Der Reinertrag aus dieser Investition beläuft sich für die Gesellschaft also auf 2,7 Millionen Euro.

Das sind jedoch nur die finanziellen Seiten des Erfolgs. Die weichen Faktoren sind ebenso bemerkenswert und entscheidend für unsere Gesellschaft. Was es bedeutet, einen jugendlichen Serienstraftäter sozial, emotional und gesellschaftlich zu integrieren – was es für seine Familie, seine Freunde, später für seine Frau und vor allem auch für seine Kinder, also für alle Menschen in seiner Umgebung bedeutet –, lässt sich nicht in Zahlen fassen. Jeder kann sich aber hineinfühlen, welcher Unterschied es für einen Menschen ist, integriert zu sein in der Gesellschaft oder immer wieder straffällig zu werden. Und jeder kann sich vorstellen, dass durch diese Integrationen der Grundstein gelegt ist, das, was unsere Jungs in ihrer Kindheit erlebt haben, bei der Gründung ihrer eigenen Familie nicht zu wiederholen. Was für ein Segen!

Und es gibt noch einen weiteren wichtigen Aspekt für unsere Gesellschaft: Diese Jugendlichen stehen mit ihren Verletzungen sinnbildlich für die Verletzungen, die Eltern oder Erziehungsberechtigte ihren Kindern zufügen. Sie stehen für die ungeschützten Embryos, für die ungeschützten Babys und für die ungeschützten Kinder, die sowohl körperlicher als auch psychischer Gewalt ausgesetzt sind. Mit ihrer aggressiven Auffälligkeit machen diese Jungs uns alle auf diese Missstände aufmerksam.

So wie die Skepsis groß war, als wir mit unserem Projekt anfingen, so groß blieb diese Skepsis teilweise auch nach unseren Erfolgen. Wir hatten ja garantiert, dass 70 Prozent der Jugendlichen bei uns bleiben und wir von diesen wiederum 70 Prozent auf den ersten Arbeitsmarkt vermitteln würden. Von unserem Erfolg war unser Fortbestand abhängig gemacht worden. Die Zahlen des ersten Jahrs lagen über unseren Vorgaben: Wir hielten 73 Prozent und vermittelten im ersten Jahr von den 15 gehaltenen Jungs 13 in eine Arbeits- oder Lehrstelle. Ein Erfolg, der auch weit über den üblichen Ergebnissen mit dieser Klientel lag. Damit durften wir weiterarbeiten.

Nur verstummten die Skeptiker deshalb nicht. Sie munkelten: Bei einem solchen Erfolg könne es ja nicht mit rechten Dingen zugehen. Wie sollten so unerfahrene Leute mit einer so schwierigen Klientel so einen großen Erfolg haben? Es gab natürlich auch Befürworter und sehr zufriedene Geldgeber, die mit Lob nicht sparten und uns und vor allem unseren Jungs zu diesem Erfolg gratulierten.

Die Befürworter und Kritiker sind ganz klar verteilt. Die Menschen, die am nächsten an den Jungs dran sind, zum Beispiel Jugendgerichtshelfer, Streetworker und Richter, diejenigen, die die Jugendlichen tatsächlich kennen und wirklich Veränderung wollen, sind sehr glücklich, dass es unsere Work and Box Company gibt. Je weiter die Menschen entfernt sind von den Jugendlichen – bei manchen hat man den Eindruck, sie haben überhaupt keine Vorstellung von ihnen –, desto mehr Schwierigkeiten haben sie, unsere Arbeit zu verstehen. Wenn dann noch Unkenntnis der eigenen Verletzungen und blinde Flecken hinzukommen und ersatzweise eine harte Außenhaltung eingenommen wird, ist es quasi unmöglich, unsere Arbeit und unser Vorgehen nachzuvollziehen oder auch nur zu ertragen.

Auch wir waren erstaunt über den Erfolg mit der Jugendlichen, denn auch wir zweifelten während dieses ersten Jahres oft an uns und unserer Fähigkeit, diese schwierige Arbeit zu bewältigen. An vielen Tagen waren wir weit über unsere bisherigen Grenzen hinausgegangen und konnten viele Situationen nur in der gegenseitigen Unterstützung im Team tragen.

Überglücklich mit dem Erfolg starteten wir in die folgenden Jahre. Die Skepsis und die Kritik sind leiser geworden und nur noch bei einigen bis heute geblieben. Obwohl wir mittlerweile vielfach ausgezeichnet wurden, verstummen die Unkenrufe nicht. Allein unsere Anwesenheit und unser Erfolg waren und sind für manche Etablierten eine Gefährdung ihrer eigenen Position: Wenn andere mehr Erfolg haben als ich, dann müsste ich in der Vergangenheit etwas falsch gemacht haben. Für diese Menschen ist dann oft Angriff die beste Verteidigung.

Wir vermuten, dass die am Anfang bei uns zwei »Nobodys« wahrscheinlich berechtigte Skepsis mittlerweile bei einigen in Neid umgeschlagen ist. Nach so vielen Jahren und so viel Erfolg vergleiche ich unsere Situation oft mit Galileo Galilei und seiner Behauptung, die Erde sei eine Kugel. Es brauchte fast ein Jahrhundert, bis diese Tatsache anerkannt wurde. So werden wir nimmer müde zu beweisen, dass diese Arbeit möglich ist, dass sie weit mehr Erfolg verspricht als andere Methoden bisher und dass die Menschen nur den Mut brauchen, in Liebe zu handeln.

Gott sei Dank sind unsere Befürworter in München und darüber hinaus lauter geworden, und die Zeit und die Medien arbeiten in unsere Richtung, sodass unsere »altmodische« Haltung, die letztlich auf christlichen und philosophischen Grundwerten beruht, wieder mehr Raum in unserer Gesellschaft bekommt.

Denn wir - jeder Einzelne von uns! - sind die Gesellschaft, und wir - jeder Einzelne von uns! - sind die, die unsere Gesellschaft verändern.

Und am besten fangen wir gleich damit an – auch gegen alle eigenen und fremden Widerstände. Es ist unsere Entscheidung, unsere Entscheidung zur Menschlichkeit!

Jetzt kennen Sie, liebe Leserin, lieber Leser, meine Arbeit mit jugendlichen Serienstraftätern und für deren Integration in unsere Gesellschaft. Sie haben die jungen Männer kennengelernt mit den Prägungen aus ihrer Kindheit, aus ihrem Aufwachsen. Diese Prägungen haben zu den seelischen Verletzungen geführt, die sie so haben werden lassen, wie sie sind. Auch wir fragen uns immer wieder, an welcher Stelle diese Jungs sich eventuell hätten anders entscheiden können. Doch die Möglichkeit, sich zu entscheiden, hatten sie weder, als sie mit zwei Jahren ins Heim, noch als sie im Alter von fünf wieder nach Hause kamen zur Mutter und dem gewalttätigen Stiefvater. Aufgrund ihrer seelischen Verletzung hat sich ein Verhaltensmuster ausgebildet, aus dem auszubrechen ihnen sehr schwerfällt. Bei den meisten Jungs, die zu uns kommen, ist klar: Es war ihnen bisher nicht möglich, anders zu handeln.

Wir begleiten diese jungen Männer durch Herausforderungen und Konfrontation in Handlung auf dem Weg zu sich selbst. Sie lassen sich darauf ein, beginnen ihre Herkunft, dann sich selbst zu verstehen und fangen an, sich von innen heraus zu verändern. Und sie bekommen immer wieder die Chance, sich neu zu entscheiden. So wächst in ihnen durch ihre erfolgreichen eigenen Entscheidungen Selbstwert, Eigenverantwortung und dann auch Verantwortungsbereitschaft anderen gegenüber.

Wir stehen an ihrer Seite als Mentoren in unserer grundlegenden Haltung der Menschlichkeit und mit dem Mut, aus der Liebe heraus zu handeln. Das gibt ihnen die Kraft, durch die ihre Verletzungen langsam heilen.

Auch ich habe meine eigene Entwicklung aus meiner Kindheit und Jugend heraus machen müssen, um überhaupt den Impuls zu entwickeln, mich einer solchen Aufgabe zu widmen. Nur dadurch war es mir möglich, mich auf diese Jungs einzulassen. Im Rückblick kann ich sagen: Mein Lebensweg war sogar die Voraussetzung für meine Fähigkeit zur Empathie, um mich in die Jungs einzufühlen, ihre Verletzungen zu verstehen und aus dem Verständnis der eigenen Entwicklung heraus die Fähigkeit zu entfalten, das Richtige zu tun, um bei den Jungs eine Veränderung zu erreichen. Nur so lässt sich letztlich die Entscheidung für diese Arbeit mit den Jungs erklären, die ich gemeinsam mit Werner Makella durch alle Höhen und Tiefen beharrlich verfolge.

So lassen sich aber auch viele andere Entscheidungen in meinem Leben erklären. Denn es setzt sich ein Baustein auf den anderen, von dem viele vorher gesagt hätten: »Das passt doch nicht zusammen.« Gerade diese scheinbare Widersprüchlichkeit, dieses Überwinden der Unvereinbarkeit ist eines der wesentlichen Merkmale meines Lebens. Aus dem Fokus meiner Kindheit und meiner Herkunft gesehen folgte eine Entscheidung stimmig auf die vorherige und eine Aufgabe gesellte sich zur nächsten.

Meine erste eigenverantwortliche Entscheidung

Muster überwinden, aber wie?

An dieser Stelle möchte ich Sie, liebe Leserin, lieber Leser, in mein Leben vor der Work and Box Company entführen, denn nur so wird für Sie die logische Abfolge meiner Entscheidungen erlebbar, und nur so kann ich Ihnen wirklich die Fragen beantworten: »Wie sind Sie auf die Idee zur Work and Box Company gekommen?« und »Warum machen Sie das so, wie Sie es machen?« Und ich möchte Ihnen mein Leben als Reibungs- und Reflexionsebene für sich selbst anbieten.

Auf den nächsten Seiten geht es um eine der vielen Entscheidungen in meinem Leben: die erste, die ich in einer wichtigen Angelegenheit und nach außen deutlich sichtbar eigenständig – weil gegen den Widerstand anderer – traf. Denn auch mir ist die Eigenverantwortung nicht in die Wiege gelegt worden. Auch ich musste erst mich selbst, meine Herkunft und meine Prägungen verstehen. In meinem Fall ging es darum zu erkennen, wo und wie ich mich an die Erwartungen anderer angepasst und meine eigenen Impulse verdrängt hatte. Von dort bis zur Veränderung, bis zur Auflehnung gegen die Erwartungen der anderen war es auch bei mir ein weiter Weg.

Das ist die Geschichte meiner Wehrdienstverweigerung. Sie lässt sich gut darstellen, weil mir die Begründung meiner Verweigerung und weitere Schriftstücke aus dieser Zeit vorliegen, in denen ich eins zu eins nachlesen kann, was ich damals dachte und warum ich so handelte.

Als ich 17 Jahre alt war, zog ich mit meinen Eltern ins oberbayerische Moosach bei Grafing. Mit dem Umzug und der herzlichen Aufnahme durch unsere Nachbarn wurden mir die Türen in eine intakte funktionierende dörfliche Struktur geöffnet, in die ich mich gerne einfügte. Ohnehin passte ich mich in der damaligen Zeit meinem jeweiligen Lebensumfeld stark an.

Das waren mit die ersten Kontakte außerhalb der Familie im Rahmen sozialer Gruppen. Erste Station war die Freiwillige Feuerwehr Moosach. In Notfällen zu helfen war für mich auch damals schon eine Aufgabe, der ich mich gern widmete. Im Laufe der folgenden Jahre trat ich noch dem Schützenverein und auch für kurze Zeit der CSU bei.

Ich war nicht wenig erstaunt, dass eine Mitgliedschaft bei der Feuerwehr den Genuss von Bier und Schnaps mit einschloss. Schon beim ersten Treffen wurde ich »getauft« und ging mit meinem ersten Rausch nach Hause. Die aus der dörflichen Integration folgende, dort gelebte Normalität des Alkoholkonsums war für mich ein Eintreten in eine andere Welt: die vermeintlich normale Welt der Betäubung, in der ich mich damals sehr wohlfühlte. Wie leicht war es, einfach mitzumachen! Es war erstaunlich, wie schnell eine Gewohnheit entstand: der fast tägliche geringfügige Konsum von Alkohol in Gesellschaft von Gleichaltrigen, aber auch von Älteren. Dass dies der Anfang einer Suchtproblematik war, die gesellschaftlich akzeptiert ist und von großen Teilen unserer Bevölkerung gelebt wird, war mir seinerzeit nicht bewusst.

Doch schon damals kamen meine eigenen Kontrollmechanismen zum Vorschein. Da mir dämmerte, dass wenig Schlaf – jeden Tag bei einem anderen Verein oder bei Bekannten bis spät in die Nacht – und gleichzeitiger Alkoholkonsum auf Dauer nicht gut sein konnten, begann ich die tägliche Schlaf- und Alkoholmenge einfach aufzuschreiben. Dadurch führte ich mir vor Augen, wie viel Alkohol ich zu mir nahm und wie viel oder wenig ich schlief. Und das zunächst, ohne etwas an der neu gewonnenen Gewohnheit zu ändern oder mir Gedanken zu machen, warum und in welchem Zusammenhang ich den Wunsch nach Betäubung hatte. Mit der Zeit aber setzte ich mir Ziele, wie viel Schlaf mir gut tun würde und wie viel ich trinken wollte, und beschränkte den Alkoholkonsum zuerst auf die Wochenenden und mit dem Eintreten meiner späteren Frau in mein Leben (welch ein Segen!) immer weiter, bis er gegen null ging.

Als wesentlicher Punkt im Zusammenhang mit der Betäubung war nachträglich für mich erkennbar, dass alle Süchte, derer wir Menschen uns bedienen, das erfahrene Leid nur in uns speichern, dass dabei jedoch keine Lösung der Probleme entsteht. Das klingt logisch, dennoch handeln wir Menschen oft anders, obwohl wir es aufgrund unserer Erfahrung und in unserem Bewusstsein besser wissen müssten. Weglaufen, Verdrängen oder Betäubung sind Mechanismen, die in uns wohnen und die wir anwenden. Im Kapitel »Auf der Flucht vor sich selbst« versuche ich genauer auf diese menschlichen Mechanismen einzugehen.

Die Jugendlichen der Work and Box Company diskutieren mit uns über legale und illegale Drogen und fragen sich und natürlich auch uns immer wieder, warum in unserer Gesellschaft Alkohol erlaubt ist und Cannabis verboten und unter Strafe gestellt. Die Argumente, die hier als Antworten gegeben werden, halte ich nach vielen Jahren der eigenen Reflexion weitgehend für Augenwischerei: Der Unterschied wird daran festgemacht, dass Alkohol in unserer Kultur eine sehr viel längere Tradition hat … Dabei wird ignoriert, dass das eine wie das andere den Konsumenten schwer schädigt – und auf jeden Drogentoten mindestens zehn Alkoholopfer kommen.

In dieser Lebensphase und sozialen Einbindung stand bei mir wie bei jedem jungen Mann die Entscheidung für Bundeswehr oder Zivildienst an. Schon sehr früh hatte ich mir überlegt, Zivildienst leisten zu wollen, da in meinem Herzen die feste Überzeugung ruhte, dass Gewalt nicht der Weg ist, Konflikte zu lösen. Dieses Bekenntnis zur Gewaltfreiheit stand für mein Umfeld im Gegensatz zu meiner Persönlichkeit: Natürlich hatte ich als Kind und Jugendlicher gelegentlich Wutanfälle gehabt, wenn meine durch mein Aufwachsen unterdrückten aggressiven Impulse durchbrachen. Dies griffen mein Vater und meine Mutter auf, wenn sie mich fragten: »So, wie du dich verhältst, willst du verweigern?« Immer wieder aufs Neue schmerzte dieser Satz in meinem Herzen. Damals hatte ich die Zusammenhänge zwischen ihrer Erziehung und meinen Verhaltensweisen noch nicht erkannt und war sowohl zu angepasst als auch zu ängstlich, um zu widersprechen oder gar diese Argumentation richtigzustellen: dass ich verweigern wollte nicht trotz, sondern wegen meines Verhaltens und dessen Hintergründen.

Durch die elterliche Beeinflussung entschloss ich mich also, zur Bundeswehr zu gehen. Der Wehrdienst wurde auch in meinem dörflichen Umfeld als das Normalste der Welt angesehen. Jeder, den ich fragte, erzählte mir verklärt von seiner Bundeswehrzeit. Immer war von Kameradschaft die Rede, meistens im Verbund mit Alkoholkonsum, und natürlich von den Übungen, bei denen man die Härte der Natur und die eigene Männlichkeit erleben konnte. Ein Verweigerer wäre so etwas wie ein Aussätziger gewesen. Und es spielte sicher auch eine Rolle, dass ich meine jüngst gewonnene und begonnene Integration in die Moosacher Dorfgemeinschaft nicht gleich wieder aufs Spiel setzen wollte.

Aber ich wäre nicht ich selbst gewesen, wenn ich nicht auch hier nach einem ökonomisch sinnvollen Nutzen gesucht hätte. Ich stellte eine einfache Rechnung auf: Die Wehrpflicht dauerte 18 Monate. Eine Verpflichtung war möglich ab zwei Jahren, also nur sechs

Monate länger. Bei dieser gab es zusätzliche Möglichkeiten und zudem noch mehr Geld. Also entschied ich mich zur Verpflichtung auf zwei Jahre mit der Vereinbarung, den Lastwagenführerschein zu machen.

Die verdrängten Zweifel an der Richtigkeit »meiner« Entscheidung kamen mit Beginn meiner Bundeswehrzeit sofort wieder hoch. Die Ernüchterung setzte ein, ehe sich überhaupt ein Hochgefühl hätte entwickeln können. Die Grundausbildung absolvierte ich in Ulm. Und war ich in Moosach noch einer von vielen gewesen, die zum »Bund« gingen, so war ich hier plötzlich einer von wenigen – zwei von 30 –, die sich verpflichtet hatten. Als »Z 2« (Zeitsoldat auf zwei Jahre) war ich also ein Außenseiter. Diese Rolle war mir aus meinem bisherigen Leben vertraut. Die Ausbilder waren zudem der Meinung, dass »Z-ler« eine besonders intensive Ausbildung bräuchten, und forderten von uns mehr als von den normalen Wehrpflichtigen.

Ich wollte aus den drei Monaten Grundausbildung wie immer das Beste machen und mich trotz Outsiderposition und Anfeindungen von innen und außen irgendwie einpassen. Dabei fühlte ich mich in diesem Umfeld noch mehr als sonst eingeengt (um nicht zu sagen: eingeklemmt) in Rollenerwartungen, die nicht zu mir passten. Es herrschte der typische Bundeswehr-Umgangston vor: schweinisch, ordinär – eine Art und Weise, sich zu äußern, die mir nicht liegt, die ich mir nicht angewöhnen wollte und vielleicht auch nicht konnte. Einmal kam es sogar zu einer Auseinandersetzung mit einem angetrunkenen »Kameraden«, der ein Stück größer war als ich. Nachdem er versucht hatte, mich körperlich zu attackieren, fand er sich samt einer Tür, die gerade im Weg war, auf dem Abfalleimer wieder. Gott sei Dank war ich als Schreiner in der Lage, die Tür selbst wieder zu reparieren, sodass der Vorfall nicht viel Staub aufwirbelte. Ob ich mich nun meiner »Schlagkräftigkeit« freute oder nicht – von diesem Zeitpunkt an war meine Stellung zumindest innerhalb der Mannschaft erträglicher. Die männliche Psyche funktioniert da doch sehr gradlinig nach der evolutionären Hackordnung.

Die darauffolgende Stationierung in München mit der Ausbildung zum LKW-Fahrer fiel mir leichter. Und da kaum Dienst mit der Waffe zu leisten war, gab es dort auch nichts, was mich aufweckte und mir klar machte, was ich tat.

Nach der Führerscheinprüfung begann der normale Dienst – und das mit durchschnittlich etwa 72 Stunden pro Woche. In den verklärten Erzählungen über die Bundeswehr war davon nicht die Rede gewesen. Die nachfolgenden Auszüge aus einem Bericht, in dem ich damals für mich meine Erlebnisse während einer Bundeswehrübung festhielt, vermitteln einen Eindruck dieser Zeit.

Das Lager Albertshof, in dem wir 14 Tage einquartiert sein werden, besteht aus gleichförmigen, rechteckigen Baracken, die alle einen zitronengelben Anstrich haben. Es ist so angelegt, dass ich Parallelen zu Erinnerungen an einen KZ-Besuch ziehen muss. In dem winterlichen weißgrauen Kleid sieht alles trostlos und bedrückend aus.

Vom Schlaflager wird uns der Weg zum Munitionsdepot gezeigt. Es liegt fünf Kilometer entfernt und ist etwa 1 500 mal 300 Meter groß, mit einem Tor, an dem ein Wachturm steht, der mich unweigerlich an die innerdeutsche Grenze erinnert. In dem mit Zaun eingefassten Gelände sind nochmals eingezäunte, 20 mal 30 Meter große Abschnitte, auf denen kleine Munitionsbehälter stehen. Außer uns werden in diesem Mun-Lager noch 13 weitere Kompanien einlagern, mit denen wir uns den vorhandenen Platz teilen müssen.

Die Tage haben alle den gleichen Ablauf: Um 5.00 Uhr wecken, eine halbe Stunde später fahren wir im VW-Bus ins Mun-Lager, dann steigen wir um auf einen unserer Lastwagen, auf dem wir am Vortag die Munition bereitgestellt haben, stellen uns vor das eingezäunte Mun-Lager und warten auf die Kompanien, die ihre Munition abholen sollen. Die letzte kommt so gegen 8.00/8.30 Uhr, und danach fahren wir wieder zurück ins Schlaflager zum Frühstücken und Waschen. – Es ist nicht zu fassen, dass auf solch einer lächerlichen Übung, bei der nur das systematische Töten gelernt werden soll, die Grundbedürfnisse wie Essen, Trinken, Waschen oder Aufs-Klo-Gehen durch den »wichtigen« Dienst zeitweise infrage gestellt werden.

Wenn wir damit fertig sind, gehen wir ins »Büro« (ein Tisch in einer Baracke, in der noch fünf weitere Tische stehen). Nebenan ist der Offiziersbesprechungsraum, der durch Vorhänge abgetrennt ist. Dort halten die Offiziere am Abend ihre Saufgelage ab. An unserem Schreibtisch ist dann Lagebesprechung.

Wenn alles beredet ist, fahren wir wieder hinaus ins Mun-Lager und buchen die Munition, die am Vortag nicht verbraucht wurde, zurück. Außerdem müssen wir sie an die Stapelplätze bringen und wieder einstapeln. Das dauert bis gegen Mittag. Wir fahren wieder zurück ins Lager zum Essen. Nach dem Essen geht es wieder ins Büro zur mittäglichen Lagebesprechung. Jetzt wird gewartet, bis der Unteroffizier vom Material-Nachweis-Trupp die Belege fertig geschrieben hat – denn ohne Belege dürfen wir nichts herrichten.

So gegen 15.00 Uhr sind die Belege dann fertig und wir können wieder ins Mun-Lager fahren, um die Munition für den nächsten Tag herzurichten und auf den dafür vorgesehenen Lastwagen einzulagern. Das heißt, an sechs Stapelplätze fahren, Munition heraussuchen, Kisten aufreißen, zählen, auf den Stapelkarten den Abgang buchen mit Belegnummer und Datum, dann die Kisten wieder zumachen und verplomben. – »Verplomben« ist überhaupt das Wichtigste, damit ja niemand die Kisten aufmacht, die sowieso in verschlossenen Mun-Behältern stehen.

Am Abend fahren wir zum Essen, und so gegen 19.30 Uhr, wenn wir nach dem Essen noch die restliche Munition hergerichtet haben, ist die letzte Lagebesprechung im Büro. Da werden dann noch die Arbeit für den nächsten Tag besprochen und die Belege an die einzelnen Kompanien verteilt. Um 20.00 oder 21.00 Uhr, wenn dann »Feierabend« ist, ist der Tag für mich gelaufen und ich gehe in meine Mannschaftsunterkunft, in der 69 Kameraden schon längst fertig sind. Die Hälfte ist leicht angetrunken, andere sind total betrunken – »endfertig« wird dieser Zustand im Bundeswehrjargon genannt. Es ist schwer zuzusehen, wie sich die Kameraden besaufen, um all die Demütigungen des Tages zu vergessen, und es wird zur Qual, wenn man schlafen will, aber nicht kann, weil es zu laut ist und man der Übermacht des Stumpfsinns nichts entgegensetzen kann.

Im Nachhinein kann ich über die Übung und über die Zeit, die ich bis jetzt bei der Bundeswehr war, sagen, dass die Menschen hier zu Tieren dressiert werden, die auf Befehle reagieren und im Krieg, sei er nun zur Verteidigung oder zum Angriff, jederzeit fähig und willig wären zu töten.

Doch auch der Kasernenalltag hatte viele unangenehme Überraschungen für mich. Als wäre die Stundenbelastung pro Woche nicht schon hoch genug gewesen, mussten wir als Pioniere zum Beispiel zusätzlich für andere Münchner Kasernen mit Wache schieben, bevorzugt in Nacht- und Wochenenddiensten. Für einen 29-stündigen Wachdienst am Stück bekamen wir unter der Woche immerhin acht Stunden frei. Eine besondere Herausforderung bei der Bewachung der Kasernen war das Tragen einer halb gesicherten Waffe. Der psychische Druck für einen Menschen von 18, 19 Jahren ist bei so viel Fremdbestimmung und Befehlsgehorsam unglaublich groß. Einige Wochen zuvor war ein Offizier, der ein paar Rekruten einen Schreck einjagen wollte, von diesen in der Annahme einer tatsächlichen Bedrohung erschossen worden.

Es war während eines dieser Wachdienste mit »Streife gehen« in der Kaserne, als ich mich entschloss zu verweigern. Ich setzte mich im Anschluss an den Dienst hin und fasste in einer vierseitigen »Begründung der Verweigerung« mein Leben bis dahin zusammen, beschrieb meine Ohnmacht und mein mangelndes Selbstwertgefühl, mein Ringen um Anerkennung durch Anpassung und Leistung und stellte meine Entscheidung für den Wehrdienst in diesen Zusammenhang:

Die Informationen, die ich vorab über die Bundeswehr und die Möglichkeit der Kriegsdienstverweigerung aus Gewissensgründen über Medien oder andere Informationsmittel aufnahm, konnte ich wegen der fehlenden eigenen Meinung und der zu geringen Kritikfähigkeit nicht verarbeiten. Ich bildete mir über alles eine den jeweiligen Verhältnissen angepasste Meinung. Meine Begegnungen mit dem Tod habe ich mit der Bundeswehr, mit dem Kriegsdienst mit der Waffe oder mit dem Töten von Menschen nie in Verbindung gebracht.

Aus der Anpassung heraus sowie aus finanziellen Gründen, um meinen Vater bei der Finanzierung seines Hauses zu unterstützen und meinen bequemen Lebensstandard zu halten, habe ich mich auf zwei Jahre verpflichtet. Gewissensprobleme sind bei dieser Entscheidung nicht aufgetreten, da mir die Problematik der Bundeswehr, des Schießens und der Schießausbildung zum Töten von Menschen nicht bewusst war.

Vom Schützenverein aus war ich den Umgang mit Waffen als Sportgerät und das Schießen auf Scheiben, um Punkte zu erringen, gewohnt und machte mir beim Umgang und der Ausbildung mit den Waffen keine Gedanken.

In der Grundausbildung konzentrierte ich mich auf die Leistung und den guten Abschluss bei der Prüfung. Die Ausbildung an den Waffen kam eher einem Spiel gleich. Von den Ausbildern kamen keinerlei Denkanstöße, dass die Ausbildung auf das Töten von Menschen abzielt. Es wurde eher ein abstraktes Feindbild aufgebaut und nicht klargemacht, dass der Feind ein Mensch ist. Trotzdem riefen die ersten Schießübungen in mir bedrückende Gefühle hervor. Es war mir zutiefst unangenehm, auf die Pappmännchen zu schießen, die nach einem Treffer umfielen und wieder aufgerichtet wurden. Auch konnte ich mich nicht wie andere über getroffene Ziele freuen.

Aber all diese Erlebnisse brachten mich noch nicht zu einer klaren Entscheidungsfindung. Während der weiteren Ausbildung wurde ich mit dieser Problematik überhaupt nicht mehr konfrontiert und war mit der Führerscheinprüfung beschäftigt.

Nach der Fahrschule bin ich am 14.11.1985 zu der Teileinheit Pionier-Kampfmittel versetzt worden und wurde auch für Sicherheitsdienste wie Streifegehen herangezogen. Von da an war ich täglich mit Munition, Granaten, Minen etc. konfrontiert, die zum Töten von Menschen dienen. Bei den Sicherheitsdienst-Belehrungen wurde ich darauf hingewiesen, dass ich unter Umständen Menschen fluchtunfähig machen müsse, notfalls mit der Waffe.

In diesen Wochen wurden die unguten Gefühle, die mich zutiefst berührten, immer stärker. Ich schlief schlecht, war bedrückt, wurde immer nervöser und suchte nach einer Erklärung.

Bei meinem letzten Sicherheitsdienst während der Streifengänge und auch in der Nacht vom 10.12. auf den 11.12. konkretisierte sich dieses Gefühl. Ich forschte in mir nach den Ursachen und stellte mir für mich unangenehme Fragen wie »Könntest du überhaupt auf Menschen schießen? Kannst du einen Tod, der durch dich verursacht wurde, überhaupt verantworten? Steht es dir überhaupt zu, über Menschenleben Entscheidungen zu treffen?«

In dieser Nacht habe ich überhaupt nicht schlafen können. Ich habe mir Gedanken gemacht über den Wert von Menschenleben, über all das, was es bedeutet, wenn jemand stirbt, den man gut gekannt hat. Mir ist klar geworden, dass ich die Entscheidung, zur Bundeswehr zu gehen und mich zu verpflichten, nur treffen konnte, weil ich mir der Problematik nicht bewusst war, die der Umgang mit Waffen und Tötungsinstrumenten für mein Gewissen mit sich bringt.

Ich glaube, ich habe bisher immer nur das gemacht, was von mir erwartet worden ist. Der Entschluss aber, den Kriegsdienst mit der Waffe aus Gewissensgründen zu verweigern, kommt aus meinem Innersten. Ich glaube, eine Entscheidung getroffen zu haben, die von niemandem beeinflusst worden ist. Ich hatte mit niemandem über meine Entscheidung gesprochen, bis ich sie am 12.12.1985 meinem Kompaniechef vortrug.

In den folgenden Tagen habe ich mit meiner Familie und auch mit anderen, meinem Entschluss kritisch gegenüberstehenden Menschen diskutiert und versucht, ihnen meine Entscheidung darzulegen. Trotz aller Gegenargumente und aller Zweifel kam ich immer wieder zu der inneren Gewissheit und zum gleichen Ergebnis, dass ich es mit meinem Gewissen nie verantworten könnte, auf einen Menschen zu schießen und ihn dabei zu verletzen oder zu töten. Deshalb muss ich den Kriegsdienst mit der Waffe und auch die Ausbildung dazu verweigern.

Aus heutiger Sicht ist mir klar, dass der Einfluss meiner Eltern auf meine Entscheidungen bis in die Spätpubertät eine große Rolle gespielt hat. Trotz oder wegen meiner Kindheit? Auch ohne direkte Beeinflussung durch meine Eltern hatten ihre subtilen Anspielungen ausgereicht, mich zu verunsichern und mich gegen meine eigenen Gefühle entscheiden zu lassen. Dabei wird für mich auch sichtbar, wie weit die Macht oder Beeinflussung durch Eltern geht, positiv wie negativ. Und es wird klar, dass meine erste Selbstreflexion meine Wehrdienstverweigerung ausgelöst hat, die auch die erste erkennbare Abgrenzung zu meinem Vater bedeutete.

Wenn man nun bedenkt, wie die Jungs in der Work and Box Company aufgewachsen sind und mit welchen Voraussetzungen sie in die Pubertät starten, dann ist einleuchtend, dass es ihnen mit den Verletzungen aus ihrer Herkunft ungeheuer schwerfällt, für »sich« die »richtigen« Entscheidungen zu erkennen und zu lernen, sie zu fällen und umzusetzen.

Ich habe damals begonnen, mein Leben selbst in die Hand zu nehmen. Die notwendigen Grundlagen dazu waren in mir vorhanden, auch wenn viele Schichten darüberlagen, und konnten mit dem Mut zur Veränderung und zur Entscheidung freigelegt, angeschaut, verstanden und in Frieden gebracht werden. Die Entscheidung zu verweigern war nur der Beginn eines Weges, einer endlosen Zahl an Entscheidungen, deren Früchte heute weit über mein Umfeld hinaus sichtbar werden.

Ich hatte keine Ahnung, wie »Verweigern« geht. Weder kannte ich die Formalitäten, noch wusste ich, ob es als »Z-ler« überhaupt möglich war. So ging ich erst einmal zu meinem direkten Vorgesetzten und fragte ihn. Er hörte mich ganz ruhig an, wusste aber auch nichts Genaues. Allerdings gab er mir einen Tipp, der eine große Hilfe war: Gerade an diesem Tag war ein Kamerad als Kriegsdienstverweigerer anerkannt worden, und wenn ich mich beeilen würde, könnte ich ihn in der Küche noch erreichen. Von ihm bekam ich meine ersten Informationen.

Gleich am darauffolgenden Tag fand ein Gespräch mit dem Kompaniechef statt. Er war sehr entrüstet, wie ich denn zu diesem Schluss gelangt wäre – und überhaupt: In der DDR wäre so etwas gar nicht möglich und ich solle nur froh sein, dass ich in der BRD lebte. Auch kündigte er mir ein Nachspiel an. Ich hatte natürlich Angst, dass man mich absichtlich provozieren und in eine Entscheidungsnotlage bringen wollte. Befehlsverweigerung bedeutet in der Bundeswehr Einzelhaft im »Bunker« und wird später ins zivile Strafregister aufgenommen.

So war die nachfolgende Zeit in meiner Einheit sehr spannend. Eine komplette Beurlaubung wurde mir nicht gewährt, eine offizielle Beurlaubung vom Dienst mit der Waffe war gar nicht möglich. Hätte ich aber nach der Verweigerung noch mit der Waffe geschossen, wäre meine Entscheidung unglaubwürdig gewesen, da ich ja gerade diese Handlung als mit meinem Gewissen nicht vereinbar erklärt hatte. So bin ich meinen damaligen Vorgesetzten dankbar, dass sie mich nach der Verweigerung nicht mehr zum Dienst mit der Waffe einteilten.

Für Wehrpflichtige bei der Bundeswehr ist es bei Verweigerung nach Dienstantritt notwendig, nach der schriftlichen Begründung die Verweigerung vor einem Gremium noch einmal mündlich zu erläutern. Ich war sehr nervös vor diesem Gespräch im Kreiswehrersatzamt München und malte mir die Situation mit einem Bundeswehrrichter und zwei Beisitzern wie eine Gerichtsverhandlung in allen möglichen Varianten aus. Meine Angst war jedoch überflüssig: Ich schilderte nochmals meine Beweggründe, beantwortete ein paar Fragen und verpflichtete mich, den Sold, den ich als Zeitsoldat erhalten hatte, an eine gemeinnützige Organisation zu spenden. Das war es schon! Danach war die Anerkennung der Verweigerung nur noch eine Formsache, und ich war aus der Bundeswehr entlassen.

Schon damals war für mich zu spüren, dass die subtile Mischung aus Männlichkeit, Kameradschaft, Kriegsspiel und Dazugehören-Wollen eine große Anziehung für junge Männer darstellt. Die genauen Wirkmechanismen, mit denen ein Mann dann konfrontiert wird, sind nicht auf den ersten Blick erkennbar und schwer zu fassen. Daher können die meisten Reservisten nach ihrer Bundeswehrzeit kaum eine präzise Beschreibung ihrer emotionalen Erlebnisse abgeben. So wurde für mich im Nachhinein verständlich, warum sich die Geschichten und Schilderungen aus der Bundeswehr auf die vermeintlich männlichen Attribute beschränkten. Zugleich lassen die Zusammenhänge zwischen klarer Befehlsstruktur und straffer Disziplin – gepaart mit sowohl körperlicher als auch emotionaler Abstumpfung und psychischer Abhängigkeit von der Gemeinschaft – einen Menschen im »Ernstfall« einfach funktionieren, ohne zu überlegen. Nur so ist Krieg möglich.

Dieselbe destruktive Wirkung jeder Form von Gewalt, kombiniert mit defizitärem Gefühlsleben, zeigt sich bei den Jungs, die zu uns in die Work and Box Company kommen.

Junge Männer, die an der Schwelle zum Erwachsenwerden offen sind für eine wesentliche Prägung für ihr weiteres Leben, können in einem freiwilligen sozialen Jahr, im Zivildienst oder mit einem Auslandsaufenthalt in einer anderen Familie weit mehr Sozialisation erfahren. Für die emotionale Entwicklung ist ein Umfeld, in dem soziale Empathie, emotionales Einfühlungsvermögen und Gemeinsinn vorkommen und gelebt werden, allemal besser als ein militärisches Zwangsgerüst. Für mich wäre eine solche Erkenntnis aus dem Mund eines erfahrenen Erwachsenen eine gute Orientierung gewesen.

Schon einen Tag nach der Entlassung aus der Bundeswehr war ich zum Zivildienst eingeteilt: beim Bayerischen Roten Kreuz in München. Mein Zivildienst dauerte durch die neun Monate, die ich bereits bei der Bundeswehr gewesen war, nur elf Monate. Für diese Zeit bekam ich keinen festen Platz mehr zugeteilt. Zu meinem großen Glück hatte ich aber einen sehr umsichtigen Ressortleiter, der für die gesamten Fahrtendienste beim Kreisverband München zuständig war. Er erkannte mein Organisationstalent und meine Flexibilität und ließ mich auf den verschiedensten Positionen arbeiten.

Zuerst wurde ich als Springer und Urlaubsvertreter eingesetzt, danach leitete ich drei Monate selbstständig das Büro für »Essen auf Rädern«. Nach dieser Zeit war ich wieder »ZBV« (»zur besonderen Verwendung«) – wusste unser Ressortleiter doch nie, welcher »Zivi« in der Früh krank war. Als sich eines Tages alle Zivis zur Stelle meldeten, sollte ich das Privatauto des Geschäftsführers waschen – ein Auftrag, der für mich nicht zu meinen Aufgaben als Zivi gehörte. Da ich trotz Nachfrage das Auto waschen musste, fragte ich beim Beauftragten für den Zivildienst, der Vertrauensperson vor Ort, nach, inwieweit ich hier die Möglichkeit hatte, Beschwerde einzulegen. Es war nur eine vertrauliche Anfrage. Als ich am nächsten Tag zum Dienst kam, wussten alle meine Vorgesetzten davon.

Da mir dieser eklatante Vertrauensbruch mehr wehtat als das Waschen des Autos, überlegte ich nicht lange und beschwerte mich über diesen »Vertrauensmann« beim Bundesamt in Köln. Damit hatte ich den normalen Dienstweg der Beschwerde über das Autowaschen in der Rot-Kreuz-Werkstatt umgangen.

Die Antwort aus Köln ließ nicht lange auf sich warten. Ein Mitarbeiter flog extra nach München, um sich ein Bild von der Sachlage zu machen. Zwischenzeitlich – ich war immer noch im Dienst als »ZBV« – rief das Büro des Geschäftsführers an und wollte einen Zivi haben. Unser Ressortleiter schickte mich hinauf. Prompt forderte mich eine der Chefsekretärinnen auf: »Hier, holen Sie mal Brotzeit für den Chef.« Dazu muss man wissen, dass ich zwar eine Schreinerlehre hinter mir hatte, aber auch als Lehrling niemals für irgendeinen anderen Mitarbeiter »Brotzeit holen« gegangen bin. In meinem Lehrbetrieb gab es die »Lehrling-Brotzeithol-Kultur« nicht. So war klar, dass ich der Sekretärin lediglich entgegnete: »Ich sehe es als Zivi nicht als meine Aufgabe an, Brotzeit holen zu gehen.« Das Ergebnis können Sie sich vorstellen: Die beiden Chefdamen kreischten beinahe, und ein zufällig anwesender Abteilungsleiter nahm das Geld an sich, um die Brotzeit für seinen Chef selbst zu holen. Ich ging wieder zurück zu meinem Ressortleiter.

Fast hätte das Bayerische Rote Kreuz damals seine Zivildienstleistenden verloren, denn niemand zeigte hinsichtlich der Beschwerde Einsicht. Der Geschäftsführer tönte, er könnte mit »seinen« Zivis machen, was er wollte. Aus dem Büro des Zivildienstbeauftragten hörte ich, dass der Geschäftsführer sogar dafür sorgen wollte, dass ich nie eine Stelle im öffentlichen Dienst bekäme. Mein nächster Einsatz war in der Hausverwaltung als Hausmeister. Die letzten zwei Monate organisierte ich schließlich noch einen Messestand.

Doch was war das für ein Kampf, den ich da führte? Der Zusammenhang erschloss sich mir erst viel später. Mein Vater war in der Familie so übermächtig, dass ich mich in dieser Form zu Hause nicht aufzubegehren traute. Auch gab es dort keine verlässlichen, gerechten Regeln. Nach diesen suchte ich dann in der Welt. Und wenn ich sie nicht fand, ging ich in Widerstand. Mein Glück war, dass ich nicht – wie unsere Jungs in der Work and Box Company – auf Gewalt als Konfliktlösungsstrategie verfiel, sondern legale Methoden einsetzte. So waren mein Widerstand wie meine Ablösung vom Elternhaus im Gegensatz zu den Formen von Widerstand und Ablösung unserer Jungs gesellschaftlich akzeptiert. Mein erster Schritt war die Verweigerung des Kriegsdienstes, der zweite die Beschwerde im Zivildienst. So versuchte ich, zumindest in der Außenwelt Gerechtigkeit herzustellen. Denn in meinem Weltbild war damals für solche Unregelmäßigkeiten und Ungerechtigkeiten mir gegenüber kein Platz. Was bei allem Widerstand außen vor blieb, war die Auseinandersetzung mit meinem Vater und mir selbst.

In jedem Leben gibt es in der Pubertät diese Ablösungsphase. Auch Sie, liebe Leserin, lieber Leser, werden beim Lesen eventuell schon die ersten Bezüge zu Ihrem Leben hergestellt haben. In der folgenden Schilderung meines beruflichen Werdegangs sind Sie eingeladen, meine nächsten Schritte auf einem eigenständigen Weg mitzuerleben und meine Versuche zu beobachten, notfalls auch gegen Autoritäten Gerechtigkeit herzustellen. Wie immer in diesem Buch mit dem Wunsch, dass Sie aus meiner Lebensgeschichte für sich das herausholen, was für Sie gerade Thema ist und was Sie anspricht.

Beruf und Berufung

Jeder hat seine Lebensaufgabe

Seit meinem 33. Lebensjahr bin ich Unternehmer. Immer wieder werde ich gefragt, warum ich mich in meinem Beruf gerade um solche Jugendliche kümmere wie diejenigen, die zu uns in die Work and Box Company kommen. Dabei sehe ich dieses Engagement nicht trotz, sondern gerade wegen meines Unternehmertums als meine Aufgabe, als einen Teil meiner Lebensaufgabe an. Für mich stehen Beruf, Berufung und Lebensaufgabe in engem Zusammenhang. Mag sich »Berufung« auch hochtrabend anhören, so bildet sie doch das Bindeglied auf dem Weg, aus dem Beruf eine Lebensaufgabe zu machen, und leitet unmittelbar über zur Frage nach dem Sinn des Lebens. Doch wie findet jeder Einzelne seine Lebensaufgabe? Mein eigener Berufsweg kann diese Frage zumindest beispielhaft beantworten.

Mit sechs Jahren äußerte ich das erste Mal den Wunsch, Schreiner zu werden. An diesem Berufswunsch änderte sich in den folgenden Jahren nichts mehr. Es gab in meiner Kindheit aber auch keine Begleitung, was meine berufliche Entwicklung anging. Meine Eltern waren meist mit den Problemen meiner älteren Geschwister beschäftigt und froh, dass ich mich so klar und unproblematisch einordnete.

Schüchtern war ich als Kind, auch mit 15 Jahren noch, vorsichtig mit neuen Situationen und unbekannten Menschen. Das spielte auch bei der Lehrstellensuche eine Rolle: Überallhin musste mich meine Mutter begleiten, weil ich allein zu viele Hemmungen hatte. Sie war auch bei den Bewerbungsgesprächen dabei.

Wir fanden eine Lehrstelle in Ebersberg, östlich von München, die ich nach einem Jahr aus gesundheitlichen Gründen wieder verlassen musste – ich vertrug die Lackdämpfe in der Werkstatt nicht. Natürlich spielten auch psychische Gründe eine Rolle: Der Lehrherr dort war sehr dominant und schroff zu den Auszubildenden, worin sich für mich emotional mein Verhältnis zu meinem Vater spiegelte. Meine zweite Lehrstelle erarbeitete ich mir mit einem Werkzeugkasten, den ich als Musterstück baute und der überzeugte. Die Lehre dort war fachlich sehr gut, und ich hatte das Glück, einen Lehrherrn zu haben, der mir von Anfang an viel Verantwortung übertrug. So hatte ich im Beruf wie schon zuvor in der Schule schnell Erfolgserlebnisse. Ich empfand es auch als Geschenk, mit den Händen tätig zu sein und das Ergebnis meiner Arbeit bewundern zu können. Wie schon bei meinem Hauptschulabschluss beendete ich meine Lehre und die Berufsschule als Innungs- und Schulbester.

Im Nachhinein bin ich sehr dankbar für meinen Weg über die handwerkliche Ausbildung. Meiner Erfahrung nach ist es für junge Menschen im Allgemeinen gut, in diesem Alter zwischen 15 und 17 Jahren tätig zu werden, etwas mit den Händen zu schaffen, sich und die eigene Leistungsfähigkeit auszuprobieren. Das Fenster für das Lernen durch Handlung steht in dieser Zeit augenscheinlich weit offen. Und unser Schulsystem bietet ja auch nach der Berufsausbildung alle Möglichkeiten. Junge Menschen, die mir in meinem Berufsleben begegnen, schienen und scheinen mir mehr auf dem Boden zu stehen, stärker »geerdet« zu sein, wenn sie aus Schulformen mit hohem praktischen Anteil kommen, schon früh eine Ausbildung gemacht oder während der Schule und dem Studium regelmäßig gearbeitet haben.

Nach der Unterbrechung durch den Zivildienst kehrte ich in meinen Lehrbetrieb zurück und arbeitete dort noch zwei Jahre. Zur Freude der Kunden und meines Chefs war ich im Kontakt mit Menschen sehr geschickt und spezialisierte mich auf den Einbau aller Möbel, die im Betrieb gefertigt wurden. Anschließend wechselte ich mehrere Male die Stelle. Nach drei Jahren konnte ich aufgrund meiner sehr guten Noten die Meisterschule als »Nachrücker« mit der kürzesten Gesellenzeit besuchen.

Auch in der Meisterschulgruppe war ich ein Außenseiter: der Jüngste, voll und ganz aufs Lernen konzentriert und sehr leistungsorientiert. Mit meiner eigenständigen, eckig-kantigen Art konnten die wenigsten etwas anfangen. Außerdem hatten wir eine Gruppe von Abiturienten, die gerne die Besten gewesen wären und die die Meinungsführerschaft in der Klassengemeinschaft übernahmen. Ihre Führungsrolle befähigte sie allerdings nicht, sich für die Belange der Gruppe einzusetzen, zum Beispiel gegenüber einem Lehrer, der während des Unterrichts dauernd die Klasse verließ. In dieser Konstellation hielt ich meine Auflehnung im Zaum und richtete mich darauf ein – wie ich es schon oft gehalten hatte –, aus der Situation das Bestmögliche zu machen.

Wie zuvor in der Schule und später in der Berufsschule hatte ich aber auch hier eine feste Bezugsperson, um nicht ganz allein dazustehen: Armin war ein paar Jahre älter und viel »lebendiger« als ich. Seine Maxime war: ausgehen und das Leben genießen – und mich nahm er mit. Im Gegenzug half ich ihm im Unterricht und beim Lernen, wo ich konnte. Die Abgrenzung vom Rest der Gruppe belastete mich nicht: Ich konnte damit umgehen, denn alles war, wie ich es aus meiner Kindheit gewohnt war. So lernte und übte ich und gestaltete mir die Schulsituation zu einer Erfahrungsreise durch meinen Beruf als Schreiner. Ich perfektionierte mein handwerkliches Geschick bis zum Punkt des Einswerdens mit dem Werkzeug. Es machte mir sehr viel Spaß, in diese Fertigkeiten hineinzuwachsen.

Die Meisterschulzeit wurde in zweifacher Hinsicht zu einem bedeutsamen Abschnitt in meinem Leben: durch eine Verletzung und durch einen Erfolg, den sie mit sich brachte. Zum einen kam gleich zu Beginn der Meisterschule mein altes »Hauptschultrauma« wieder hoch. Ich fragte mich, welche Perspektiven mir als Meister für die Gründung einer Familie offenstanden und ob ich nicht doch zu etwas »Gescheiterem« taugte, ob ich nicht die mittlere Reife und das Abitur nachmachen sollte, um zu studieren.

Die Idee, Architektur oder eventuell etwas Kaufmännisches zu studieren, beschäftigte mich sehr, und so überwand ich mich, meinen Vater zu fragen, was er denn davon hielte. Er saß am Frühstückstisch, ließ seine Zeitung sinken, schaute über seinen Brillenrand und sagte: »Das ist mir zu wenig konkret.« Dann verschwand er wieder hinter der Zeitung und die Unterhaltung war beendet. Seine Reaktion verletzte mich so tief, dass ich die Idee zu studieren verwarf, ehe sie zu einem Entschluss hätte reifen können. Ich wurde, wie ich es schon seit meiner Kindheit kannte, von meinem Vater mit meinen Entscheidungen alleingelassen und doch durch seine Ablehnung sehr stark beeinflusst.

Mein Abschluss wurde für mich selbst zu einer Überraschung und später zum Anker für Erfolg in meinem Leben. Am 11. Mai 1991 wurden die Prüfungsergebnisse verkündet: Ich schloss die 15 Fächer der Meisterschule mit 15-mal »sehr gut« ab und die Meisterprüfung ebenfalls in allen Teilen mit »sehr gut«. Zu meiner herausragenden Leistung zu stehen fiel mir damals noch sehr schwer. In unserer Familie war alles Darstellen von Erreichtem verpönt und wurde von meinem Vater mit »Eigenlob stinkt!« quittiert. Die Gratulationen der Mitschüler konnte ich kaum annehmen. Erst viel später lernte ich, stolz auf meine Leistungen zu sein und über meine Fähigkeiten und mein Können frei zu reden.

Mein Vater – ein halbes Jahr vorher schwer an Darmkrebs erkrankt – hatte vor Stolz Tränen in den Augen, als er von meinen Leistungen in der Meisterprüfung erfuhr. Um an der Feier teilzunehmen, war er schon zu krank. Es war das erste Mal, dass ich bei ihm solch eine intensive emotionale Reaktion erlebte. Drei Wochen danach starb er. Wirklich trauern konnte ich damals noch nicht um ihn, da ich durch meine Kindheitserlebnisse in einem unverstandenen Zwiespalt war: Ich schwankte zwischen Erleichterung und

Schmerz. Also ging ich in die Verantwortung für meine Frau und meine Mutter und übernahm die Rolle des Ernährers, zumal auf dem Haus meiner Eltern noch Schulden lasteten. Es war für mich logisch, mir eine Arbeit zu suchen und Geld zu verdienen.

Ich fand auch sehr schnell eine Stelle bei einer Schreinerei im Süden von München und war dort für Kalkulation, Zeichnungen und Arbeitsvorbereitung zuständig. Der Inhaber war ein gewiefter Kaufmann und Unternehmer, von dem ich sehr viel lernte. Er hatte sich sein Gesamtunternehmen – neben der Schreinerei noch eine Trockenbau- und eine Fußboden- und Parkettfirma – selbst erarbeitet, setzte dafür auch viel Zeit ein und ordnete dem Geld fast alles unter. Nur selten trifft man so homogene Menschen! So versuchte ich mit meinem Meisterschulwissen und der Unterstützung des Betriebs meine erste Bürostelle auszufüllen.

Mein damaliger direkter Vorgesetzter, der Betriebsleiter, hatte seine Schwierigkeiten mit dem Inhaber. Nach drei Monaten verbrachte er wegen einer Operation ein paar Tage im Krankenhaus – eine große Herausforderung für mich, da ich als seine Vertretung mit den zehn Mitarbeitern und der gesamten Verantwortung betraut war. Dass mein Vorgesetzter dann aber nach seiner Genesung gar nicht mehr zurückkam und ich mit 25 Jahren mit der Schreinerei allein dastand, bedeutete erst einmal einen Schock für mich.

Der Inhaber hatte vor, die Schreinerei zu schließen, da er nicht mit einem neuen Betriebsleiter noch einmal von vorn anfangen wollte. Die Schreinerei produzierte ohnehin hohe Defizite und viel Ärger. Ich hingegen wollte mir nicht schon wieder eine Stelle suchen, und so wurde mein aus der Kindheit stammendes »Verantwortungsprogramm« aktiv.

Die Lebenssituation meiner Kindheit war geprägt von meinem strafenden Vater und der Hilflosigkeit meiner Mutter. Beide waren mit der Geburt von vier Kindern in nur fünf Jahren überfordert. Ich als jüngstes Kind stand der permanenten Krise ohnmächtig gegenüber. Sehr gerne hätte ich geholfen, war aber aufgrund meines

Alters dazu logischerweise nie in der Lage. Dieser Wunsch, die Krise zu ordnen, führte in mir zu einem Verantwortungsprogramm für schwierige Situationen und befähigte mich zu einem intuitiven Krisenmanagement. Auf der einen Seite eine Belastung, auf der anderen Seite eine große Chance, da mir so besondere Handlungskompetenzen zur Verfügung standen und stehen. Diese Kompetenzen konnte ich auf die Situation in der Schreinerei anwenden, galt es doch, die Arbeitsplätze für zehn Mitarbeiter zu retten.

Und so startete ich meinen Versuch. »In München gibt es 300 Schreinereien, die funktionieren. Warum sollte gerade diese nicht funktionieren?«, fragte ich den Inhaber. »Ich habe nicht viel zu bieten an Erfahrung. Aber ich bin in der Meisterschule gut gewesen, und mein Vater war bei Siemens Chef von 100 Mitarbeitern. Vielleicht liegt mir das ja auch im Blut.« Kurz und gut – er hatte nicht viel zu verlieren und vertraute mir. Ein Vertrauen, das ich nicht enttäuschte.

Der Inhaber stellte mir eine klare Vorgabe: Sollte ich es bis Ende des Jahres schaffen, die Verluste auszugleichen, dann würde ich meine Chance bekommen – die Chance, neuer Betriebsleiter der Schreinerei zu werden. So begann ich mit 50 bis 60 Arbeitsstunden pro Woche, das Unmögliche möglich zu machen. Die Voraussetzungen waren mehr als schwierig: Ich hatte keine Markterfahrung, der Maschinenpark war überwiegend veraltet. Ich hatte zwar während der Meisterschule die REFA-Ausbildung (Rationalisierung von Arbeitsprozessen) absolviert, aber es gab bei dieser Schreinerei in den Abläufen keine Struktur, die ich hätte effizienter gestalten können, um wirtschaftlich erfolgreich zu sein. In der bunten Mischung aus festen und freien Mitarbeitern trug niemand irgendeine Verantwortung. Die meisten arbeiteten einfach so vor sich hin, ohne sich über die Situation des Unternehmens Gedanken zu machen.

Also begann ich »aufzuräumen«, wobei allerhand Schwierigkeiten zu lösen waren: neue und effizientere Strukturen einführen, Mitarbeiter auswechseln – wie einfach sich das anhört und wie schwer es ist, einem Menschen zu kündigen –, Kunden halten, da sich der ehemalige Betriebsleiter als Mitbewerber selbstständig machte usw. Bis zum Jahresende – in nur drei Monaten – hatte ich das Defizit erwirtschaftet und konnte so die Vorgaben erfüllen und weiterarbeiten.

Bis zu diesem Lebensabschnitt war meine Devise gewesen: »Ich weiß nicht, was Stress ist. Wovon reden die Menschen nur?« Zum einen habe ich den Stress vermutlich nicht wahrgenommen, zum anderen war ich mit den bisherigen Lebensherausforderungen als Geselle weit unter meinen Möglichkeiten geblieben.

Auch dieses Nichtwahrnehmen des Stresses geht auf meine Kindheitserlebnisse zurück. Gab es doch in meiner Herkunftsfamilie viel mehr und viel heftigere Stresssituationen als später in Schule und Beruf. Mit der Verantwortung für die Mitarbeiter brachte ich mich unbewusst in eine Situation, die mich emotional an meine Kindheit erinnerte. Der nun empfundene Stress hatte also nichts mit der Aufgabe zu tun, sondern mit der Resonanz zu meinem emotionalen Kern.

Jeder Mensch hat seine individuellen Ursachen für jene emotionale Überlastung, die wir Stress nennen. Denken Sie nur an Krisenmanager, die sich von nichts aus der Ruhe bringen lassen und auch im größten Chaos folgerichtig handeln, ohne in Stress zu geraten. Es ist unsere Reaktion auf eine Situation, die den Stress ausmacht – und nicht die Situation selber.

Wir entscheiden selbst darüber,
wie wir das bewerten, was uns begegnet.

Stress entsteht immer dann, wenn wir die Situation als eine Bedrohung wahrnehmen. Wenn wir Stress vermeiden wollen, ist es also unsere Aufgabe, nach Wegen zu suchen, unsere »Bedrohungsschwelle« zu erhöhen. Mit der Aufarbeitung der Ursachen unserer Stressauslöser entscheiden wir über unser Stresslevel.

Meine erste unternehmerische Krisenaufarbeitung ging ich mit großer Zielsicherheit an. Ich handelte nach den Notwendigkeiten, die sich aus der Aufgabe heraus stellten, und nicht nach einem bestimmten System. Mein Schwiegervater erklärte später, ich hätte das Unternehmen nach der Wertanalysemethode saniert. Mir war die Methode egal. Als Nächstes handelte ich mit dem Inhaber damals aus, das, was im ersten Jahr verdient wurde, in neue Maschinen für die Firma zu investieren. Auch das gelang, und so begann meine Managementkarriere, zwar in einem Kleinbetrieb mit etwa 1,5 Millionen Mark Umsatz, jedoch höchst profitabel mit durchschnittlich zehn Prozent Gewinn – und das im Bausektor.

Aus der Zeit meines Vorgängers waren noch alte Streitfälle zu regeln. Und so machte ich – mit meinem Gerechtigkeitssinn – die ersten Erfahrungen mit der deutschen Justiz. Ich führte drei Gerichtsverfahren und stellte fest, dass es vollkommen unwirtschaftlich war, sich auf diese Weise auseinanderzusetzen. Den ersten Fall gewann ich voll und ganz gegen einen Rechtsanwalt, dessen Ziel es war, nicht zu bezahlen. Im zweiten Fall bekam ich – nach Würdigung der Beweise beim Vergleich vor Gericht – mehr Recht, als ich verdiente, und im dritten Fall weniger Recht, als ich zu haben glaubte. Sich sein »Recht« zu erkämpfen braucht viel Zeit und Überlegung, die besser in neue Aufträge oder in andere Lebensbereiche investiert werden könnten. Daher halte ich es in jedem Fall für sinnvoller, sich mit den Kunden ohne Gerichtsverfahren zu einigen. Das ist billiger, und in den meisten Fällen behält man den Kunden sogar.

Oft lassen wir uns von einer Emotion leiten, die lautet: »Das lasse ich mir nicht gefallen!«, und schon sind wir in der Auseinandersetzung mit unserem Gegenüber, in diesem Fall unserem Kunden. Wir fragen uns nicht, welchen Anteil wir oder unsere Mitarbeiter daran haben, dass der Kunde so reagiert. Wenn wir uns dem »Streitfall« mit dieser Schlüsselfrage nähern, finden wir auch Argumente für unseren Kunden und beginnen zu verstehen, was ihn bewegt.

Wenn wir mit der Haltung, dass wir einen Streit zuerst einmal verstehen wollen, in ein gemeinsames Lösungsgespräch gehen und unsere Fehler ihm gegenüber einräumen, werden wir staunen, wie bereit unser »Gegner« ist, mit nach einem Kompromiss zu suchen – und das gilt nicht nur für das Geschäftsleben.

Meine Auflehnungsphase gegen über mir stehende Autoritäten war mir damals weder bewusst, noch war sie vorbei, und so diente auch der Firmeninhaber zeitweise als Reizfigur für meine unverarbeitete Vaterbeziehung, zumal mein Vater ja kurz zuvor gestorben war. Immer wieder war ich unsicher, ob ich nicht in ein größeres Unternehmen abwandern sollte. Etwa zwei Jahre nach meinem Eintritt bewarb ich mich bei verschiedenen Firmen. Meiner Frau Viktoria habe ich es zu verdanken, dass ich mich Mal für Mal zum Bleiben entschloss. Sie sagte: »Wenn du noch Zweifel hast, dann bleibe. Der richtige Zeitpunkt wird kommen.«

Und so blieb ich und erarbeitete mir immer mehr Sicherheit und Freiheit. Der Inhaber wollte mich schon nach einem Jahr zum Geschäftsführer machen, während ich mich – mit 26 Jahren und meinen Zweifeln – noch nicht reif fühlte, diesen Schritt zu wagen. Ich konnte auch noch nicht abschätzen, welche Verantwortung eine solche Entscheidung tatsächlich mit sich bringen würde. Also vertröstete ich meinen Chef. Gleichzeitig informierte ich mich über gesetzliche Rahmenbedingungen, Risikofaktoren etc., fragte erfahrene Menschen und konnte mich schließlich Anfang 1994 entschließen, die Geschäftsführung der Schreinerei zu übernehmen.

Blieb die Frage, wie ich mir die immer noch fehlenden Kenntnisse für diese Position aneignen sollte. Denn das Wissen aus der Meisterschule war in keiner Weise ausreichend, um einen Betrieb zu leiten. Auf dem handwerklichen Ausbildungsweg war erst einmal alles erreicht, und in alleiniger Führungsverantwortung war an eine Ausbildung in Vollzeit bis auf Weiteres nicht zu denken. Also blieb mir nur der Weg über praktische Erfahrungen im Alltag und über Seminare – die ersten besuchte ich schon 1992. Anfangs waren das Standardfortbildungen zu Themen wie Führung, Markt und Kunde, Büroorganisation, Moderation, Betriebsklima und Motivation, Zeit- und Selbstmanagement, Zielplanung, Öffentlichkeitsarbeit, Rhetorik und Betriebswirtschaft. Gerade im letzten Punkt konnte ich an die Praxis anknüpfen. Ich hatte das große Glück, in einem Unternehmen angestellt zu sein, in dem hervorragende betriebswirtschaftliche Strukturen vorhanden waren, und so in eine kaufmännische Kultur des Controllings hineinzuwachsen. Ich lernte die Zusammenhänge der Betriebsbuchhaltung in der direkten Verantwortung für die Inhalte kennen und hatte mit dem Inhaber einen sehr cleveren Lehrer.

Jedes Jahr besuchte ich weitere Seminare und erarbeitete mir neue Wissensgebiete. Die Referenten wurden immer bekannter, und so lernte ich bei Vera F. Birkenbihl Quantenphysik, gehirngerechtes Lernen und das Inselmodell, bei Klaus Kobjoll Begeisterung der Mitarbeiter und Qualitätsmanagement, bei Andreas Ackermann mentales Programmieren, bei Ullrich Erhardt den Umgang mit schwierigen Menschen, bei Frank Scheelen die Rekrutierung von Gewinnertypen, bei Jörg Löhr Handeln statt Reden und bei Samy Molcho Körpersprache.

Die neuen Kenntnisse wendete ich immer direkt auf und in meinem Leben an: Im Austausch mit den Mitarbeitern im Unternehmen wurden sie unmittelbar praktiziert und überprüft; im Austausch mit meiner Frau setzten wir sie gemeinsam in der Familie um. So konnte ich sofort feststellen, welche Erkenntnisse in meinem Leben und in meinem Umfeld funktionierten. Das Wissen, das angewendet erfolgreich war, gehört bis heute zu meinem Erfahrungsschatz; das Wissen, mit dem ich keine Veränderungen erreichte, verfolgte ich nicht weiter. Durch dieses System konnte ich meine Erkenntnisse und meine Fähigkeiten erweitern – und vor allem meine erfolgreichen Handlungsoptionen.

Aus meinen Erfahrungen hat sich meine Sicht der wesentlichen Bestandteile des Erkenntnisprozesses ergeben, die ich Ihnen hier zusammengefasst aufzeigen möchte.

Der erste Bestandteil des Erkenntnisprozesses ist der Zweifel: Zweifel, ob das, was wir heute wissen, wovon wir momentan ausgehen, die ganze Wahrheit ist. Für mich wird, je mehr ich erfahre, differenziere und erkenne, das, was es noch zu erkennen gibt, immer komplexer, und die momentanen Behauptungen werden zu Vermutungen.

Als Zweites kommt der Erwerb von neuem Wissen.

Der dritte Bestandteil der Erkenntnis ist das Ausprobieren des Gelernten. Denn nur was sich in der Praxis bewährt, kann auch stimmen. Was nicht funktioniert, ist entweder falsch, passt nicht auf meine Konstellation oder mir fehlen die Kompetenzen, es umzusetzen.

Der vierte Bestandteil sind die Aktivitäts- und Ruhephasen, die wir brauchen, um das Gelernte zu verinnerlichen. Wenn wir immer mehr Wissen in uns hineinstopfen, alles übereinanderstapeln und es sich nie setzen und bewähren lassen, bleibt das Wissen an der Oberfläche, und wir verwenden die Werkzeuge nicht intuitiv. Ähnlich ist es beim Erlernen einer Sprache: Nur wenn wir sprechen, kann sich das Gelernte festigen, und wir kommen dahin, die Sprache frei und »wie von selbst« anzuwenden.

Der fünfte Bestandteil hat mit Aufgeben zu tun. Es ist das Aufgeben von Behauptungen und das Aufgeben der Loyalität gegenüber der Schule, aus der wir hervorgegangen sind. In Seminaren, Ausbildung und Studium wird man in einer Theorie, einer gewissen »Glaubensrichtung« unterwiesen. Diese Glaubensrichtung stellt erst einmal unser gesamtes Wissen dar und ist doch meist nur ein Ausschnitt des Ganzen. Halten wir daran fest, engen wir uns ein. Bleiben wir einer Überzeugung gegenüber loyal, verbauen wir uns den Weg zu neuen Richtungen, Methoden und Erkenntnissen.

Der sechste Bestandteil der Erkenntnis ist das aktive Suchen nach neuen Lernfeldern. In der Regel interessiert uns das am meisten, was uns am sympathischsten ist – irgendein Wissensgebiet, das in uns positive Assoziationen weckt. Dort finden wir dann neue Facetten dessen, was wir schon wissen. Der größere Erkenntnisgewinn liegt aber dort, wo unsere Abneigungen, unsere Widerstände, unsere Ängste wach werden. So entschloss ich mich beispielsweise zur Ausbildung zum Box-Instructor.

Der siebte Bestandteil besteht im Finden eines Partners als Gegenüber, mit dem wir unsere Erkenntnisse austauschen können und eine andere Sicht auf das bekommen, was wir glauben und behaupten. Das sind in meinem Leben vor allem meine Frau Viktoria und Werner Makella, aber auch jeder andere Mensch, der mir begegnet.

So lässt sich in kleinen Schritten aus unterschiedlichen Ansätzen eine ganzheitliche Struktur entwickeln. Nur *einen* Lehrer zu haben ist sehr einseitig. Aus verschiedensten Situationen und von den verschiedensten Menschen zu lernen ergibt ein breites Bild vielfältiger Modelle und Wissensstände. Mit der Methode, alles selbst zu testen und es damit auf den Prüfstand zu stellen, entsteht auf der einen Seite vielseitiges Handwerkszeug und großes Handlungsspektrum und auf der anderen Seite eine eigene Philosophie.

In meiner Verantwortungsübernahme erfüllte ich die mir anvertrauten Aufgaben stets sehr gut – im Hinblick auf meine Kunden wie auch auf den wirtschaftlichen Erfolg. Die Grundlage meiner Existenz war es, Leistung zu erbringen und es anderen Menschen recht zu machen: der erste Aspekt eines Verhaltensprogramms, das seit meiner frühen Kindheit in mir wirkte. Und wie bei meinen Schul- und Berufsabschlüssen gelang es mir auch bei meinen Kunden und für das Unternehmen, die Erwartungen zu erfüllen oder noch zu übertreffen.

Ich verdiente in den Jahren als Betriebsleiter und Geschäftsführer weit mehr, als ich noch auf der Meisterschule gedacht hatte, und so wuchs mein Einkommen mit der wachsenden Familie – meine Frau und ich hatten 1991 geheiratet, 1994 war unsere zweite Tochter auf die Welt gekommen.

Anfang 1996 hatte ich mein Aufgabenfeld als Geschäftsführer so gut organisiert, dass fünf Tage Arbeit pro Woche nicht mehr nötig waren – eine Viertagewoche würde reichen. Nur mit großem Zögern konnte sich der Inhaber auf dieses aus seiner Sicht unmöglich durchführbare organisatorische und führungstechnische Wagnis einlassen. Da ich auf einen Teil meines Gehalts verzichtete, akzeptierte er schließlich. Im Handwerk wird am Freitag traditionell nur bis Mittag gearbeitet, und so machte ich den Freitag zu meinem freien Tag und arbeitete von Montag bis Donnerstag ca. zwölf Stunden täglich. Das war für mich kein Problem, da ich generell früh aufstand und immer schon zwischen 5.30 und 6.00 Uhr bei der Arbeit war.

Aber wie lief es mit der Führung der Mitarbeiter? Die wichtigsten Faktoren waren meine Sekretärin und die Verantwortungsstruktur, die ich eingeführt hatte. Meine Mitarbeiter in der Werkstatt kannten ihre Aufgaben und konnten selbstverantwortlich an den vorbereiteten Aufträgen arbeiten. Meine Sekretärin hatte in der Regel den Überblick, war auch am Freitag im Büro, und so lief auch an diesem Tag alles wie am Schnürchen. Und die Kunden waren zufrieden.

Dazu war aber eine eigenverantwortliche Arbeitskultur notwendig. Sie ist letztlich ganz einfach: Die Verantwortung, die – gerade in Kleinbetrieben – allein beim Chef und einem Meister liegt, verteilte ich auf alle Mitarbeiter inklusive der Lehrlinge. So waren die Mitarbeiter lauter kleine Mit-Unternehmer, und wenn sich alle verantwortlich fühlen, bedarf es keines »Aufpassers« und »Antreibers«. Es sagt sich so leicht: »Ich habe einige Aufgaben delegiert.«

Delegieren klappt nur, wenn nicht nur die Aufgabe, sondern auch die Verantwortung übergeben wird.

Es sind die kleinen Schritte, in denen die Mitarbeiter lernen, Verantwortung zu übernehmen. Und es müssen klar abgesteckte Teilbereiche sein, die übergeben werden. Ein Lehrling kann zum Beispiel die Verantwortung für den Schraubenbestand übernehmen und ein Meister die Verantwortung für die Mitarbeitereinteilung. Es kommt auf die klare Abgrenzung der Verantwortung an und auf die notwendige Handlungsbefugnis. Nur dann werden die Arbeiten so ausgeführt, dass die Ergebnisse unverändert gut bleiben.

Die freie Zeit investierte ich in die Familie und ins Bergsteigen, und die Unternehmensergebnisse waren so gut wie zuvor. Natürlich war ich auch den einen oder anderen Freitag in der Firma. Aber die Grundstruktur war auf vier Tage ausgelegt.

Doch welche Dynamik wirkte da in mir? Warum war ich nicht zufrieden damit, meine Stellung als Geschäftsführer in fünf Tagen auszufüllen? Es gab in mir einen inneren Drang nach mehr. Nach mehr im Leben, mehr Erfolg, mehr Zielerreichung, mehr – was eigentlich?

Das ist der zweite Aspekt des Verhaltensprogramms aus meiner Kindheit: Er heißt Leistungskompensation. Angefangen mit dem Rechtmachen für meine Eltern über die Bestleistungen in der Schule bis hin zu meinen beruflichen Erfolgen, damals noch im Rechtmachen für den Inhaber des Unternehmens. Dann das Rechtmachen in der Familie: meiner Frau mit der Versorgung der Familie und den Kindern als ein Vater mit viel Kraft für Kontakt. Dazu kam meine Zielerfüllungsdynamik: Wenn ich mir ein Ziel gesetzt hatte, ordnete ich dem alles unter. Und wenn ich als Geschäftsführer mit meiner Arbeitskraft nicht mehr Ziele umsetzen konnte, wollte ich eben dieselben Ziele mit weniger Arbeitskraft erreichen. So kam die Viertagewoche zustande.

Zwei Jahre später klopfte die Option für mehr Aufgaben, mehr Ziele und mehr Erfolg von selbst an meine Tür: Ich heilte im Herbst 1998 eine Krampfaderoperation aus, als mich mein Chef zu Hause anrief und mir seine Not schilderte: Sein Partner und Geschäftsführer im Fußbodenbereich hatte Konkurs angemeldet.

Wir berieten über Lösungsmöglichkeiten für die reichlich verzwickte Lage: Eine direkte Übernahme der Firma war aufgrund der bestehenden Beteiligungsverhältnisse und im Streit mit dem Geschäftspartner nicht möglich. In die Geschäftsführung des Altunternehmens einzusteigen machte aufgrund dieser Problematik und des Konkurses auch keinen Sinn. Schließlich wurde das alte Unternehmen liquidiert, der ehemalige Partner eröffnete sofort ein Konkurrenzunternehmen, und wir gründeten ein neues Fußbodenunternehmen, sodass wir von vorn anfangen konnten. Zwei Wochen später hatte ich eine zweite Geschäftsführerschaft, die der neuen Parkett- und Fußbodentechnik GmbH und die Aufgabe, diese Firma zu strukturieren. Dies war nach der Unternehmenskrise der Schreinerei die zweite Geschäftsführung unter schwierigen Umständen. Wieder hatte ich ein wunderbares Aktionsfeld, konnte mein Wissen und meine Erfahrungen anwenden und viel Neues dazulernen.

Die Entscheidung dazu reifte im Gespräch mit meiner Frau. Da mir bei meiner Viertagewoche ja pro Woche ein freier Tag zur Verfügung stand, an dem ich mich um die neue Herausforderung kümmern konnte, entschied ich mich – getragen durch den Rückhalt und das klare Ja meiner Frau –, weniger bergzusteigen und mehr zu arbeiten. Aber warum nur entschied ich mich, mein vergleichsweise ruhiges Leben mit Viertagewoche aufzugeben und mir eine weitere Geschäftsführung ans Bein zu binden? Wir hatten genügend Geld, ich hatte genügend zu tun, und es ging uns rundherum gut.

Damit sind wir beim dritten Aspekt des Verhaltensprogramms aus meiner Kindheit: der Krisenlösung. Hier bot der Parkett- und Fußbodenbetrieb wunderbare Voraussetzungen für mich: Es beginnt immer damit, dass ein anderer Mensch mich um Hilfe oder Rat fragt. Es gibt eine Aufgabe, die sowohl persönlich als auch finanziell Erfolg verspricht, und es ist ein schier unlösbares Problem.

Über die Jahre hinweg habe ich gelernt, dass ich mich gerade in solchen Fällen auf meine intuitive Krisenlösung verlassen kann.

Dieses Programm aus meiner Kindheit, zu dem die Aspekte gehören, es anderen »recht zu machen«, Verantwortung zu übernehmen, Leistung zu erbringen und Krisen zu lösen, ist aus meiner Sicht ein typisches Beispiel dafür, dass man in schwierigen Situationen Fähigkeiten erwirbt, auch wenn man diese währenddessen noch gar nicht anwenden kann. Denn so war es ja bei mir: Den Krisen meiner Kindheit stand ich als Jüngster der Familie ohnmächtig gegenüber. Heute erst – nach einem langen Prozess des Erkennens und Verstehens – kann ich die damals verinnerlichten Strategien und Verhaltensmuster bewusst und gezielt einsetzen. Unterschätzen Sie dafür den Stellenwert des Bewusstseins nicht! Denn ohne Bewusstsein sind wir blind und die eingeprägten Muster bestimmen uns und unser Handeln. Haben wir die Verhaltensmuster und Programme durchschaut, die gewisse Faktoren bei uns in Gang setzen, bestimmen wir unser Handeln und damit den zielgerichteten Einsatz der gelernten Strategien und Verhaltensmuster. So wird das, was wir gelernt haben, zu unserer Ressource.

> *Erst wenn wir uns bewusst sind, können wir uns frei entscheiden. Erst dann haben wir die Wahlmöglichkeit zwischen Reagieren und bewusstem Agieren.*

Also stürzte ich mich in die neue zusätzliche Aufgabe – das Tagesgeschäft in der Schreinerei lief ja weiter, dort war ich nach wie vor für zehn Mitarbeiter und den gesamten Umsatz verantwortlich – und kümmerte mich um die erfolgreiche Weiterführung der Parkett- und Fußbodenfirma.

Fast gleichzeitig mit diesem Umbruch lernte ich bei einer Veranstaltung einen anderen Unternehmer kennen. Er wollte mit 64 Jahren seine Firmen an einen Nachfolger übergeben: eine Schreinerei und einen Möbelhandel in Taufkirchen bei München. Auch hier wieder ein Krisenfall: ein Unternehmen, das in dieser Form wirtschaftlich nicht überlebensfähig war. Wie konnte ich alle diese Firmen vereinen und die Vorzüge, die jede einzelne hatte, in einer Kooperation nutzen? Eine weitere Herausforderung, aber gleichzeitig auch die große Chance, durch eine Zusammenlegung Synergien zu schaffen und Kosten zu sparen.

Natürlich galt es, meinen damaligen Chef von der Idee zu überzeugen. An dieser Stelle stand auch das erste Mal die Entscheidung im Raum, mich selbstständig zu machen. Damals entschied ich mich noch dagegen. Stattdessen übernahmen wir gemeinsam das Unternehmen in Taufkirchen. Ich als Geschäftsführer, er als Inhaber. Im Juni 1999 zogen wir mit der Schreinerei und der Parkett- und Fußbodenfirma dorthin um. Nun hatte ich wahrlich genügend um die Ohren, alles zusammenzuführen, neu zu organisieren und die Mitarbeiter aus unterschiedlichen Firmen mit unterschiedlichen Unternehmenskulturen zu integrieren. Das Verhältnis zu meinem Chef wurde währenddessen immer schwieriger.

Ein halbes Jahr später fragte er mich überraschend, ob ich nicht alles übernehmen wolle. In den letzten Monaten hatte ich viel dazugelernt, aber es waren noch keine verlässlichen Erfolgszahlen vorhanden. Ich war Geschäftsführer von drei Unternehmen mit 33 Mitarbeitern, und ein halbes Jahr zuvor hatte ich noch nicht den Mut zur Selbstständigkeit und zum Unternehmertum gehabt. Was würde mir jetzt den Mut geben und mich dazu veranlassen, diesen dreimal so großen Schritt zu wagen?

Der Inhaber schloss sein Angebot mit dem Satz: »Wenn Sie sie nicht übernehmen, dann schließe ich die Firmen.« Da war er wieder, der vertraute Mechanismus: eine Krise, anscheinend unlösbar, Menschen – 33 Mitarbeiter –, die vor dem Aus standen. Das konnte ich doch nicht zulassen! Aber wie sollte ich die Entscheidung zur Selbstständigkeit verantworten? Vor mir selbst und meiner Familie? In meinem bisherigen Leben hatte ich noch nie auch nur einen Pfennig Schulden gehabt – abgesehen von den Schulden meiner Eltern auf ihrem Haus, für die ich mit aufgekommen war. Und jetzt benötigte ich 1,8 Millionen Mark für den Kauf. Wir hatten gerade mal 150 000 Mark auf der hohen Kante. Wieder eine Entscheidung gemeinsam mit meiner Frau Viktoria, und wieder hatte ich ihren vollständigen Rückhalt. Dadurch und aufgrund der Verantwortung, die ich bereits übernommen hatte – für die Unternehmen, für die Mitarbeiter und gegenüber den Alteigentümern der Betriebe –, war ich bereit, das Wagnis einzugehen.

Doch dazu brauchte ich einen Kredit. Also musste ich einen Businessplan erstellen und mit Banken in Kontakt und Verhandlungen treten. Gleichzeitig war ich mit dem Inhaber in harten Verhandlungen über den Kaufpreis. In dieser Zeit entdeckte ich bei mir ein intuitives Verhandlungsgeschick, auch wenn ich damals noch Berater an meiner Seite hatte, die mich unterstützten: sowohl einen Finanzfachmann als auch einen Rechtsanwalt. Zu guter Letzt kam die Einigung mit dem Inhaber zustande. Auch bei diesen Verhandlungen mit den unterschiedlichsten Strategien und Übernahmemodellen habe ich nochmals viel gelernt.

Blieben also die Banken. Wenn mir keine Bank das Geld gab, wären die Verhandlungen umsonst gewesen. Mit acht Banken hatte ich gesprochen und mit vier konkret verhandelt. Nur eine war letztendlich bereit zu finanzieren. Es waren – Jahre und Jahrzehnte nach meinen Schul- und Berufsabschlüssen – meine hervorragenden Noten und mein sehr geradliniger Lebenslauf, die für die Kredit gebende Bank mit ausschlaggebend waren, mir bei nur acht Prozent Eigenkapital ohne dingliche Sicherheiten das erfolgreiche Unternehmertum zuzutrauen.

Übrigens hörte ich nicht in allen Punkten auf meine Berater. Meine Idee war von Anfang an, eine Holding über die drei Firmen zu setzen, um Mitarbeitern die Möglichkeit zu geben, sich zu beteiligen. Meine Berater waren dagegen. »Das können Sie doch später machen«, meinten sie unisono. Mir sagte mein Bauch ganz klar: »Darin liegt die Zukunft.« Bei der Fußbodenfirma gab es einen Mitarbeiter, mit dem ich mir vorstellen konnte, auch als Geschäftspartner zusammenzuarbeiten: Stephan Doll. Wir beide waren uns schnell einig, und so teilten wir uns die Anteile nach unserer Finanzkraft mit acht Prozent für ihn und 92 Prozent für mich. Wir gründeten die Voss Beteiligungs-Aktiengesellschaft, die die Schreinerei-, die Möbel- und die Parkett- und Fußbodentechnik-GmbH kaufte.

Welche emotionalen Programme bei der Unternehmer-Entscheidung abliefen, habe ich schon beschrieben. Was waren jedoch die mentalen Ziele, die dazu führten? Mich begleitete während der Verhandlungen der Satz, den meine Frau mir immer gesagt hatte, als ich zweifelte, ob ich nicht die Stelle wechseln sollte: »Der richtige Zeitpunkt wird kommen.« Und jetzt wechselte nicht ich das Unternehmen, sondern das Unternehmen den Besitzer. Mein zweiter Begleiter war ein geflügeltes Wort, das auch im Austausch mit meiner Frau entstanden ist: mit 33 Jahren 33 Mitarbeiter, mit 44 Jahren 444 Mitarbeiter usw.

Selten wissen wir, wie es eigentlich zu dem gekommen ist, was wir in unserem Leben erreichen. Wir nehmen das, was uns begegnet, in der Regel reaktiv wahr und fragen selten nach den Ursachen. Doch:

Ereignissen gehen Ursachen voraus.

Diese Ursachen sind meist verdeckte Ziele, die wir selbst definiert haben – wenn auch unbewusst. Zuallererst müssen wir erkennen, in welcher Form wir in unserem Leben diese Ziele definieren. Wenn wir diese Dynamik kennen, können wir unsere Ziele selbst steuern. Das nennt man mentale Ziele. Und es gilt für jeden von uns zu entdecken, wie wir diese Kräfte bisher genutzt haben und wie wir sie in Zukunft nutzen wollen. Auch das ist eine wesentliche Entscheidung im Leben. Mehr dazu, wie mentale Ziele entstehen und sich verwirklichen, im Kapitel »Synergie«.

So war ich nun also Unternehmer. Das beinhaltete, wie gesagt, die Herausforderung, dass ich jetzt nicht mehr für zehn, sondern für 33 Mitarbeiter die Verantwortung hatte. Erst machte ich so weiter wie als angestellter Geschäftsführer. Meine bisherige Strategie – aus dem Bauch heraus zu führen, klare Vorgaben zu machen und Verantwortung zu delegieren – hatte zwar viele Jahre funktioniert, zeigte jetzt aber nicht mehr dieselbe erfolgreiche Wirkung. Es war eine zweite Führungsebene entstanden, durch die meine persönliche Struktur hätte wirken müssen. Aber das klappte nicht. Außerdem wollte ich für mich mehr Freiraum, mich anderen Dingen zu widmen – auch wenn ich damals noch nichts Konkretes im Auge hatte. Auch dafür brauchte ich neue funktionierende Strukturen.

Aber woher sollten die kommen? Ich kannte ja nur meine eigenen und die meiner bisherigen Chefs. Also begab ich mich auf die Suche nach Strukturmodellen, an denen ich mich orientieren konnte. Ich stieß auf ISO (International Organization for Standardization) und das EFQM-Modell (European Foundation for Quality Management). Darin geht es um eine ganzheitliche Unternehmensorganisation, wie sie nach einer klar gegliederten Struktur schon in vielen anderen Unternehmen erfolgreich gehandhabt wird. Für mich eine wunderbare Möglichkeit, mich anzulehnen und für alle im Unternehmen verbindliche Strukturen einzuführen. Schon im Jahr 1999 begannen wir mit dem Herausarbeiten und Dokumentieren der vorhandenen und dem Erarbeiten und Festlegen neuer Strukturen. Doch in meiner Strategie fehlte immer noch etwas, und ich wusste nicht, was.

Es gibt ja viele, auch sehr unterschiedliche Fortbildungen: Führungsseminare, Existenzgründerworkshops usw. Eine, die auf das Verhalten eines Unternehmers bei der Übernahme des Unternehmens eingeht, gibt es jedoch nicht. »Der Rollenwechsel vom angestellten Geschäftsführer zum Unternehmer« wäre ihr Titel. Nach und nach verstand ich, dass meine Mitarbeiter eine andere Rolle von mir erwarteten und dass es meine Aufgabe war, diese Rolle auszufüllen.

Es beginnt mit der Verpflichtung eines Unternehmers zur Zuversicht, die den Mitarbeitern den Rückhalt gibt, um erfolgreich zu handeln. Als Angestellter kann man es sich noch leisten, hie und da »Das ist doch mir egal!« zu denken. Als Unternehmer nicht mehr. Und das nicht so sehr, weil einem im Unternehmen nichts mehr egal sein kann und darf, sondern wegen der Wirkung auf die Mitarbeiter. Dazu kommt die Verpflichtung zur »totalen Kommunikation«. Jeder im Unternehmen hat das Recht, über seine Firma voll und ganz informiert zu sein. Auch das ist eine Aufgabe, die dem Inhaber zufällt und mit dem Rollenwechsel auf mich übergegangen war. Damit haben wir jedoch erst die einfacheren Themen genannt.

Der nächste Punkt ist der wichtigste in diesem Zusammenhang: Dem Unternehmer ist in unserer Gesellschaft ein gewisser Ruf, ein festes Bild zugeordnet. Wie steht es aber mit dem Unternehmerbild in Deutschland? Es ist sehr stark geprägt durch die »großen« Unternehmer oder deren Vorstände und Aufsichtsräte, durch die »Kapitalisten« im Sinne des Klassenkampfes, die rücksichtslosen Ausbeuter der Natur und der Menschen, die nur auf ihren Vorteil bedacht sind und denen Profit über alles geht.

Gerade die großen Unternehmen bestätigen durch das Handeln ihrer Führungsriegen zum Beispiel im Zuge der Globalisierung die meisten dieser Vorurteile, und die Medien sind allzu oft voll von Berichten, die in die gleiche Kerbe schlagen. Nur selten wird die andere Seite von Unternehmern gezeigt, die gerade im Mittelstand immer noch und sehr weit verbreitet ist. Hier gibt es Unternehmer, für die die Menschen im Unternehmen viel mehr als nur Produktionsmittel sind: Sie freuen sich über die Schwangerschaft einer Mitarbeiterin und beschäftigen und begleiten einen älteren Mitarbeiter die letzten Jahre bis zur Rente, auch wenn seine Leistungsfähigkeit erheblich nachlässt. Sie verdienen oft recht gut, wenn das Unternehmen erfolgreich ist, haften dafür aber meist persönlich, wenn es dem Unternehmen schlechter geht. Sie nehmen die Verantwortung ernst, die es zu tragen gilt für Mitarbeiter, Kunden, das Umfeld und die eigene Familie. Und sie sind bereit, weit mehr dafür einzusetzen: mehr an Zeit, Nerven, Risikobereitschaft, Verantwortung und an Beispiel für die Gesellschaft.

Nach dem Motto »Irgendeinen Fleck finde ich auch auf der Weste des besten Unternehmers« interessieren sich viele Menschen mehr für die Bestätigung des negativen Bildes als dafür, positive Facetten zur Kenntnis zu nehmen. Dazu stellt sich sofort die Gegenfrage: Wie steht es denn bei denen selbst mit der weißen Weste in Bezug auf die Übernahme von Verantwortung, Risikobereitschaft für Arbeitsplätze usw.? Wie leicht ist es, schwarze Schafe ausfindig zu machen und dann die ganze Herde zu stigmatisieren! Genauso könnten die »Unternehmer« jeden normalen Mitarbeiter als »arbeitsscheu« bezeichnen, nur weil er nicht 500 bis 1 500 Überstunden pro Jahr macht. Oder unsere Gesellschaft – nach dem Motto »Jeder, der arbeiten will, kann auch arbeiten« – als faul bezeichnen, nur weil wir in Deutschland eine Arbeitslosenquote von gut sieben Prozent haben (Oktober 2008). Diese Behauptungen treffen immer nur auf Einzelfälle zu und sind genauso ungerecht wie das negative Unternehmerbild.

Auch hier zeigen sich Parallelen zu unseren Jugendlichen. Wie schnell wird in der Berichterstattung von *den* Jugendlichen gesprochen, die immer gewalttätiger werden, oder von den Serien- oder Intensivstraftätern, die abgeschoben oder eingesperrt werden sollen. Wir alle neigen sehr schnell zur verallgemeinernden Sicht, ohne die Beteiligten oder die Umstände zu kennen.

Wir sollten uns bemühen, immer erst genug über die Menschen und ihre Situation zu erfahren, ehe wir über sie urteilen.

Jenseits der Verallgemeinerung erwarten die Menschen im konkreten Fall von einem Unternehmer, dessen Mitarbeiter sie sind, die positive Ausfüllung der Unternehmerrolle. Sie erwarten, dass er gewissenhaft mit seiner Verantwortung umgeht, dass er Ziele hat und vorgibt, dass er ihnen sagt, wo es langgeht, dass er für den Erhalt der Arbeitsplätze sorgt und sein Unternehmen wirtschaftlich erfolgreich führt, um die Löhne und Gehälter pünktlich zu zahlen, und dass er die Mitarbeiter persönlich wahrnimmt.

Gerade am Anfang – beim Wechsel vom Mitarbeiter zum Unternehmer – ist es wichtig, darum zu wissen. Wenn man da etwas an der falschen Stelle oder zum falschen Zeitpunkt kommuniziert, hat das fatale Auswirkungen. Wer da Schwäche zeigt, Unschlüssigkeit oder Angst, erreicht mit dieser Offenheit nur Verunsicherung. Man muss sich darüber im Klaren sein und ganz bewusst mit den Vorurteilen und Erwartungen umgehen. Und man muss zum richtigen Zeitpunkt die richtige Kommunikationsstruktur und den richtigen Kommunikationsinhalt wählen.

Bei mir dauerte es über ein Jahr, ehe ich meine Defizite erkannt hatte und mir der Notwendigkeit einer neuen Haltung bewusst geworden war. Und ein weiteres Jahr, bis ich diese Haltung auch leben konnte. Doch welche Haltung ist es, die ich für mich als Unternehmer in meinem Unternehmen gefunden habe?

Das Wort »Unternehmer« kommt für mich zuallererst von »unternehmen«. Also gilt es nicht zu warten, bis etwas passiert, sondern zu entscheiden und zu handeln. Dabei geht es nicht um hektischen Aktionismus, sondern um vorausschauendes Planen und Umsetzen unter Abwägen der Risiken.

Ein zweiter Punkt ist das Wissen, wohin ich als Unternehmer mit meinem Unternehmen will, das Erarbeiten einer Vision und das Ableiten von Zielen daraus – so konkret wie möglich in allen Bereichen. Das gilt bei mir tatsächlich für alle Bereiche: sowohl privat mit meiner Frau als auch als Unternehmer mit meinen Geschäftspartnern. Und natürlich folgt dann das Überprüfen der Zielerreichung das ganze Jahr über und zusammengefasst in den Jahreszielplanungen.

Als Nächstes ist da die Verantwortung für alles, was im Unternehmen geschieht. Nicht im Detail, das ist nicht möglich, aber als letztendlich Verantwortlicher gegenüber den Geldgebern, den Lieferanten, den Kunden, den Mitarbeitern – um nur einige zu nennen.

Nach der Übernahme der Verantwortung geht es darum: Wie fülle ich diese mit Handlung aus? Beispielsweise den Kunden gegenüber mit der bedingungslosen Zuständigkeit für ihre Zufriedenheit, den Banken gegenüber mit bedingungsloser Offenheit und einer eigenverantwortlichen Kommunikation, den Mitarbeitern gegenüber mit der Haltung eines Mentors, der sich fürsorglich sowohl für ihre individuellen Bedürfnisse als auch für ihre berufliche Entwicklung interessiert und diese begleitet. In meiner Haltung gehe ich noch etwas weiter und sehe meine Mitarbeiter als meine Schutzbefohlenen an. Damit wird auch klar, wie erwachsen ein Unternehmer sein muss. Mitarbeiter können diese Situation sehr gut beschreiben, wenn man mit ihnen im Kontakt ist. Wenn sie wissen, wie die Situation eines Unternehmers ist, fällt oft die Aussage: »Ja, deshalb bin ich nicht selbstständig«, oder: »Das will ich nicht«. Und so ist es für mich auch in Ordnung, dass die Lasten und das Risiko, aber auch die Chance auf Gewinn so verteilt sind, wie es bei uns der Fall ist. Dabei spreche ich immer von mittelständischen Unternehmern, nicht von den »Großen«.

Für die Mitarbeiter ist zudem die »totale Kommunikation« von hoher Bedeutung. Damit meine ich, dass alles, was im Unternehmen passiert, zum richtigen Zeitpunkt in geordneten »Regelkreisen« (Mitarbeiterveranstaltungen, Teamsitzungen, Leitungsteams, Zielplanung) weitergegeben und auch zur Diskussion gestellt wird. Nur so fühlt sich ein Mitarbeiter – selbst wenn es einmal nicht so gut läuft – sicher. Denn er weiß, woran er ist. Und damit ist er auch handlungsfähig und kann zur Lösung oder Verbesserung der Situation beitragen. Die Identifikation mit dem Unternehmen wird so erheblich gesteigert.

Zu Beginn hatte ich die Vorstellung, schon sehr bald meine operative Tätigkeit im Tagesgeschäft mit Kunden und Mitarbeitern bei der Schreinerei an einen Nachfolger als Betriebsleiter zu übergeben und dann die Freiheit zu haben, mich weiteren Aufgaben zu widmen. Und da Unternehmer sein heißt, die gesamte Verantwortung zu tragen, war es für mich schon eine Ernüchterung, zum einen erst lernen zu müssen, wie das geht, und zum anderen geduldig warten zu müssen, bis der »Richtige« auftauchte. Und dabei gleichzeitig zu suchen, Potenziale zu erkennen, harte Entscheidungen zu fällen bei der Trennung von Menschen, die den Aufgaben nicht gewachsen waren, zu lernen, dass ein intensives Begleiten und Einarbeiten auf allen Ebenen nötig ist. Das bedeutet, immer im Kontakt zu bleiben und/oder Strukturen einzuführen, die es anderen Menschen möglich machen, erfolgreich zu handeln. Und erst, als ich das nicht nur verstanden hatte, sondern zugleich in Handeln umsetzen konnte, war auch der Freiraum für mich da. Bis mir das gelang, vergingen viereinhalb Jahre, in denen ich viele verschiedene Aufgaben teilweise parallel ausfüllte.

Einige Versuche mit einem »Nachfolger« hatte ich schon hinter mir, als mir ein Mitarbeiter in den Sinn kam, der gerade die Meisterschule besuchte. Aufgrund der Fehlentscheidungen der letzten Jahre zog ich Werner Makella zurate, und im Austausch mit ihm wurde deutlich, dass Bernd Musial der Mann war, der die Schreinerei leiten konnte. Ich war mir bewusst, dass er dazu eine Einarbeitung brauchte und dass es mein Preis war, noch eine Weile durchzuhalten. Als Unternehmer kann man frei entscheiden, wie viel man arbeitet. Für mich hieß das: noch etwa ein Jahr lang etwa 60 bis 70 Stunden pro Woche. Im August 2004 war mein Nachfolger dann so weit, und ich konnte meine Doppelbelastung mit der Work and Box Company und meinen Firmen ein bisschen reduzieren.

In der Regel werden gerade kleinere Unternehmen von einer Familie oder von Mann und Frau gemeinsam geführt. Es gibt bei solchen Unternehmensführungen genügend Beispiele, in denen die Grenzen zwischen Ehe, Partnerschaft und gemeinsamem Unternehmertum fließend sind, um nicht zu sagen: nicht vorhanden. Viktoria und ich trafen mit meinem Schritt zum Unternehmer ganz bewusst die Entscheidung für eine Grenze zwischen Unternehmen und Familie.

Für uns war es wichtig, dass jeder in seinem Bereich erfolgreich ist (Viktoria mit den Kindern, im Haushalt und als Craniosacral-Therapeutin und ich in den Unternehmen), dass darüber Austausch stattfindet und dass die Energie der Partnerschaft nicht in der Auseinandersetzung über das operative Vorgehen im Unternehmen verloren geht. Viel zu oft entsteht eine Unternehmensbeziehung: Man verbringt viel Zeit miteinander, aber die Partnerschaft im persönlichen Bereich wird immer hintangestellt, und die Kinder müssen bei beiden Eltern um Kontakt kämpfen.

Oft können Unternehmer auch die Firmen, die sie selbst aufgebaut haben, nur schwer wieder loslassen. Deswegen ist für mich die Grenze in Bezug auf meine Kinder genauso wichtig: Wie oft wollen Unternehmer, dass ihre Kinder in ihre Fußstapfen steigen! Schon die Ausbildung wird darauf ausgelegt und der weitere Weg geplant – mit dem Kind oder auch über es hinweg. Dabei bleiben meistens die Wünsche und Interessen des Kindes auf der Strecke. Die Kinder wachsen häufig in einem sehr arbeitsreichen Umfeld auf, fügen sich den Erwartungen der Eltern und haben nie eine eigene Entscheidung gefällt – eine Entscheidung für ihren eigenen Beruf, ihre eigene Berufung, ihren eigenen Lebensweg. Gerade als Unternehmer, aber auch als Vater ist es mir – ebenso wie meiner Frau – sehr wichtig, die Kinder ihren eigenen Weg entdecken zu lassen.

Allzu oft projizieren Eltern ihre Sehnsüchte auf die Kinder. »Du sollst es einmal besser haben als ich«, sagen sie, doch dahinter liegt meist eine eigene unverarbeitete Sehnsucht. Daher ist es wichtig, sich im Klaren zu sein, welche Wünsche im eigenen Leben offengeblieben sind, und diese dann bei sich selbst zu lassen. Denn:

Die Kinder haben ihren Weg und sind für sich selbst da – und nicht für die Eltern.

Unsere Haltung ist es, die Kinder auf ihrem Weg zu coachen und zu unterstützen, aber genau darauf zu achten, dass wir uns dabei nicht zu sehr einmischen, damit das, was sie tun, auch ihres bleibt. So hoffen wir, unsere Kinder nicht in die Situation zu bringen, die Last des Unternehmens aus Loyalität zu mir als Vater oder zur Familie tragen zu müssen. Sollte eines der Kinder auf seinem Weg entdecken, dass ihm die in den Unternehmen gestellte Aufgabe Spaß macht, ist ein Einstieg durchaus möglich. Eine solche Entscheidung entstünde dann aus freien Stücken und wäre gesund für alle Beteiligten.

Oft werde ich gefragt, wie Jugendarbeit mit dem Unternehmertum zusammenhängt. Ich denke, mit den bisherigen Kapiteln sind die Zusammenhänge des scheinbar Unzusammenhängenden schon deutlicher geworden: dass die Jugendarbeit aus meinen Erfahrungen mit den Lehrlingen meiner Firmen entstanden ist, dass es in beiden Bereichen darum geht, Ressourcen zu nutzen und andere mit ihrer Eigenverantwortung in Kontakt zu bringen – und um Entscheidungen geht es im Leben ja immer –, dass es viele Parallelen gibt: zum Beispiel die Vorurteile gegenüber Unternehmern wie gegenüber gewalttätigen oder straffälligen Jugendlichen, auch wenn das unterschiedliche Vorurteile sind. Oder auch die Tatsache, dass ich zwar bei meinen Mitarbeitern, meinen Geschäftspartnern, meinen Kunden eine andere Sprache spreche als mit unseren Jungs, dass aber die Haltung gegenüber jedem von ihnen als einem Menschen dieselbe ist.

Als nächste Bausteine, Parallelen und Zusammenhänge lernen Sie meine Familie kennen: meine schon mehrfach genannte Frau Viktoria und unsere Kinder Anna, Lena, Konstantin, Vera, Lisa und Sara. Ich lade Sie ein, meine Lebensthemen auch im privaten Bereich wiederzufinden, in der Partnerschaft und in der Begleitung unserer Kinder, und auch hier wieder unsere Entscheidungen und deren Folgen mitzuerleben.

Partnerschaft und Eltern sein

Jeden Tag aufs Neue – ein Leben lang

In der Pubertät kam die Sehnsucht, endlich einem Menschen im gleichen Alter nah zu sein, und natürlich auch das Erwachen der Sexualität. Aufklärung vonseiten meiner Eltern fand nicht statt, und bei meinen Hemmungen, auf Menschen zuzugehen, war es so sehr schwierig für mich, an Informationen zu gelangen. Eigentlich sollte das für das jüngste von vier Kindern kein Problem sein: Es erfährt von den Geschwistern alles, was es wissen will. Doch die Distanz zu meinen Geschwistern war in dieser Zeit eher noch größer als in der Kindheit. Ich war unter ihnen allein und zerrissen zwischen meinem Wunsch, zu ihnen und den Eltern dazuzugehören, und dem unbewussten Wunsch nach Unabhängigkeit. Freunde, mit denen ich vertrauensvoll darüber hätte sprechen können, hatte ich nicht, und so erlebte ich diese Zeit in Bezug auf meine Sexualität eher mit Ratlosigkeit und Scham als mit Freude oder in Freiheit.

Ich war schon von klein auf erfüllt von der Sehnsucht, jemanden in der Nähe zu haben, mit dem ich einfach reden konnte – unbeschwert, ohne Verantwortung für die Situation zu tragen. Diese Sehnsucht wurde stärker, kam jetzt doch noch die sexuelle Sehnsucht dazu. Doch bei meiner Schüchternheit und Angst vor Ablehnung fand ich keine Freundin.

Ein kleiner Lichtblick war Anita, die ehemalige Freundin meines Bruders Clemens. Diese Freundschaft entstand aus dem gemeinsamen Verlust durch seinen Tod, und sie war emotional und leidenschaftlich. Der Lichtblick dauerte aber nur vier Wochen. Meine

Mutter wollte diese Verbindung nicht, und so tat sie auf ihre Art und Weise alles, um uns wieder auseinanderzubringen – was ihr auch gelang.

Nach meiner Lehrzeit machte ich mich aktiver auf die Suche nach einem weiblichen Gegenstück, zum Beispiel bei Tanzveranstaltungen: Freitag- und Samstagabend ins Auto und über die Dörfer. Tanzen lernte ich von einem Freund, doch schüchtern, wie ich war, sprach ich keins der Mädchen an und wagte es auch nicht, eines aufzufordern. So konnte das also nichts werden.

Oh, wie wünschte ich mir eine Frau an meiner Seite! Tatsächlich suchte ich gleich nach einer Frau, mit der ich mein Leben verbringen könnte. Es würde wieder nicht zu meinem Leben passen, wenn ich nicht auch dazu eine klare Vorstellung gehabt und wenigstens ein paar »Eckdaten« über meine zukünftige Frau festgelegt hätte: Sie sollte eine starke Frau sein, das heißt innere Stärke besitzen, um meiner ausgeprägten Persönlichkeit etwas entgegensetzen zu können und mit mir auf Augenhöhe zu sein.

Da es mir so schwerfiel, auf einen fremden Menschen zuzugehen, kam mir das Leben mit einem bekannten Menschen und einer Einladung zu Hilfe. 1985 kam Viktoria Mark nach München, um dort zu arbeiten. Sie war die Tochter eines Arbeitskollegen meines Vaters, bei dem ich als Jugendlicher oft zu Gast gewesen war. Und da sie in München außer mir niemanden kannte, lud sie mich ins Kino ein. Den Film, den wir uns anschauten, habe ich vergessen, nicht aber die unendliche Freude über die Einladung. Da ich für Zuneigung, egal welcher Art, sehr empfänglich war, verabredeten wir uns immer wieder.

Viktoria war mit ihrer Herzlichkeit, ihrer Impulsivität und ihrer Klugheit für mich wie ein Engel. Ich wollte von Anfang an mit ihr zusammen sein und sie als Freundin gewinnen und blieb mit Beständigkeit und dem mir eigenen Durchhaltevermögen dran. Viktoria jedoch war sich in der Anfangszeit nicht so gewiss, ob das mit uns für die Zukunft geeignet wäre. Auch war ihr Vater gegen die Beziehung und wollte sie mit Aussagen wie »Viktoria, magst du Rupert nur aus Mitleid?« von der Freundschaft mit mir abbringen.

Ich war froh, einen so lebensoffenen und herzlichen Menschen gefunden zu haben, der auf dem gleichen intellektuellen Niveau war und in vielen Punkten ähnliche Ansichten hatte wie ich. Es war schön, stundenlang einfach miteinander zu reden und immer mehr Parallelen in unseren Ansichten über das Leben in einer Familie zu finden. Dass dies tatsächlich einmal unsere Familie werden sollte, konnten wir damals noch nicht wissen.

Um den Jahreswechsel 1985/86 hatte dann auch Viktoria mehr Gewissheit gewonnen und wir begannen eine Beziehung. Da wir beide vorher noch keinen Sex gehabt hatten, waren wir sehr zurückhaltend und brauchten einige Monate, um uns näherzukommen. Körperliche Nähe war für uns beide ebenso ersehnt wie schwierig. Ich war bisher gewohnt, mich selbst zu befriedigen, gespalten zwischen der Selbstverurteilung dafür und der unerfüllten Sehnsucht nach sexueller Erfahrung mit einer Partnerin. Viktoria fühlte sich von mir und meiner Sehnsucht eher bedrängt. Ihre Zurückhaltung ging auf den in ihrer Kindheit geschehenen Missbrauch zurück und die daraus resultierende innere Ablehnung von Sexualität. (Wenn doch die Sexualtäter wüssten, was sie bei ihren Opfern alles anrichten und zerstören!) So war unsere sexuelle Beziehung in den ersten Jahren gehemmt von der Überwindung des gewohnten Alleinseins und der Unsicherheit der ungewohnten Zweisamkeit.

Wie viele Menschen projizierte ich meine Sehnsucht auf meine Frau und erwartete, dass sie so »funktionieren« würde, wie ich es brauchte. Ich forderte von meiner Frau ein angepasstes Sexualleben mit Sex alle zwei Tage, während sich für sie Sex alle zwei Wochen stimmig anfühlte. Dieses Erwarten dauerte bei mir 18 Jahre. Wäre Viktoria meinem Verlangen nachgekommen, hätte sie nur meine unstillbaren Defizite gefüttert. Ich war damals nicht in der Lage, es anders zu empfinden, geschweige denn, es anders zu sehen, und beharrte auf meiner Forderung nach Sex. Später wurde mir in Gesprächen mit anderen Menschen klar, dass in vielen Partnerschaften Ungleichheiten im sexuellen Verlangen bestehen, die leider viel zu oft unverstanden bleiben und häufig zur Trennung führen. Und noch viel später habe ich die Zusammenhänge zwischen Projektion und Erwartung verstanden und konnte auch die Verantwortung für meine Sexualität übernehmen.

Gerade zu Beginn unserer Partnerschaft führten wir lange Gespräche, diskutierten viele Themenbereiche unseres späteren Zusammenlebens und stimmten unsere Ansichten aufeinander ab. Immer wieder war ich derjenige, dem es ein Anliegen war, alles möglichst genau zu erörtern, wohl aus meinen Erfahrungen heraus, dass aus Sprachlosigkeit und Missverständnissen nicht mehr zu lösende Kontroversen entstehen können. Natürlich gab es auch viele Meinungsverschiedenheiten, die wir dann gemeinsam klären durften. Dadurch ergab sich, ohne dass wir uns der Tragweite bewusst waren, eine »vertragliche Vereinbarung«, wie wir uns ein Zusammenleben vorstellen könnten.

Wir besprachen die Anzahl der Kinder (mindestens vier), die Rollenverteilung (Viktoria zu Hause bei den Kindern, ich als der Geldverdiener mit der Verpflichtung zur Karriere), dass wir zusammenziehen wollten, um zu sehen, ob unsere Beziehung wirklich Bestand hatte und das Zusammenleben funktionierte, und wie wir mit einem Seitensprung umgehen würden. Wir nahmen uns vor, dass die Kinder auf dem Land mit viel Kontakt zur Natur groß werden sollten, und klärten die Art des Zusammenlebens mit Ritualen, Gebeten und Feiern.

Zusammenzuziehen war mir besonders wichtig, da ich der festen Überzeugung war, dass erst der Alltag zeigt, ob eine Partnerschaft Bestand hat oder nicht. Eine Partnerschaft auf Abstand lässt genügend Raum für Interpretationen und Projektionen, läuft auch ohne wirkliches Verständnis ganz gut und ist dadurch wenig aussagefähig hinsichtlich ihres Funktionierens und ihrer Tragfähigkeit.

Erst in der Nähe beweist sich, ob eine Beziehung Krisen gewachsen und haltbar ist.

Im Februar 1987 zog Viktoria »bei mir« ein: Wir hatten im Haus meiner Eltern zwei Zimmer – eines zum Schlafen und eines als Wohnküche – sowie ein eigenes Bad. Dieser Schritt stellte eine ziemliche Herausforderung für Viktoria und mich dar. So recht erwachsen waren wir damals noch nicht, ganz abgesehen von all den Problemen, die wir sowieso mitbrachten. Auch hatte Viktoria nach wie vor Zweifel, ob das mit mir denn die richtige Entscheidung wäre. Ich wollte unbedingt mit ihr zusammenbleiben und auf keinen Fall den »einzigen Menschen« wieder verlieren. Ein Schlüsselerlebnis wurde unser erster gemeinsamer Urlaub: vier Wochen mit dem Rucksack auf Korsika. Es wurde unser Ankommen zueinander und die Tiefe der Entscheidung füreinander war danach für uns beide, aber auch für unser Umfeld spürbar.

Viktoria hätte sich jetzt schon Kinder vorstellen können – wir waren gerade 23 Jahre alt. Ich hingegen hatte sowohl das Gefühl, noch nicht so weit zu sein, als auch die feste Überzeugung, erst Kinder großziehen zu wollen, wenn unsere Ausbildungen – bei ihr Krankengymnastin, bei mir Schreinermeister – abgeschlossen wären. Mit diesen Argumenten konnte ich für uns beide Zeit gewinnen, in der unsere gemeinsame Grundlage wuchs.

Empfängnisverhütung entdeckten wir gemeinsam, aber ich war dafür zuständig. Meiner Ansicht nach muss immer der in der Partnerschaft dafür die Verantwortung übernehmen, der mit Kindern noch warten will. Medikamentöse Verhütung auf Kosten der Frau kam für uns beide nie in Frage. Unsere Verhütungsmethode war und ist zum einen das Beobachten des Zyklus und zum anderen in der Spanne vom 7. bis 18. Tag das Benutzen von Kondomen. Der angebliche Gefühlsverlust durch Kondome steht in keinem Verhältnis zur gesundheitlichen Schädigung durch die Pille oder operative Eingriffe bei Frau oder Mann. So haben wir für uns eine gesunde und einfach zu handhabende Lösung gefunden.

Oft wurden wir gefragt, wie es denn bei uns war, als wir verliebt waren. Gerade unsere Kinder wollen das jetzt wissen. Doch im klassischen Sinne verliebt waren wir nicht. Es war eher eine Beziehung, die sich langsam entwickelte und das noch heute tut.

Nach dem Tod meines Vaters – Viktoria und ich waren seit sechs Jahren zusammen – hatte ich das erste Mal das Gefühl, heiraten zu wollen. Es war, als ob ich jetzt auch in der Partnerschaft mit Viktoria in die Verantwortung gehen wollte. Durch den Tod meines Vaters hatte sich eh meine Rolle in der Familie vom Sohn zum Ernährer geändert. Also fragte ich Viktoria, ob sie mich heiraten wollte, und sie sagte »Ja!«. Wir waren sehr glücklich und innerlich reif für diese Entscheidung. Und so heirateten wir im Sommer 1991 standesamtlich im kleinen Kreis und dann ein Jahr später kirchlich in der Christengemeinschaft mit 200 Gästen.

Heiraten? Wieso kann man denn nicht einfach ohne Hochzeit zusammenleben? Als Hochzeit bezeichnet man das Fest, mit dem eine Ehe geschlossen wird. Es ist eine Entscheidung fürs Leben. Denn bei der Hochzeit wird das Brautpaar gefragt, ob es sich auch sicher ist, zusammenbleiben zu wollen – im kirchlichen Kontext sogar manchmal noch mit den Worten »in guten wie in schlechten Zeiten« und »bis dass der Tod euch scheidet«. Nur wenn beide »Ja!« gesagt haben, wird der Bund fürs Leben geschlossen. Es heißt auch noch: »Was vor Gott verbunden/geschlossen wird, kann der Mensch nicht scheiden.« Wenn sich Paare bei der Eheschließung dieses Satzes bewusst sind und sie zuvor einen Prozess der Ehevorbereitung durchlebt haben, dann ist es auch möglich, sich daran zurückzuerinnern, wenn es einmal eng wird, wenn »schlechte Zeiten« da sind.

Aber warum um alles in der Welt machen wir Menschen das heute noch? Früher war es für eine Frau, wenn sie Kinder bekam, wichtig, dass der Vater die Verpflichtung für die Versorgung der Familie übernahm. Ohne Eheverpflichtung hätte sie mit ihren Kindern schnell allein dagestanden. Also war es eine Entscheidung, gemeinsam in die Verantwortung für die Fortpflanzung, also die Arterhaltung, zu gehen. Das ist auch heute noch so. Ehen waren früher stabiler, weil die Menschen nicht so alt wurden, weil die Verpflichtung für die Kinder und die Grundversorgung immer präsent war, weil für Frauen die Möglichkeit, ohne finanzielle Mittel Mann und Kinder zu verlassen, nicht gegeben war und weil die gesellschaftliche Werteordnung eine Trennung nicht zuließ.

Und natürlich gab es auch nicht dieselben Freiräume wie heute. Heute sollte sich jedes Paar neben den beschriebenen wesentlichen Eckpunkten des Zusammenlebens zusätzlich überlegen, ob es wirklich sein ganzes Leben miteinander verbringen will. Aber woher weiß ich, wie mein Partner in 20, 30 Jahren sein wird? Es gibt eine einfache Möglichkeit, sich das auszumalen: Da wir Menschen viele Ähnlichkeiten mit unseren Eltern haben – genetisch stammen wir von ihnen ab, und in unserer Kindheit haben wir unbewusste Verhaltensprogramme von ihnen übernommen –, ist es sehr nützlich, wenn wir uns die Eltern unserer Partnerin oder unseres Partners anschauen. Wenn wir uns grundsätzlich vorstellen können, als Mann mit der Schwiegermutter in spe, als Frau mit dem Schwiegervater in spe im Alter zu leben, dann können wir auch die Tochter bzw. den Sohn heiraten.

Dieses Bild berücksichtigt natürlich nicht die Einmaligkeit und die individuelle Entwicklung, aber es nimmt einem Verliebten ein wenig die rosarote Einfärbung der Gefühle und Gedanken und bringt ein junges Paar in Kontakt mit dem, was später Realität werden könnte. Wenn wir mit totaler Abneigung reagieren, dann sollten wir noch einmal nachdenken. Wenn aber als Reaktion »Es würde schon gehen« oder »Das kann ich akzeptieren« in uns aufkommt, dann ist wohl eine tragfähige Grundlage vorhanden.

Darüber hinaus geht es bei der Entscheidung für die Ehe jedoch um einen viel wichtigeren Punkt. Jede Freundschaft, jede Beziehung können wir beenden – auch unsere Ehe. Aber zu keinem Menschen haben wir eine vertrauensvollere Beziehung als zu unserem

Lebenspartner – zumindest wenn wir uns darum bemühen. Und diese vertrauensvolle Beziehung oder Partnerschaft wächst von Jahr zu Jahr und wird immer wertvoller. Wer in den »schlechten Zeiten« flieht, der wird diesen Wert, die guten Zeiten, die danach kommen, nicht erfahren, der beschneidet sich um diese Lebenserfahrung.

Meine Frau und ich haben wie erwähnt sechs Kinder: Anna, Lena, Konstantin, Vera, Lisa und Sara. Wäre nicht bei jedem unserer Kinder, bei jeder Schwangerschaft eine neue Situation gewesen, dann würde ein Abschnitt in diesem Buch für alle Kinder reichen. Dass es mehr dazu zu sagen gibt, hat folgenden Hintergrund:

In jeder Schwangerschaft und Geburt steckt
genügend Herausforderung und Potenzial,
etwas Neues zu entwickeln und zu verstehen.

Mit der Hochzeit war auch der Kinderwunsch da – als ob ein Engel anklopft, der merkt, dass seine Zeit gekommen ist. Und so entstand unser erstes Kind gleich einen Monat nach der Hochzeit. Wir wussten nicht, ob es ein Junge oder ein Mädchen werden würde, und reduzierten auch die Ultraschalluntersuchungen auf das für die Hebamme nötige Minimum. Sonstige Untersuchungen würden wir niemals machen lassen, da wir uns einig waren, auch ein behindertes Kind bei uns aufs Herzlichste willkommen zu heißen.

Die Schwangerschaft mit Anna war von großer Freude und Vorfreude geprägt. Viktoria arbeitete noch bis sechs Wochen vor der Geburt als Krankengymnastin. Natürlich wendete sich ihr Blick und ihre Aufmerksamkeit immer mehr nach innen, doch solange ein Kind im Bauch ist, gibt es noch keine größeren Veränderungen in der partnerschaftlichen Beziehung.

Wir hatten mit unserer 70-jährigen Hebamme eine Hausgeburt vereinbart. Am 12. Mai 1992 in der Früh ging es los, die Geburt dauerte bis 14.00 Uhr. Nach einem Dammschnitt war Anna auf der Welt. Als die Nachgeburt nicht kommen wollte, wurde die Hebamme nervös. Viktoria verlor viel Blut, auch musste der Dammschnitt genäht werden. Wir riefen den Arzt – zum Glück hatte damals ein Arzt in unserer Umgebung noch den Mut, zu einer Hausgeburt zu fahren und nicht die Ambulanz zu schicken. Da die Nachgeburt einfach nicht kommen wollte, holte er sie ganz pragmatisch mit der Hand – ohne Hemmungen und ohne Betäubung. Hut ab vor meiner Frau und diesem Arzt! Eine sehr aufregende Geburt, aber für uns, Gott sei Dank, zu Hause.

»Wieso ›Gott sei Dank zu Hause‹?«, werden Sie sich vielleicht fragen. Viktoria ist im Krankenhaus zur Welt gekommen, und ihrer Mutter wurden zur Geburt verschiedene Medikamente und auch Lachgas verabreicht, sodass Viktoria total benebelt in dieser Welt ankam. Ihre daraus resultierende Angst war größer als die, auch bei dem ersten Kind eine Hausgeburt zu wagen. Für mich – ich war selbst zu Hause auf die Welt gekommen – war eine Hausgeburt das Schönste und Natürlichste, was ich mir vorstellen konnte.

Anna veränderte unser Leben völlig. Wir hatten ja unsere Rollen aufgeteilt: Viktoria zu Hause bei den Kindern und ich beim Geldverdienen und Versorgen der Familie. Meine Frau tauchte völlig in die Welt mit Anna ab. Und ich hätte mir keine verantwortungsvollere Mutter für mein Kind wünschen können. Für ein Baby gibt es wohl nichts Schöneres als eine Mutter, die voll und ganz für es da ist.

Nur: Wo blieb unsere Partnerschaft? Wir wussten nicht, dass das, was wir erlebten, ganz normal war für ein junges Paar mit dem ersten Kind. Kein Mensch hatte uns das gesagt: dass außer der Tatsache, dass die Familie jetzt zu dritt ist und eine Aufteilung der neuen Aufgaben ansteht, auch die Partnerschaft völlig neu gefunden werden muss. Erst viele Kinder und Jahre später wurde uns das klar. Da wir das zunächst nicht wussten, stellten wir uns dieser Aufgabe auch nicht und lebten zunehmend in unterschiedlichen

Welten. Ich stürzte mich auf mein Bergsteigen, jetzt ohne Viktoria, und startete ein Fluchtprogramm, das über ein Jahrzehnt sehr intensiv funktionierte. Mit unserer kleinen Tochter konnte ich mich, solange alles ruhig war, wunderbar beschäftigen. Sobald sie aber zu weinen anfing, war ich der Situation nur selten gewachsen.

Für werdende Eltern ist es wichtig zu wissen, dass dieses notwendige Neudefinieren der partnerschaftlichen Beziehung normal ist und weder eine Bedrohung darstellt, noch ein Grund ist, sich abzuwenden oder gar die Partnerschaft infrage zu stellen. Für Männer, die weder Schwangerschaft noch Geburtsprozess noch hormonelle Umstellung am eigenen Leibe erleben und die eher linear »gestrickt« sind, ist es viel schwerer, sich auf die gerade geschehene Familiengründung einzustellen. So bedarf es großen Bewusstseins, um die Situation wahrzunehmen und zu analysieren. Wenn wir unsere Emotionen und deren Herkunft aus unserer Lebensgeschichte verstehen, kann sich daraus ein neues Verständnis und in gegenseitiger Abstimmung ein veränderter Umgang innerhalb von Partnerschaft und Kinderbegleitung entwickeln.

Wenn wir vorher davon gehört hätten, dass mit jedem Kind die Familiensituation neu definiert werden muss, wäre es uns leichter gefallen, einander wieder näherzukommen. So waren wir gefangen in unseren Aufgaben und unserer Lebenssituation. Wir arrangierten uns, so gut wir das damals konnten. Für Anna hatten wir, vor allem Viktoria, immer Zeit und wir investierten viel Liebe, Zuneigung und Nähe, mit der festen Überzeugung, dass die Investition am Anfang des Lebens eines Menschen die wichtigste ist.

Doch wie geht Erziehen? Wie machen wir das als Eltern, wenn wir nach neun Monaten ein Kind auf dem Arm halten? In der Regel kennt man nur die Erziehung der eigenen Eltern, die man am eigenen Leib und an eigener Seele erfahren hat. Oft fehlen uns die Handlungsoption und die Wahlfreiheit, anders zu handeln, als wir es erlebt haben. So werden die Eltern-Kind-Muster von einer Generation zur nächsten weitergetragen.

Es kann natürlich auch sein, dass wir die Position einnehmen: »Ich mache es ganz anders als meine Eltern.« Doch wem sind denn in jungen Jahren seine Verletzungen und Defizite aus der Kindheit bereits bewusst und wer hat diese schon völlig aufgearbeitet? Denn gerade die unreflektierte Opposition – die Empörung – ist die beste Voraussetzung, diese Erziehungsprogramme unbewusst zu wiederholen.

Wie soll sich dann in der Art und Weise, Kinder zu erziehen, etwas ändern? Die generationsüberschreitenden Wiederholungen der Erziehungsmuster lassen sich durchbrechen, auch wenn der Weg dahin oft schwer erscheint. Wenn wir das als Eltern wollen, müssen wir uns dessen bewusst sein, uns aktiv dafür entscheiden und die Verantwortung für unser Verhalten übernehmen.

Eines ist sicher: Wir werden bei der Kinderbegleitung Fehler machen. Wenn wir das einsehen, können wir aktiv damit umgehen. Das Wichtigste, wenn wir Fehler machen, ist Ehrlichkeit, die Ehrlichkeit uns selbst und unserem Umfeld gegenüber. In der Ehrlichkeit übernehmen wir die Verantwortung für die Situation, indem wir uns bei unseren Kindern entschuldigen. Und da wir alle immer wieder Fehler machen, reicht eine flüchtige, wenig ernst gemeinte Entschuldigung nicht aus.

Wir sollten als Eltern die Größe haben, uns bei unseren Kindern zu entschuldigen.

Dann werden wir im Laufe der Zeit eine ganz neue Beziehung, einen ganz neuen Kontakt zu unseren Kindern erleben. Indem wir die Verantwortung für unsere Fehler übernehmen, entlasten wir die Kinder. Denn Kinder übernehmen automatisch die Verantwortung für eine Situation, wenn es die Eltern nicht tun. Dadurch tragen sie eine Last, die weder ihrem Alter noch ihrer Stellung innerhalb der

Familie gerecht wird. Die Kinder tun dies aus der angeborenen Liebe zu ihren Eltern und leiden darunter, da es sie überfordert. Wenn wir als Eltern ihnen unsere eigenen Aufgaben aufladen, entwickeln die Kinder Kompensationsverhalten, sobald sie ein Ventil finden: Verhaltensauffälligkeiten, psychosomatische Krankheiten, Süchte usw.

Söhne, die für ihre Eltern und für die Familie die Verantwortung übernehmen oder die Rolle des Ersatzpartners spielen müssen und auf diese Überforderung mit Gewalttätigkeit reagieren, haben wir auch in der Work and Box Company immer wieder. So gesehen ist es sowohl für unsere Kinder als auch für uns am besten, wenn wir grundsätzlich die Verantwortung für unser Verhalten den Kindern gegenüber tragen.

Viktoria und ich besprachen vorher so weit wie möglich unsere Erziehungsmethoden und -ziele und versuchten, das Beste daraus zu machen. Ich konnte zumindest in diesem Punkt aus den Erlebnissen meiner Kindheit auswählen: zwischen der Konsequenz und Klarheit meines Vaters und der Liebe und Fürsorge meiner Mutter. Anfangs mehr intuitiv als bewusst, wählte ich gerade die Verhaltensmöglichkeiten, die für unsere junge Familie gut waren und die unseren Kindern ein freies und erfülltes Aufwachsen ermöglichten. Natürlich war ich sowohl mit meiner Frau als auch mit meinen Kindern oft zu streng und auch immer wieder ungerecht und ungehalten, aber die körperliche Unversehrtheit meiner Kinder ist mir immer gelungen.

Wenn sich ein Paar mehrere Kinder wünscht, stellt sich die Frage nach dem Abstand von einem Kind zum nächsten. Wir hielten zwei bis drei Jahre für richtig. Dann überlegten wir uns auch das Sternzeichen: Ein ausgleichendes Wesen schien uns an der zweiten Stelle der Kinderfolge sehr gut zu passen. Und noch ein anderes Phänomen bestimmte den Zeitpunkt für das nächste Kind. Viktoria und ich haben festgestellt: Jedes unserer Kinder hat sich bemerkbar gemacht. Sie werden sagen: »Das ist doch klar, wenn man schwanger ist.« Nein, das meine ich nicht. Die Kinder haben sich *vor* der Zeugung und Schwangerschaft bemerkbar gemacht: erst nur als flüchtige Idee oder als Traum, dann als konkreter Gedanke, unterlegt mit einem intensiven Gefühl innerer Zustimmung, dann im gemeinsamen Austausch und dem Realisieren: Es ist wieder so weit. Hört sich ungewöhnlich an? Spüren Sie doch einmal nach bei sich, wenn Sie schon Kinder haben oder für Kinder offen sind! Auf jeden Fall entschieden wir uns für eine zweite Schwangerschaft oder gaben dem »Ruf« nach Leben nach.

Viktoria hatte anderthalb Jahre nach Annas Geburt begonnen, wieder einen Tag in der Woche als Krankengymnastin zu arbeiten, und arbeitete so auch während der Schwangerschaft mit Lena. Welch ein Glück, dass es ihr in jeder Schwangerschaft körperlich gut ging. Auch die zweite Schwangerschaft war sehr schön.

Die Spannung beim zweiten Kind war genauso wie beim ersten. Bei der Geburt ging alles gut. Auch das Bluten danach war diesmal weniger. Ich hielt Viktoria von hinten auf meinen Händen. Lena kam innerhalb von zwei Stunden. Sie hatte von Anfang an sehr leuchtende Augen und eine Nase, die im Winkel von 90 Grad in den Himmel zeigte. Ein echter Knaller!

Wieder änderte sich die Familiensituation. Und wenn ich damals dachte, ein neues Kind wäre schon Routine, dann hatte ich mich getäuscht. Wir glaubten auch in den ersten Jahren unserer Elternschaft noch, dass jede Schwangerschaft ähnlich ablaufen würde, dass wir alles steuern und uns allen Kindern gegenüber gleich verhalten könnten. So, wie wir bisher unsere Kinder »geplant« hatten, dachten wir: »Im März ist der nächste Termin zum Kindermachen.« Doch unser drittes Kind wollte früher zu uns, und wir wurden an meinem Geburtstag 1995 wieder schwanger. Jetzt, in der dritten Schwangerschaft, wurde uns klar, dass jede Schwangerschaft ihre Besonderheiten hatte. Während dieser dritten haben wir klassische Musik gehört – viel mehr als vorher oder nachher –, als hätte dieses Kind etwas mit Musik zu tun. Immer wieder fragten wir uns, woher das kommt. Wir konnten es uns nur so erklären, dass jedes Kind uns Eltern schon vor der Geburt in Bewegung setzt.

Da in Viktorias Familie alle fünf Kinder Mädchen waren, glaubte meine Frau, dass sich das bei uns wiederholen würde. So suchte sie auch in dieser Schwangerschaft nur nach Mädchennamen. Es war im fünften Monat, da sagte ich zu ihr: »Lass doch dem Jungen eine Chance.« In der folgenden Nacht träumte Viktoria von einem Kind auf ihrem Arm. Sie wusste den Namen nicht. Die umstehenden Menschen sagten zu ihr: »Ja, weißt du das nicht? Das ist doch der Konstantin.« Und so war klar: Wenn es ein Junge wird, dann heißt er Konstantin. Und es wurde ein Junge, und was für einer! Anna und Lena wogen bei der Geburt so um die 4 000 Gramm. Konstantin wog über 5 100 Gramm und hatte einen Kopfumfang von 39 Zentimetern. Was für ein Riesenbrocken – und was für eine Anstrengung für Viktoria!

Auch bei dieser Geburt gab es wieder das jetzt schon bekannte Nachbluten. Der Hebamme wurde Viktorias Zustand zu kritisch, sie holte die Ambulanz. Für meine Frau und mich der Albtraum: ihre große Angst, im Krankenhaus der Willkür der Ärzte ausgesetzt zu sein, gerade in der körperlich schwachen und seelisch sensiblen Verfassung nach der Geburt. Für mich war es schlimm, bei Anna und Lena bleiben zu müssen und Viktoria so nicht beistehen zu können. So verbrachten Konstantin und Viktoria die erste Nacht im Krankenhaus zur Beobachtung, und wir holten sie am nächsten Tag wieder ab.

In den ersten sechs Monaten ihres Lebens kam mir mein Kontakt zu meinen Kindern immer etwas distanziert vor, konnte ich sie doch nicht stillen und damit ihr wesentlichstes Bedürfnis nicht befriedigen. Dadurch bestand aber immer auch Abstand zwischen Viktoria und mir, denn sie ging ganz in ihrer mütterlichen Aufgabe auf. Von Kind zu Kind wurde es schwieriger, uns nach diesen sechs Monaten wieder als Paar zu finden. Und es ergab sich ein

Spannungsfeld, das uns all die Jahre konstant begleitete: das zwischen der Versorgung der Kinder und meinem Wunsch nach mehr Nähe.

Welche Schule ist die richtige für unsere Kinder?

Wie alle Eltern standen wir mit dem Älterwerden unserer Kinder vor der Entscheidung Schule: Welche Schule wird unserer Art der Begleitung unserer Kinder am besten gerecht? Welche Schule wäre eine Fortsetzung unseres eigenen Erziehungskonzepts?

Viktoria war in die Waldorfschule und ich auf staatliche Schulen gegangen. Wir hatten keine feste Meinung, zumal wir auf dem Land relativ schlechte Anbindungen zu einer Waldorfschule oder zu anderen alternativen Schulformen hatten. Da kam eine Schulinitiative direkt in unseren Wohnort nach Moosach. Anna war gerade vier Jahre alt. Wir schauten uns die Menschen an, die die Initiative umsetzten, und waren uns nicht sicher, ob das stabil bzw. so viel anders war als die staatliche Schule. Es hatte sich ja in den 20 Jahren seit meiner Schulzeit sicher viel verändert. Hinzu kamen die eigene Unentschiedenheit, was jetzt richtig wäre, und die Befürchtungen hinsichtlich fehlender Sozialkontakte und Einbindung in die dörfliche Struktur. So entschieden wir uns für die »Regeleinschulung«.

Da Anna, unsere Älteste, ein sehr schüchternes Kind war, fand sie sich nur langsam im Klassenverband zurecht. Mit den Lehrerinnen kam sie ganz gut klar. Im Lernen war Anna sehr aufgeweckt und interessiert. Die ersten Zweifel über die Richtigkeit der Entscheidung kamen, als uns Anna schilderte, dass ihre Klassenlehrerin lauten Kindern den Mund mit Tesafilm zuklebte. Wir erlebten, dass die Handarbeitslehrerin die Näharbeiten der Kinder zum Fertigstellen mit nach Hause nahm, damit alle Kinder den Eltern auch »ihre« Werke zeigen konnten – nur stammten sie eben in vielen Fällen nicht von den Kindern.

Auch war wie üblich die Lerngeschwindigkeit in der 1. Klasse unterschiedlich. Zuerst verstanden wir gar nicht, was uns Anna dazu erzählte: Zum Beispiel hatte die Klassenlehrerin angeordnet, dass ein Kind, wenn es mit der Unterrichtsaufgabe fertig war, »Breze« machen musste. Was war »Breze machen«? Anna erklärte uns, dass sie dann die Arme vor der Brust verschränken und ruhig sitzen bleiben musste, bis auch der letzte Schüler fertig war. Für Anna war die Situation sehr belastend. Von ihr stammt der Satz: »Mama, ich will Schreibschrift lernen. Warum muss ich noch ein Jahr warten, bis ich das lernen darf?« Ein Gespräch mit der Klassenlehrerin führte keine Veränderung herbei. Sie sagte uns, es sei ihr zu anstrengend, die Kinder unterschiedlich mit Aufgaben zu versorgen.

So machten wir uns nach einem Jahr auf die Suche nach einer anderen Schule und schauten uns sowohl eine Waldorf- als auch eine Montessori-Schule in unserer Nähe an. In der Montessori-Schule sagte vor allem mir das sehr freie Konzept der Schule zu. Mitte der 2. Klasse wechselte Anna. Obwohl es auch dort Schwierigkeiten gab, haben wir diese Entscheidung bis heute nicht bereut. Unsere anderen Kinder haben vorab den Montessori-Kindergarten besucht und gingen und gehen jetzt alle auf diese Schule. Das freie Angebot, bei dem die Kinder selbst entscheiden können, wann sie mit wem was lernen, ermöglicht es unseren Kindern, eigenverantwortliche Erfahrungen zu sammeln, was im Ergebnis zum Erkennen, Begreifen und letztendlich zu Wissen führt. Diese freie Schulform nach Maria Montessori begleitet die Menschen zu Eigenständigkeit und setzt individuelle Herausforderungen. Auch das System, dass die Kinder bis zur 9. Klasse in der Schule bleiben und dann selbst entscheiden, welchen Abschluss sie machen, gestattet ihnen größtmögliche Eigenverantwortlichkeit.

Anna hat sowohl ihren qualifizierenden Hauptschulabschluss als auch die mittlerer Reife in Begleitung der Montessori-Schule extern an der Regelschule gemacht. Sie hat lange überlegt, ob sie nicht zuerst einen Beruf lernen sollte, und geht jetzt auf die Montessori-

Oberschule in München. Auch unsere anderen Kinder können für sich entscheiden, welchen Weg sie einschlagen. Die in Bayern und anderen Bundesländern übliche Entscheidung, ob das Kind nach der 4. Klasse aufs Gymnasium wechseln soll oder nicht, müssen die Eltern treffen (den entsprechenden Notendurchschnitt vorausgesetzt) – das Gegenteil von Eigenverantwortung der Kinder. Weitere wichtige Aspekte der Montessori-Schule sind die Klassenmischung und damit das altersübergreifende Lernen, die zwei Bezugspersonen (Lehrer/Betreuer) pro Gruppe, die eigenverantwortliche Lernstandskontrolle, die schriftlichen Beurteilungen ohne Noten, der sehr intensive und gewünschte Kontakt zwischen Lehrer und Eltern, die Möglichkeit der Kinder und der Eltern, mitzuwirken und mit zu entscheiden, und vieles mehr.

Unsere Gesellschaft braucht überall Menschen, die eigenverantwortlich entscheiden können.

Wir brauchen in den Unternehmen eigenverantwortliche Mitarbeiter, in den Familien eigenverantwortliche Erziehungsberechtigte usw. Unsere gesellschaftliche Verpflichtung ist es daher, ein Schulmodell anzubieten, das Kinder und Jugendliche darauf vorbereitet. Die staatlichen Schulen mit der frühen Bewertung, der frühen Selektion, dem einheitlichen Lerntempo, der Schwierigkeit, bei schlechten Lehrkräften einen Wechsel herbeizuführen etc., führen nicht zu Eigenverantwortung und allzu oft zum Versagen. Kinder, die es gerade noch aufs Gymnasium schaffen, werden häufig mit Nachhilfe für die Aufnahmeprüfung getrimmt, um sie nur ja nicht auf der »Restschule« zu lassen. Dann kommt es, wie es kommen muss: Viele Kinder sind auf dem Gymnasium nur durchschnittlich oder schlechter und werden durch die Schule gefördert, getrieben, gedrückt, aber nur selten motiviert. Das führt bei den meisten Kindern zu Schulverdruss. Das Erste, was diese Kinder erkennen, ist: »Lernen macht keinen Spaß«. Und: »Ich bin nur Durchschnitt«, oder sogar: »Ich kann das nicht«. Dann geht es weiter, und nach der ersten Ehrenrunde steht der »Abstieg« in die Realschule auf dem Programm. Die Kinder lernen: »Ich bin ein Versager«, »Ich bin dumm«, und vor allem: »Ich habe meine Eltern enttäuscht, die unbedingt wollten, dass ich aufs Gymnasium gehe«. So starten diese Menschen mit einem getrübten Glauben an sich ins Berufsleben.

Wenn wir in diesem Zusammenhang den Blick auf unsere Jugendlichen in der Work and Box Company richten, wird schnell klar, wie hoffungslos sie in Bezug auf Schulbildung dastehen. Meist haben sie schon von ihren Eltern keine positiven Rückmeldungen bekommen. In der Schule erleben sie auch nur Misserfolg. Bei 80 Prozent reicht es, wie Sie schon gelesen haben, zu keinem Schulabschluss. Das Gefühl, ein Versager zu sein, und die absolute Hoffnungslosigkeit prägen ihr Selbstbild. Denn wenn kein anderer Mensch in der Gesellschaft daran glaubt, dass sie es schaffen können, wie sollen sie selbst daran glauben? Eine vollkommen ausweglose Situation. Daher sind Erfolgserlebnisse so wichtig für diese Jungs, Menschen, die an sie glauben, und die Perspektive auf einen Arbeits- oder Ausbildungsplatz, also die Hoffnung, doch noch zu dieser Gesellschaft dazuzugehören.

In Montessori-Schulen lernen alle Kinder bis zur 9. Klasse in derselben Gruppe. Dann wird in der Regel (zumindest in Bayern) der qualifizierende Hautschulabschluss gemacht – die erste Herausforderung, die erste große Prüfung. Da die Anforderungen maßvoll sind, lernen die Jugendlichen: »Ich kann gute Leistungen bringen.« Außerdem ist diese Prüfung für alle, die weitermachen, die Generalprobe für die mittlere Reife. Hier steigen die Anforderungen, jedoch haben sich die Jugendlichen selbst entschieden. Sie sind auch mit 15 Jahren reifer, sich den höheren Anforderungen zu stellen. Und die Vorlage war ja: »Ich kann gute Leistungen bringen.« Mit der mittleren Reife festigt sich diese Haltung in den Jugendlichen, und der Start in den Beruf oder in eine weiterführende Schule erfolgt mit einem ganz anderen Selbstbild. Der Weg zum Abitur steht offen – egal, auf welchem Weg. Und die Haltung und der Selbstwert, mit dem unser Kind in sein weiteres Leben geht, ist ein anderer.

Vera, unser viertes Kind, ist im Sommerurlaub in den französischen Alpen entstanden. Im Großen und Ganzen verlief auch diese Schwangerschaft ohne Schwierigkeiten, aber Viktoria war insgesamt schwächer, war einige Male krank und erholte sich dann wieder. Während dieser Schwangerschaft fiel auch meine Entscheidung, die zwei weiteren Firmen und damit viel mehr Verantwortung zu übernehmen. Vera brachte uns also gewissermaßen auf den Weg in die Selbstständigkeit. Da mein Fokus in dieser Zeit sehr stark auf Unternehmensfragen lag, wurden Spannungsfeld und Krise rund um das neue Kind nicht so deutlich spürbar.

Veras Geburt verlief besser als die vorherigen, und Vera war ein Prachtstück von einem Kind – wie ihre drei Geschwister vorher auch. Wer Vera begegnet, kann sich ihrer Offenheit und ihrer Ausstrahlung kaum entziehen. Das macht sie zugleich sehr verletzlich. Vera ist als Vierte in unserer Kinderfolge auch ein Sandwich-Kind. Jedes Kind trägt ja auch durch seine Position in der Geschwisterfolge eine bestimmte Rolle in seiner Familie. Mit Sandwich-Kind bezeichnet man die Rolle, die am wenigsten offensichtlich ist. Vera passt sich am besten den Situationen an und versucht, es den anderen »recht zu machen«. So trägt sie einen Teil meiner Lebensmetapher mit sich. Viktoria und ich sind uns dessen bewusst, und wir achten immer darauf, uns aktiv um Vera und ihre Belange zu kümmern, denn Vera selbst macht nur selten auf sich aufmerksam.

»Mehr Kinder können wir uns nicht leisten« ist ein oft gebrauchter Satz, wenn die Anzahl der Kinder in einer Familie beschränkt wird. Wie sehr begrenzen sich die Menschen mit dieser Haltung, wie sehr nehmen sie sich und den Ungeborenen die Chance auf Leben! In den meisten Fällen hat diese Beschränkung andere Gründe. Die finanziellen sind jedoch kaum vom Tisch zu wischen, weiß man ja tatsächlich nicht, wie das klappen kann, wenn man es nicht ausprobiert. Viktoria und ich waren immer der Überzeugung, dass jedes Kind alles mitbringt, was es zum Leben braucht – und damit auch die finanziellen Ressourcen, die notwendig sind, »es uns leisten zu können«.

Bei uns war es sogar so, dass jedes Kind weit mehr mitgebracht hat als das, was wir brauchten, um unseren Kindern ein behütetes, umsorgtes, entwicklungsreiches und spannendes Aufwachsen zu ermöglichen. Natürlich sind unsere Ansprüche auch eher bescheiden. Wir fahren mit unserem gebrauchten, 30 Jahre alten Wohnanhänger oder mit dem Zelt in Urlaub, entweder in die Berge oder ans Meer. Wir gehen nur sehr selten essen und leben auf einfachem, genügsamem Niveau. Natürlich haben sich mit den Möglichkeiten auch die Lebensumstände verändert, doch unser Glaube an die Chancen und Ressourcen, die unsere Kinder mitbringen, hat sich bewahrheitet.

Die Beschränkung in der Zahl der Kinder hat noch andere Nachteile. Im Idealfall lernen wir als Eltern mit jedem Kind dazu. So findet ein Erkenntnis- und Verhaltensänderungsprozess statt, von dem die folgenden Kinder profitieren können. Bei der Entwicklung unserer Gesellschaftsstruktur hin zu immer mehr Ein-Kind-Familien müssen die Eltern beim ersten Kind bereits viel mehr darauf achten, »alles« zu berücksichtigen.

Ebenso bedeutsam für ein Kind ist seine Entwicklung im Umfeld der Geschwister. Das Einordnen in eine soziale Gemeinschaft wird in der Geschwisterfolge besonders erfahren. Bei Freunden ist es möglich, sich zu trennen, sich neue Freunde zu suchen und Konflikte ungelöst stehen zu lassen. Doch Geschwistern kann man nicht kündigen. Geschwisterkinder *müssen* miteinander auskommen. Das fördert die Fähigkeit, sich einer Situation zu stellen und Lösungen für Konflikte zu finden.

Dabei ist auch der Aspekt der Altersmischung wichtig, denn die soziale Verantwortung für kleinere Geschwister ist wesentlich und trägt zur sozialverantwortlichen Entwicklung bei. Keine Krabbelgruppe, kein Kindergarten, keine Schule kann diese Erfahrung ersetzen. Erwachsene sind auch oft viel zu kontrolliert und verstandesbestimmt, als dass sie diese verbindliche Auseinandersetzung auf kindlicher Ebene ersetzen könnten, die vor dem Hintergrund der unkündbaren Geschwisterschaft abläuft. So fehlen uns durch die Ein-Kind-Familien-Entwicklung in der Gesellschaft auch die Menschen, die diese Erfahrung in ihrer Kindheit gemacht haben.

Als Lisa, unsere Fünfte, ihr Erscheinen ankündigte, freuten wir uns wie immer, dass da ein neues Leben heranwuchs. Diese Schwangerschaft fiel in die Zeit der Neustrukturierung der Firmen und meines Hineinwachsens in die Unternehmerrolle. So war Viktoria noch mehr als zuvor auf sich allein gestellt, denn mich umkreisten mehr Themen, als mir lieb war. Für Viktoria war die fünfte Schwangerschaft eine weitere Herausforderung, da durch ihr Bluten nach der Entbindung immer auch Unsicherheit mitschwang. Sonst war alles in Ordnung, während der Schwangerschaft gab es keinerlei Komplikationen. Viktoria ging es gut, und wir sahen gespannt dem Steinbock entgegen, der zu uns wollte. Und es ist wahrlich ein Steinbock, der da zur Welt kam: Lisa ist ein kleiner Dickkopf wie ihr Vater.

An dieser Stelle möchte ich anhand einiger Beispiele verdeutlichen, wie Viktoria und ich die Begleitung unserer Kinder umsetzen, wie wir uns Fehler bewusst machen und erkennen, unser Verhalten anhand dieser Erkenntnis verändern und damit auch für Veränderung im Verhalten unserer Kinder sorgen.

Lisa ist mit einem Abstand von nur 17 Monaten nach Vera auf die Welt gekommen. Viktoria hatte damals das Gefühl, es sei noch zu früh für ein weiteres Kind: für sich selbst, da sie nach vier Schwangerschaften nicht mehr so kräftig war, und für Vera, weil sie so nicht beiden Kindern gerecht werden könnte. In dieser Haltung war sie nach der Geburt nachsichtiger mit Lisa als mit den anderen Kindern. Lisa entwickelte daraus die Strategie, sich durchzusetzen, indem sie laut wurde – ein Verhalten, das sich mit den Jahren verstärkte und verfestigte. Außerdem gingen wir auch noch unterschiedlich damit um: Viktoria mit ihrer jetzt vorhandenen Nachgiebigkeit und ich mit mehr Strenge.

Als Lisa fünf war, begannen wir das zu korrigieren. Immer wenn Lisa auf die von uns nicht gewünschte Art die Oberhand gewinnen wollte, setzten wir eine klare Grenze, blieben aber in vollem Kontakt und standen ihr ganz und in Liebe zur Verfügung. Wenn sie uns freundlich nach etwas fragte, versuchten wir ihr entgegenzukommen, soweit dies möglich war. So entstand ein immer friedlicherer Umgang. Mit sechs Jahren zog Lisa dann wieder in unser Bett ein. Sie konnte ihre Bedürftigkeit nach Nähe jetzt besser zulassen. Und dort schlief sie auch noch über ein Jahr später. Wir sind sehr dankbar, dass wir ihr diese Nähe, diese Zuneigung jetzt nachreichen können und sie später nicht auf andere Formen von Kompensation angewiesen sein wird.

Allgemein ist uns aufgefallen, dass bei jeder neuen Schwangerschaft die Geschwister noch mal anfingen zu »nesteln« und wieder bei uns schlafen wollten. Bei Saras Schwangerschaft baute ich drei Kojen ins Schlafzimmer, und Konstantin, Vera und Lisa schliefen dort bis zu Saras Geburt und darüber hinaus.

Ein anderes Beispiel von Anna, unserer Ersten: Früher war ich oft aufbrausend und habe versucht, mich mit gekonnter Argumentation und gehobener Lautstärke durchzusetzen. Als Anna ca. anderthalb Jahre alt war, gab es wieder eine solche Situation. Anna bog um die Ecke, stampfte mit dem Fuß auf den Boden, gestikulierte mit Händen und Füßen und »spielte« den wütenden Papa. Natürlich mussten wir alle laut lachen. Mit diesem Erlebnis hat sie mir gezeigt, wie unsinnig mein Verhalten war. Ich wurde mir dadurch dessen stärker bewusst, und mit der Zeit gab es den wütenden Papa seltener.

Nur hatte Anna diese Lösung für Konflikte bereits »gelernt«. Und ab und an verhält sie sich auch heute noch so. Immer wieder, wenn sie so reagiert und darüber verzweifelt ist, entschuldige ich mich dafür, dass ich ihr damals kein besseres Vorbild war. Und sie entspannt sich dann wieder. In diesem Augenblick übernehme ich die Verantwortung für das, was ich damals noch nicht besser wusste und heute als Fehler erkenne.

Auch bei Konstantin, unserem Dritten, und Vera, unserer Vierten, lässt sich zeigen, wie die Übernahme von Verantwortung der Eltern das Verhalten der Kinder beeinflusst. Konstantin war gut zwei Jahre alt, als Vera auf die Welt kam – eine ganz normale Sache. Wir hatten bei unseren beiden Ältesten Anna und Lena so etwas wie Eifersucht auf Geschwister nicht erlebt. Bei Konstantin schlich es sich aber mit der Zeit ein, dass er seine kleine Schwester Vera ärgerte. Unsere erste Reaktion war es, einzugreifen, nach dem Verursacher zu suchen – meistens Konstantin – und zu betonen, dass er das unterlassen sollte. Da diese Strategie das Verhalten nur verstärkte, erkannten wir den Handlungsbedarf und überlegten uns eine Lösung. Immer wenn Viktoria und ich zu zweit waren, tröstete bei solchen Konflikten jeder von uns eines der Kinder und beschäftigte es mit etwas ganz anderem. Wir schenkten den Kindern Aufmerksamkeit, Zuneigung und Kontakt, ohne ein Fehlverhalten auch nur anzusprechen. Es dauerte ein Dreivierteljahr, und das Verhaltensmuster war wieder völlig verschwunden. Auch heute ist davon nichts mehr sichtbar.

Ein weiteres Beispiel von Lena, unserer Zweitältesten: Lena war von Anfang an sehr eigenständig und zugleich verletzlich. Sobald wir ihr auch nur ansatzweise zu verstehen gaben, etwas, was sie tat, sei nicht in Ordnung, verzog sie sich in ihr »Schneckenhaus«. Mit den Jahren wurde es zwar besser, aber mit dem Beginn der Pubertät kam diese Eigenständigkeit und Verletzlichkeit wieder zum Vorschein – Gott sei Dank! Zuerst entstand die Situation, dass sich Lena einfach nicht vorschreiben lassen wollte, was sie zu tun hatte und wann sie ihre Aufgaben erledigte. Viktoria bezeichnete sie daraufhin als »faul«. Dann kam noch eine Situation, in der ich sie zwingen wollte, eine Aufgabe zu erledigen, und sie sich standhaft weigerte. Danach zog sie sich vollkommen zurück. Nach diesen auch tränenreichen Vorkommnissen erkannten wir unsere damalige Fehleinschätzung und veränderten unsere Strategie. Wir begannen, wann immer möglich, Lenas Leistungen anzuerkennen, Aufgaben gemeinsam zu beginnen und ihr die Rückmeldung zu geben, dass alles in Ordnung sei und dass wir sie so lieben, wie sie ist. Auch hier dauerte es ein Dreivierteljahr, bis Lena in sich zur Ruhe kam und wieder mehr Vertrauen zu uns und damit auch zu sich fasste.

Es gibt noch ein sehr wichtiges Thema, das ich im Zusammenhang mit Kindern erwähnen möchte: Fernseher und Videospiele sind keine reale Welt. Doch das Unterbewusstsein unserer Kinder nimmt diese Bilder als etwas Reales wahr. Diese Schein-Realität verhindert und zerstört vieles, was für die Entwicklung unserer Kinder wichtig wäre. Studien belegen mittlerweile, dass Kinder mit hohem Fernseh-, Video- und Computerspielkonsum verhaltensauffälliger, lernschwächer und beziehungsunfähiger sind als andere Kinder.* Es ist unsere Verantwortung als Erwachsene, die um diese Thematik wissen, stark zu sein und unsere Kinder zu schützen.

Die Lösung bei uns zu Hause? Wir haben keinen Fernseher. Computerspiele gibt es bei uns nicht. Das mag radikal klingen, aber vor dem Hintergrund der seelischen Verletzung und Verarmung und des emotionalen Schadens, der durch zu frühen und zu viel Konsum entsteht, halten wir das für unsere Verpflichtung. Wir beschränken uns auf DVDs, die wir am Computer anschauen können. Vor dem sechsten oder siebten Lebensjahr – je nach individueller Entwicklung – sehen unsere Kinder gar keine Filme. Die Filme, die

* Vgl. zum Beispiel Manfred Spitzer: *Vorsicht Bildschirm. Elektronische Medien, Gehirnentwicklung, Gesundheit und Gesellschaft*, Stuttgart 2005; Rainer Patzlaff: *Der gefrorene Blick. Die physiologische Wirkung des Fernsehens auf Kinder*, Stuttgart 2000

wir danach mit ihnen anschauen, haben wir vorher selbst gesehen und in ihrer emotionalen Wirkung überprüft. Ab der Pubertät mit 13 Jahren schauen wir auch Filme gemeinsam an, die wir vorher noch nicht gesehen haben. Ein Heranführen an die Medien Film und Computer ist sehr wichtig. Aber man kann nicht spät genug damit anfangen.

Mit einem anderen Punkt, der auch mit Wahrnehmung zu tun hat, können wir viel Gutes oder viel Problematisches bewirken. Unser Unterbewusstsein versteht keine Verneinungen. Das gilt gleichermaßen für Kinder, Jugendliche und Erwachsene. Dazu ein Beispiel, das Sie, liebe Leserin, lieber Leser, sicher kennen. Wenn ich sage: »Denken Sie nicht an einen rosa Elefanten«, dann haben Sie im nächsten Augenblick genau das entsprechende Bild im Kopf, eine »Automatik«, die nicht einmal wir Erwachsene beherrschen können. Wie sollen es dann die Kinder können? Jedes Mal, wenn wir unseren Kindern sagen: »Lauf nicht auf die Straße, sonst überfährt dich ein Auto!«, »Klettere nicht auf das Geländer, sonst fällst du hinunter und bist tot!« oder Ähnliches (Eltern kennen tausende »Nichts« oder »Neins«), beschwört das Unterbewusstsein genau die beschriebene Situation herauf. Das »Nicht« wird einfach überhört. Es entsteht das Bild eines Kindes, das vom Auto überfahren das vom Balkon gefallen ist und tot am Boden liegt.

Wenn wir uns erziehen zu sagen: »Wenn du hier stehen bleibst, bleibst du gesund!« usw., klingt das zuerst vielleicht ungewohnt. Aber letztlich erfährt der Mensch, mit dem wir gerade sprechen, das, was wir ihm mitteilen wollen, und nicht im Unterbewusstsein das Gegenteil.

Nachdem wir diese Funktionsweise verstanden hatten, fingen Viktoria und ich an, uns gegenseitig darauf aufmerksam zu machen. Wir haben etwa ein Jahr gebraucht, bis wir die gewohnte Ausdrucksweise weitgehend vermeiden konnten. Noch heute erinnern wir uns daran, wenn wir wieder einmal in die negative Formulierung verfallen.

Diese Automatik beachten wir auch im Umgang mit unseren Jugendlichen in der Work and Box Company: Wir stellen das, was wir mit ihnen erreichen wollen, in den Mittelpunkt. Denn wenn wir diesen Jungs, die sowieso fast nie in ihrem Leben positive Bestätigung erfahren haben, immer nur sagen, was sie »nicht« tun sollen, dann ist es nicht verwunderlich, dass dabei auch nur das herauskommt, was wir nicht wollen.

Nun noch eine »freche« Behauptung zum Thema Pubertät: Pubertätsprobleme sind die Schwierigkeiten der Eltern, mit der Ablösung, dem Wunsch nach Eigenständigkeit und dem dadurch entstehenden Verhalten der Kinder umzugehen! Was ich damit sagen will: Die Kinder haben ihre Verhaltensstrukturen durch uns gelernt, und mit der Pubertät, mit der Ablösung von den Eltern, mit dem Erwachsenwerden leben sie diese Verhaltensstrukturen vermehrt aus. Natürlich ist das eine Frechheit! Wie können die Kinder es wagen, unsere Strategien zu verwenden? Genau das ist das Problem, genau wir sind das Problem: Zuerst lehren wir die Kinder etwas, und dann wollen wir es nicht gewesen sein. Es gibt ja den Satz: »Zuerst zieht man sie groß, und dann werden sie frech.« Mein Vater hat den Satz im Spaß oft umgedreht, und so hat er für mich auch viel mehr Gehalt: »Zuerst zieht man sie frech, und dann werden sie groß.« Eine zweite Schwierigkeit der Eltern ist es oft, dass ihre lieben, anhänglichen, bedürftigen Kinder in der Pubertät all ihre Fürsorge nicht mehr brauchen und zu eigenständigen Jugendlichen werden wollen. Aber warum haben Eltern Probleme, damit zurechtzukommen?

Wenn wir die Pubertät unserer Kinder als Liebesentzug empfinden, liegt die Erklärung im Verhältnis zu unseren eigenen Eltern, in der unerfüllten Sehnsucht nach der bedingungslosen Liebe unserer Eltern zu uns. Wir übertragen diese Sehnsüchte auf unsere Kinder. Erst wenn wir uns an die Aufgabe machen, unser Verhältnis zu unseren Eltern zu klären, können wir unsere Kinder in ihr Leben ziehen lassen. Die wenigsten Mütter und Väter stellen sich vorher auf diesen Ablösungsprozess ein und akzeptieren, dass sich ihr Kind nur aus seiner natürlichen Entwicklung heraus distanziert, um sein eigenes Leben zu finden. Unsere Aufgabe als Eltern ist es, unsere Kinder dorthin zu begleiten. Wenn wir uns durch unsere Kinder definieren, verlieren wir uns selbst – oder haben uns noch gar nicht gefunden.

Wenn jedes Kind das mitbringt, was es braucht – und noch mehr –, dann trifft das bei Lisa ganz besonders zu, denn in die Zeit nach ihrer Geburt fiel der Anstoß zu unserem eigenen Heim.

Im Haus in Moosach wurde es immer enger. Mit dem fünften Kind war klar, dass es bei den 140 Quadratmetern, auf denen wir zu siebt lebten, künftig keine individuellen Rückzugsbereiche mehr geben würde. Was sollten wir da machen? Gerade selbstständig war kein Geld für ein Einfamilienhaus vorhanden. Trotzdem machte ich mich auf die Suche nach einem passenden Objekt. Vielleicht gab es irgendeine Chance, nur der Weg war noch nicht sichtbar. Über die Zeitung suchten wir nach Häusern, um meistens festzustellen, dass diese für uns viel zu viel kosteten – wir leben ja im Raum München. Da war guter Rat teuer.

In einer kleinen Anzeige entdeckten wir dann einen Bauernhof, der mitten im Ort Berganger südöstlich von München lag. Der Bauer hatte außerhalb des Orts einen neuen Hof auf die grüne Wiese gebaut und wollte die Althofstelle verkaufen: ein Riesenkomplex mit altem Wohnhaus, Stall und Tenne. Ich hatte angebissen, doch Viktoria war noch unschlüssig. Den gesamten Hof selbst zu bewohnen schien uns völlig absurd. Aber wir konnten ja Mietwohnungen einbauen und damit Kosten decken. Als Erstes machte ich eine grobe Einteilung mit den zu erzielenden Wohnflächen in Quadratmetern, danach Wirtschaftlichkeitsberechnungen, mit welcher Miete und welchen Quadratmetern sich das gesamte Projekt rechnen würde. – Und es rechnete sich! Mein Entwurf ließ eine eigene Wohnung zu, die in der Größe unsere Bedürfnisse voll und ganz erfüllte, und ein Finanzierungskonzept, bei dem der Eigenanteil für uns zu leisten war. Jetzt mussten wir eine Bank finden, die uns das Geld für ein so großes Mehrfamilienhaus gab, ging es doch um eine Summe von 1,4 Millionen Euro.

Ich war zwar selbstständiger Unternehmer, aber ich hatte noch nie ein Haus gebaut oder ein so großes Mehrfamilienhaus umgebaut. Wenn ich damals andere »erfahrene« Hausbauer fragte, kamen im Wesentlichen immer die gleichen Aussagen: »Die Baugenehmigung dauert gerade bei so einem großen Vorhaben ein Jahr.« – »Das bekommst du überhaupt nicht genehmigt.« – »Mit den Handwerkern klappt das terminlich überhaupt nicht. Du brauchst mindestens ein Jahr Bauzeit.« – »Die geplante Bausumme wird gerade beim ersten Haus um 20 bis 30 Prozent überschritten.« Usw. Ein ganzer Sack voller Probleme! Es gab sehr viele Stimmen, die das, was ich vorhatte, für unmöglich hielten.

Was also galt es alles zu lösen? Erstens die Finanzierung, zweitens die Genehmigung (zum einen bei der Gemeinde, zum anderen beim Landkreis), drittens die Abstimmung mit den Nachbarn, viertens die Bauzeit- und Bauabwicklungsplanung, fünftens der Kauf, der noch nicht in trockenen Tüchern war, sechstens die anschließende Vermietung von Wohnungen mit 110 bis 170 Quadratmetern Wohnfläche, siebtens meine Frau gewinnen, die ja auch noch nicht ganz überzeugt war.

Mit der Finanzierung wandte ich mich zuerst an meine Hausbank, die anfänglich auch positive Signale aussandte. Wäre es für sie doch ein Vorteil gewesen, die Firmenschulden mit den privaten Schulden zu verknüpfen, da hier ja eine dingliche Sicherheit entstehen sollte. Meine Wirtschaftlichkeitsberechnungen basierten auf sehr vielen Annahmen – man könnte auch sagen: Zielvorgaben. Nachdem ich von dieser Bank quasi eine mündliche Zusage hatte, verhandelte ich den Preis mit dem Verkäufer, plante weiter, holte die ersten Angebote ein und stellte einen Antrag auf Vorbescheid bei Gemeinde und Landratsamt, um die Größenordnung des Umbaus in sieben Wohneinheiten vor dem Kauf abzuklären.

Viktoria freundete sich immer mehr mit der Sache an und stand mir bei allen ausschlaggebenden Terminen und Entscheidungen bei – wie schon so oft in unserem Leben. Die Pläne für den Vorbescheid zeichnete ich selbst, und nach einigen Gesprächen mit den unterschiedlichen Verwaltungs- und Entscheidungsgremien war nach nur sechs Wochen der Vorbescheid genehmigt. Auflage war nur, die Außengestaltung für die Baugenehmigung zu überarbeiten.

Drei Wochen vor dem schon vereinbarten Notartermin bekam ich die Absage meiner Hausbank. Ihr sei das Risiko zu groß. Das hieß im Klartext: Sie trauten mir das Projekt nicht zu. Was für ein Schreck! Jetzt hatte ich vier Monate Kontakt und Vertrauen in nur eine Bank gesetzt, und so kurz vor Beginn sagten sie einfach Nein. Also musste eine neue Bank her. In drei Wochen war ich bei sechs weiteren Banken und legte die Finanzierungs- und Wirtschaftlichkeitsberechnungen vor – ein ganzer Ordner voll Papier. Eine Bank nach der anderen schickte eine Absage – bis auf die letzte. Die regionale Raiffeisenbank war bereit, unser Hausprojekt zu finanzieren. Wir mussten zwar den Notartermin ein wenig verschieben, aber es ging jetzt alles sehr schnell. Um das Risiko für uns abzusichern, da ich ja die Schulden mit der Firma hatte, kaufte meine Frau jetzt, da die Hausbank ausgestiegen war, allein das Anwesen mit Grundstück und Haus.

Doch noch einmal zurück zu den Zielvorgaben dieses Projekts. Sie lauteten: Bauzeit sechs Monate und im Idealfall so bauen und finanzieren, dass wir annähernd mietfrei wohnen können. Beides hörte sich im Vorfeld unerreichbar an. Wir hatten das große Glück, einen Bauingenieur kennenzulernen, der unsere Ideen sehr schnell umsetzte und sein Wissen mit einbrachte. Innerhalb von zwei Wochen waren die Pläne fertig, und nach nur sechs Wochen hatten wir unsere endgültige Baugenehmigung – und das ohne eine Änderung. Wie war das möglich? Baugenehmigungen dauern doch Monate, wenn nicht ein Jahr!

Grundsätzlich habe ich die Einstellung und mittlerweile auch die Erfahrung, dass die Zusammenarbeit mit unseren Behörden hervorragend klappt. Andersherum betrachtet klappt die Zusammenarbeit mit unseren Behörden hervorragend, *weil* ich diese Einstellung habe. Das eine bedingt das andere. Dazu kommt meine Vorgehensweise. Wir gingen zum Beispiel nach unserem Vorbescheid zum Kreisbaumeister und fragten ihn, welche Fassadengestaltung am besten in den Ort passte. Da dieser Mensch ein ausgesprochener Ästhet war und gern gefragt wurde, zeichnete er uns zwei Ansichten, die wir fast genau so in unsere Bauplanung übernahmen. Sowohl über seine Ideen als auch über die im Gespräch mit ihm gefundenen Kompromisse freuen wir uns noch heute.

Wir hatten den Bauernhof das erste Mal im November 2001 gesehen und noch im Dezember den Vorbescheid eingereicht. Im Februar 2002 war der Vorbescheid genehmigt, die Finanzierung klar, der Notartermin angesetzt und – als wenn es nie einen Zweifel gegeben hätte und alles schon von langer Hand geplant gewesen wäre – waren auch schon die meisten Handwerkerangebote eingeholt.

Apropos Handwerker: Ich bin ja selber einer und kenne diese »Spezies«, der nachgesagt wird, nie pünktlich zu sein und außerdem am Bau zu »pfuschen«. Durch meine Zielvorgabe von nur sechs Monaten Bauzeit durfte kein Handwerker dabei sein, der nicht genau im Zeitplan arbeitete. Und natürlich auch keiner, dessen Leistung schlecht gewesen wäre. Ich dachte mir für dieses Bauvorhaben mein eigenes System aus. Alle Leistungen, bei denen ich selbst berufliche und private Erfahrungen hatte, wurden von eigenen Mitarbeitern durchgeführt. Dafür suchte ich mir extra zwei Schreinermeister und einen Maurermeister. So war eine dauernde Betreuung der Baustelle gewährleistet, und alle anderen Handwerker wussten, dass meine Mitarbeiter immer selbst entscheiden konnten, wenn Probleme auftraten. Es gab in den sechs Monaten keinen Tag außer Sonntag, an dem nicht gearbeitet wurde. Natürlich war auch ich fast jeden Tag vor Ort. Gott sei Dank war das Haus meiner Mutter, in dem wir ja noch wohnten, nur acht Kilometer entfernt.

Doch wie wählt man die Handwerker aus, um gute Qualität zum richtigen Zeitpunkt und zu einem fairen Preis zu bekommen? Für den billigsten Preis den besten und zuverlässigsten Handwerker zu finden ist unmöglich, auch wenn es die am meisten verbreitete Strategie ist – meist über Ausschreibungen mit Architekten. Dass es dann oft nicht klappt, beweisen die oben zitierten Aussagen – ohne dass dabei gesagt wird, dass es tatsächlich die billigsten Handwerker waren. Aber es muss doch noch einen anderen Weg geben! Ich habe pro Gewerk maximal drei Angebote eingeholt, und die auch nur bei Handwerkern, die mir regional empfohlen wurden und die vorzugsweise schon miteinander gearbeitet hatten. Und dann habe ich mich für den Handwerker entschieden, der mir am zuverlässigsten erschien und dessen Preis realistisch für seine Leistung war. Wenn ein Handwerker im Vorfeld einen fairen Preis ansetzt, dann ist er auch beim Bauen und mit den Terminen fair. Natürlich hatte das auch mit einer sehr detaillierten Zeitplanung zu tun: Jede Woche erhielten alle beteiligten Handwerker ihre Bauzeitenpläne, damit sie die Leistungen einplanen konnten und über den Stand informiert waren. Und was noch sehr wichtig im Umgang ist: die Fairness des Bauherrn. Jeder Handwerker hatte nach spätestens einer Woche sein Geld auf dem Konto. Kommt das Geld zu spät, kommen auch die Handwerker zu spät.

Nur einer der Handwerker versuchte aus der Reihe zu tanzen. Zuerst hatte er alles zugesagt, sowohl terminlich als auch preislich, und dann war er am ersten Tag auf der Baustelle und machte einen Nachtrag, der höher war als das Hauptangebot. Und er kündigte auch noch an, nicht mit der Arbeit zu beginnen, wenn ich den Nachtrag nicht unterschriebe. Der lernte mich als sehr harten Bauherrn kennen. Mein großer Vorteil war es, dass ich aufgrund meiner Erfahrung mit den Rechtsgrundlagen im Bauwesen sehr gut Fristen setzen konnte. So setzte ich mich durch, und mit nur drei Wochen Verzögerung bauten wir weiter.

Aber die drei Wochen mussten wieder aufgeholt werden. Denn zu diesem Zeitpunkt hatten wir schon die ersten Mieter, und diese hatten ihre alten Verträge gekündigt. Ja, Mieter! Wie das ging?

Alles Unternehmerische, das ein Mensch in die Hand nimmt, braucht heutzutage ein »Marketingkonzept«.

Bei mir ist das so: Mir fällt einfach etwas ein. Und zu unserem Mehrfamilienhaus fiel mir ein, dass bei einem »Mehr-Familien«-Haus nichts näher lag, als ein »Familienwohnprojekt« daraus zu machen. Wir bauten also für Familien und suchten nur Familien, möglichst mit vielen Kindern. Schon vor dem Kauf hatten wir pro forma Anzeigen geschaltet, um den Mietermarkt auszuloten, und konnten den Bedarf feststellen. Nach fünfeinhalb Monaten zog meine Familie ein, und nach sechs Monaten bezogen unsere Mieter ihre Wohnungen. Vom ersten Tag an war das Haus voll belegt. Die Finanzierung hatte ich um nur zehn Prozent überschritten, und mit 140 000 Euro Nachfinanzierung von der Bank konnte die Lücke geschlossen werden.

Doch das war nur die eine Seite: Es hatte alles geklappt. Aber wie hatte es geklappt? Es hört sich an, als ob ich sonst nichts zu tun gehabt hätte. Da waren nur meine Schreinerei, für die ich operativ, und meine anderen beiden Firmen, für die ich geschäftsführend die Verantwortung trug. Dazu noch die Zusammenarbeit mit Werner Makella in der Planung unserer neuen Projekte. Also die Bauleitung nur so nebenbei? Nein, eben nicht! In diesem Jahr habe ich über 4200 Stunden gearbeitet, davon allein 1200 Stunden aktive Mitarbeit auf der Baustelle, jedes Wochenende und bis spät in den Abend hinein noch vor dem Computer alle Werte eingebucht, Zeitplanungen überprüft usw. Ich hatte ja weder einen Architekten noch einen Bauleiter. Die Grenzen, an die ich bis zu diesem Zeitpunkt in meinem Leben gegangen war oder die ich überschritten hatte, wurden davon bei Weitem übertroffen.

Was in mir hat auf der einen Seite diese Leistungsbereitschaft freigesetzt, und was in mir lässt es andererseits zu, dass ich so weit über die mir zuträglichen Grenzen hinausgehe? Da sind wir wieder bei dem Verhaltensprogramm aus meiner Kindheit. Diese Kompensation durch Leistung ist in unserer Gesellschaft natürlich sehr anerkannt, und ich war mir ihrer auch schon bewusst, aber wie weit das gehen konnte, war neu. Vor allem brauchte ich Jahre, um zu erkennen, mit welcher Finesse ich mich selbst immer wieder »auf Kurs« bringe: Wenn die Probleme nicht an sich unlösbar genug sind, kreiere ich meine eigenen unlösbaren Vorgaben – über die ich manchmal selbst erschrecke –, und dann läuft meine in der Kindheit erlernte Problemlösungs- oder Herausforderungsbewältigungsstrategie ab. Je höher meine Vorgaben, desto höher ist die Anstrengung, die ich danach zu leisten in der Lage bin oder zu ertragen habe.

Es ist aber mehr als ein System, mit dem ich mich selbst in ein Hamsterrad stelle und dann alles für die Zielerreichung tue. Es ist sogar mehr als eine mentale Zielplanung, die mit oder ohne dieses Hamsterrad funktioniert. Es ist eine Vision, die Wirklichkeit wird, wenn und weil wir sie aussprechen oder aufschreiben. Eine positive, sich selbst erfüllende Prophezeiung. Oder – parallel wie ein Kind, das danach drängt, geboren zu werden – ein Gedanke, der Gestalt annehmen will und es tut: erst in unserem Denken, dann in unserem Sprechen oder Schreiben und schließlich greifbar in der Realität. Das klingt unglaubhaft? Wir haben es so erlebt.

Wir planten ein Haus mit 300 bis 400 Quadratmetern Wohnfläche – es sollten mit uns noch mehr Menschen darin Platz haben. Wir dachten an Menschen, die in Schwierigkeiten waren und eine Auszeit in einem gesunden Umfeld brauchten. Wir wollten Bergblick haben, und sehr unbescheiden sollte das Haus 2 bis 2,5 Millionen Mark kosten. Und als Zeitfenster stellten wir auf: in drei bis vier Jahren.

Der Zettel, auf den wir das geschrieben hatten, fiel uns beim Auspacken nach dem Umzug wieder in die Hände. Und die Realität, die wir gebaut hatten, war: ein Haus mit einer Wohnung von ca. 250 Quadratmetern für unsere Familie und einem Seminarraum von noch mal 100 Quadratmetern. Im Haus haben mehr Menschen Platz, es sind ja noch weitere sechs Wohnungen vorhanden. Für den Bergblick braucht man uns nur zu besuchen. Die Kosten von 1 540 000 Euro entsprechen ebenso der Zielplanung wie das Zeitfenster. Denn diesen Zettel schrieben wir 1999, genau drei Jahre vor dem Einzug.

Über die Bedingungen machten wir uns im Einzelnen damals keine Gedanken, konnten aber jetzt lernen, dass es gut ist, wenn man auch die »weichen« Faktoren wie Gesundheit, Beziehung oder Kinder in die Ziele mit aufnimmt. Und wir hatten wieder einmal – wie zum Beispiel zuvor schon bei der Selbstständigkeit: 33 Mitarbeiter mit 33 Jahren – einen »Beweis«, dass diese mentalen Zielplanungen funktionieren. Und so haben wir unsere folgenden Zielplanungen immer weiter verfeinert.

Aber kann man wirklich alles planen? Sehen wir Menschen tatsächlich vorher in alles hinein, was das Leben für uns bereithält? Ich glaube, trotz allem vorausschauenden Planen, allem Bewusstsein, allen Zielen gibt es noch eine höhere Macht, die in unserem Leben wirkt.

Da lebten Viktoria und ich nun schon seit 18 Jahren zusammen. Unsere unterschiedlichen sexuellen Bedürfnisse hatten sich nicht wesentlich verändert. Es versuchte zwar jeder, Rücksicht auf den anderen zu nehmen, aber die Grunddiskrepanz blieb, ohne dass wir uns dessen ständig bewusst waren. Und nach so langer Zeit dachten wir: »Jetzt kommt keine Krise mehr.« Wenn man das denkt, dann kommt sie gerade. Denn wir trugen nach wie vor Verhaltensmuster in uns, die wir noch nicht wirklich erkannt und benannt hatten, und waren also weit davon entfernt, sie zu überwinden.

Solchermaßen »nichts ahnend« lernte ich im November 2003 eine Frau aus meinem näheren Umfeld neu kennen. Diese Frau hatte sich in mich verliebt, und mir war das am Anfang überhaupt nicht bewusst. Für mich war dieser Zustand vollkommen neu. War es bisher doch so, dass ich schon wegen meiner oft rauen Art eher mit Ablehnung konfrontiert war. Dass sich eine Frau in mich verliebte, konnte ich mir gar nicht vorstellen. Als mir dämmerte, dass da mehr war als nur freundschaftliches Wohlwollen, stolperte ich Hals über Kopf in meine Emotionen. Wie sehr wurde ich durch dieses »Ich habe dich gern!« der anderen Frau gefesselt! Wie sehr bediente es meine Sehnsucht nach Liebe! Überrascht von der »Zuneigung«, die ich in mir fühlte, und davon, dass diese Frau sie erwiderte, ging ich unvermittelt, aber vollends in meinen Sehnsüchten und Projektionen verloren.

John Gray hat das in seinem Buch *Männer sind anders, Frauen auch* gut beschrieben: »Wenn wir uns angegriffen fühlen, kommen 90 Prozent unserer Verunsicherung aus unserer Vergangenheit wieder hervor und haben überhaupt nichts mit dem zu tun, worüber wir meinen uns aufregen zu müssen.«* Das gilt sowohl für unsere negativen als auch für unsere positiven Gefühle. Obwohl ich also wusste, dass unsere derzeitigen Gefühle zu 90 Prozent aus der Vergangenheit stammen, war ich total konfus. Gott sei Dank war Werner Makella damals noch unser Therapeut, und so war das Erste, was ich tat, mit ihm zu reden.

Ich sagte ihm, was mit mir los war. Und er erklärte mir – aus seinen persönlichen wie beruflichen Erfahrungen –, dass alles seinen Preis habe. Ich müsse mir über die Folgen klar werden, die mein

----

* John Gray: *Männer sind anders, Frauen auch*, München 1998, Kapitel »Neunzig-Prozent-Regel«, S. 303

Handeln haben würde, vor allem über die emotionalen Folgen. Er versuchte mir den einen oder anderen Tipp zu geben, und ich versuchte sie zu verstehen. An meiner Konfusion änderte das erst mal nicht viel.

Da aber Viktoria und ich uns in unserer »vertraglichen Vereinbarung über unser Zusammenleben« zu Beginn unserer Beziehung auch über den Umgang mit einem Seitensprung Gedanken gemacht hatten, sprach ich auch mit ihr darüber. Doch die bloße Offenlegung meiner verwirrten Gefühle vor meiner Frau brachte uns keine Klarheit. Mein Eingeständnis verletzte sie, verletzte sie tief und löste – mit der Erinnerung an die Ablehnung aus ihrer Familie – Existenzängste in ihr aus. So waren wir beide gefangen in den Emotionalzuständen unserer Kindheit und konnten weder uns selbst noch den Partner in der aktuellen Situation einordnen. Wir waren und blieben beide weiterhin in Kontakt. Dieser war aber so gestört, dass er kein wirkliches gegenseitiges Verstehen brachte, kein Erkennen der eigenen Wünsche, Blockaden, Zweifel.

Ein Stück Klarheit gewann ich in einem Gespräch mit der »anderen«, als ich auf die Frage »Würdest du deine Frau verlassen?« ganz klar mit »Nein!« antwortete. Auch blieb es immer bei einer emotionalen Projektion. Im Nachhinein bin ich doppelt froh, dass ich meine emotionale Zuneigung nicht auch körperlich ausgelebt habe. Aus heutiger Sicht würde es mir dann noch viel schwerer fallen, mir zu verzeihen. Nach ungefähr vier Monaten gelang es mir, den Kontakt zu der anderen Frau abzubrechen, aber in mir blieb ein Groll, ein unverstandener Groll auf meine Situation.

Wie hätten wir diese Krise damals lösen können? Wie uns aus unseren Vergangenheitsprogrammen befreien? Wie hätten wir innehalten und einen anderen Zugang zu unserer Verwirrung, wie eine Lösung finden können? Aus heutiger Sicht wäre es eine Möglichkeit gewesen, eine Auszeit zu nehmen – jedoch nur mit Begleitung – oder einen Menschen zu finden, der uns unser Spiel mit dem Feuer hätte übersetzen können, der uns die Risiken und Gefahren erklärt und uns damit aufgeweckt hätte. Wenn heute Menschen Viktoria und mich um Rat fragen, können wir im Einzelfall sehr genau herausarbeiten, wo die Probleme angesiedelt und in welchem Kontext die Emotionen zu verstehen sind. Es ist also notwendig, Übersetzer zu finden, die die Zusammenhänge klarer erkennen.

Eine andere Möglichkeit, sich und seine eigenen unverarbeiteten Verhaltensstrukturen in einer lebenslangen Partnerschaft zu erkennen, haben Viktoria und ich im Laufe der Zeit entdeckt: den Partner als Hilfe für die eigene Blindheit anzunehmen. Dazu passt am besten der Bibelsatz: »Was siehst du aber den Splitter im Auge deines Bruders, und den Balken in deinem eigenen Auge bemerkst du nicht?« (Lukas 6,41)

Alles, was mich an meinem Partner stört,
ist ein Spiegel zu meinen eigenen Themen.

Es gibt kaum etwas Schöneres als einen Menschen, mit dem man in Liebe verbunden ist, mit dem einen viel mehr verbindet als nur das Versprechen, zusammenzubleiben – zum Beispiel gemeinsame Kinder, gemeinsame Jahre des Lebens, gemeinsame Erinnerung, gemeinsames Haus usw. –, der uns zur Verfügung steht, der Geduld hat und der auf uns wartet. Mit ihm gemeinsam können wir herausfinden, wer wir beide sind, aber auch, wer jeder von uns einzeln wirklich ist. Ein fester Lebenspartner bietet die beste Grundlage für unsere eigene Entwicklung.

Es ist die Chance, die Tür zu öffnen und zu erfahren, was in mir geschrieben steht. Wenn wir es schaffen, uns der eigenen Veränderung zu stellen, und beginnen, bei uns aufzuräumen, unsere emotionalen Belastungen zu verstehen und zu bearbeiten und unseren Partner als willkommenes Angebot der Reibung anzusehen, dann beginnt uns unser Partner auch »wertvoll« zu sein. Das heißt, wir erkennen dann den wirklichen Wert unseres Partners, und es entsteht eine neue Dimension in der Partnerschaft. Wenn wir nicht bereit sind, an uns zu arbeiten und uns zu verändern, wenn wir in Sprachlosigkeit und Missverständnissen stecken bleiben, führt das allzu oft zu einer Auflösung der Beziehung.

Wenn wir uns an dieser Stelle trennen, wird alles, was wir uns mit diesem Partner erarbeitet haben, wieder zunichtegemacht. Und wir beginnen mit dem nächsten Partner von vorn. Der Gewinn zusammenzubleiben liegt darin, keine Geheimnisse mehr voreinander zu haben, vollkommen ehrlich zu sein und grenzenlos vertrauen zu können. Das kommt aber erst nach Jahrzehnten. Allein dafür lohnt es sich, durchzuhalten.

Wenn wir die Beziehung zunichtemachen, brechen wir unser Wort. Wenn wir keine Kinder haben, haben wir mit unserem Wort nur die Verantwortung für uns übernommen. Wenn wir unser Wort aber nach gemeinsamen Kindern brechen, dann ist das viel mehr als nur ein Wortbruch zwischen zwei erwachsenen Menschen. Dann ist das auch ein Vergehen gegenüber unserer Verpflichtung, unsere Kinder zu begleiten. Ich kenne wenige Paare, die dieser Verpflichtung trotz Trennung zu 100 Prozent nachkommen.

Meistens hoffen die inzwischen getrennten ehemaligen Partner, dass sie nach der Trennung mit dem anderen nichts mehr zu tun haben. Doch sobald Kinder da sind, bleiben die Eltern in Kontakt an mindestens drei Stellen, bei denen eine Auflösung der Beziehung nicht möglich ist: Erstens sind das die Kinder selbst, zweitens ist es die wirtschaftliche Situation durch den Unterhalt der Kinder und drittens die Partnerschaft bei Themen, deren Abstimmung notwendig ist, um für die Kinder gemeinsam Eltern zu sein. Also von Nichts-mehr-zu-tun-Haben keine Rede!

So stellt sich wie überall die Frage: Welchen Nutzen habe ich von dieser Entscheidung, und was kostet mich diese Entscheidung? Bei einer Trennung mit Kindern erscheinen die finanziellen Kosten am höchsten. Meistens ist nach der Trennung alles weg oder nur noch ein Bruchteil des gemeinsamen Vermögens da. Die emotionalen Kosten werden jedoch selten vorher in die Waagschale geworfen. Wie geht es mir in zehn Jahren wirklich mit dieser Entscheidung? Wie geht es meinen Kindern in zehn Jahren? Was kann ich dann nicht mehr ändern, und was müsste ich mir, wenn ich mich heute zur Trennung entscheide, in zehn Jahren verzeihen? Sich diese Fragen mit einem zukunftsbezogenen Zeitkorridor zu stellen hilft sehr, um sich aus der momentanen emotionalen Verletzung ein wenig zu lösen. Es müssen alle Punkte in der Zukunft betrachtet werden, zum Beispiel: Wie gehe ich alleinerziehend mit den Schulschwierigkeiten meiner pubertierenden Kinder um? Wer unterstützt mich bei einer Krankheit? Wie gehe ich mit mir und meinem Kind um, wenn diese Trennung zu neuen, nicht heilbaren Verletzungen führt? Darf ich mich selbst wichtiger nehmen als die Verantwortung, die ich für meine Kinder übernommen habe?

Diese Fragen müssen sich immer beide Partner stellen – auch wenn die Rollen klar in »Täter« und »Opfer« verteilt sind. Denn sowohl der »aktive« als auch der »passive« Teil der Partnerschaft trägt Verantwortung für die Trennung. Auch Nichtstun ist eine Tat. Der eine schlägt zu, und der andere unterlässt es, Widerstand zu leisten. Der eine spricht und bringt die Punkte, die wehtun, auf den Tisch, der andere ist zurückgezogen und schweigt – beides Taten. So muss auch jeder in der Partnerschaft die Verantwortung für sein Handeln oder sein Unterlassen übernehmen.

In dieser Situation der Verwirrung der Gefühle, der Verunsicherung und Verletzung und des unbewussten Zurückgeworfenseins auf die Kindheitsprogramme blieben Ende November 2003 bei Viktoria die Tage aus. Es konnte doch nicht sein, dass wir schwanger waren? Die Frage war schnell beantwortet: Wir waren schwanger, unser sechstes Kind war unterwegs. Wann sollte denn das »passiert« sein? Da wir einen guten Überblick hatten, stellte sich der 8. November als Zeugungstag heraus. Eigentlich unmöglich: Am Morgen des achten Tags des Zyklus – das konnte nicht sein. Aber es war so!

Wie immer freuten wir uns auch auf diese Schwangerschaft – aber da waren ja noch meine unklaren Emotionen. Also hatten wir jetzt den Schlamassel: Viktoria trug unser Kind und ihre Angst, verlassen zu werden, und ich trug meine Sehnsüchte und meine aufgegebenen Projektionen auf eine andere Frau mit mir herum. Durch diese Sehnsüchte und ihre Offenbarung hatte ich Viktoria verwirrt, verunsichert und auch verletzt.

Meine alten Verletzungen, aus denen die Sehnsucht nach mehr Sex – oder war es nach mehr Nähe? – entstanden waren, waren voll aktiv, und auch die daraus resultierenden Forderungen an meine Frau standen im Raum: »Funktioniere – oder ich weiß nicht, was ich mache.« Das hieß übersetzt: »Gleiche meine emotionalen Defizite aus!« Eine Forderung, die kein Partner erfüllen kann. Dadurch war ich meiner Frau nicht so zugewandt, wie ich es hätte sein sollen. Und trotz des Wissens um die Wichtigkeit dieser Zuwendung in der Schwangerschaft – für die Entwicklung des neuen Kindes und für meine Frau – konnte ich nicht anders, konnten wir nicht anders handeln.

Ein überraschend auftauchendes Stück Klarheit über das, was mit uns geschah, ließ ich, als es mir begegnete, nicht zu, wollte es nicht wahrhaben. Dazu muss ich etwas einfügen, worüber ich bisher noch nicht gesprochen habe.

Mir ist es in meinem Leben schon mehrmals passiert, einem Menschen gegenüberzustehen und zu ahnen, dass der Tod im Raum ist. Meist waren das Menschen, die so weit von mir entfernt waren, dass es mir emotional unmöglich erschien, auf sie zuzugehen und mit ihnen über meine Todeswahrnehmung zu sprechen. (Auch in diesen Fällen zweifle ich mittlerweile an der angenommenen Unmöglichkeit.) Jedenfalls wollte ich dieser Ahnung nie glauben und nie versuchen, sie bestätigt zu finden.

Und dann lag nach drei Monaten Schwangerschaft in meiner Familie eindeutig der Tod »in der Luft«. Das hatte nach meinem Gefühl mit der Schwangerschaft zu tun. Viktoria? Oder das Baby?

Das durfte doch nicht wahr sein! Meine Frau war ohnehin schon so verunsichert, dass ich mich nicht traute, mit ihr darüber zu reden. Also blendete ich diese Vorahnung aus und glaubte meinem Gefühl nicht. Aber die Situation wurde dadurch noch schwieriger, die Kommunikation noch stärker eingeengt.

Bei unseren Kindern war die Freude sehr groß. Sie freuten sich auf ein kleines Geschwister, allen voran Konstantin. Er hoffte auf einen Bruder, der ihn endlich aus seiner Alleinstellung als Sohn befreien sollte. So verlief die Schwangerschaft körperlich normal und seelisch turbulent. Die Anspannung wegen der Schwangerschaft und die Hoffnung auf eine gute Geburt, die Freude der Kinder, die Anstrengungen in der Arbeit – das alles ließ keinen Raum für weitere Zweifel und Reflexion. Zu sehr waren wir gefangen in unseren noch nicht geöffneten Käfigen.

Auch die Geburtsvorbereitung mit unserer Hebamme lief sehr gut. Alles war besprochen, und am 1. August 2004 kam Sara auf die Welt: kerngesund, 4 800 Gramm schwer – ein echtes Viktoria-und-Rupert-Kind. Auch Viktoria ging es nach der Entbindung erstaunlich gut. Also alles bestens?

Nein. Konstantin war enttäuscht, denn es war »nur ein Mädchen«. Also kümmerten wir uns um ihn. Es war uns wichtig, ohne irgendwelche Vorwürfe oder Beschwichtigungen seiner Trauer um den nicht gefundenen Bruder und seiner emotionalen Not Raum zu geben und ihn mit der Freude und der Realität in Kontakt zu bringen. Schon am nächsten Tag war Sara seine liebe Schwester – und er überglücklich.

Ich hatte Sara gleich nach der Geburt auf dem Arm, und mir liefen die Tränen über die Wangen, Tränen, die ich nicht einordnen konnte. Freudentränen kannte ich, aber das waren keine. Diese waren traurig, aber es gab doch gar keinen Anlass, traurig zu sein. Nur fünf Wochen später kannte ich den Anlass dieser Traurigkeit …

Wie nach jeder Geburt wollte ich meiner Frau Raum lassen, abzutauchen in die Welt unserer neuen Tochter, in die Beziehung zu und die Fürsorge für Sara, sich von der Schwangerschaft und der Geburt zu erholen – und das gerade nach den Spannungen während dieser Schwangerschaft. Also planten Anna, Konstantin und ich einen Bergurlaub. Da ich in meinen verschiedenen beruflichen Herausforderungen (Schreinerei, Work and Box Company und Beratung) noch vieles regeln musste, um überhaupt in Urlaub fahren zu können, hatte ich in den drei Wochen nach Saras Geburt wenig Zeit. Das passte für mich auch durchaus zusammen: Ich hatte ja bei allen anderen Kindern in der Anfangszeit auch keinen so engen Kontakt, und später hatte der sich dann sehr gut entwickelt.

Kurz vor unserer Abreise bekam Vera Husten, was uns aber nicht sonderlich beunruhigte. Zwei Wochen vorher war ihre Cousine zu Besuch gewesen, und auch sie hatte Husten gehabt. Dann bekamen auch Viktoria und Lisa Husten, und auch dabei dachten wir uns nichts. Es gehört in unserer Familie zu Viktorias Aufgaben, im Kontakt mit Ärzten und Therapeuten zu sein und alles Notwendige zu tun. Auch wegen des Hustens war sie mit den Kindern bei einer sehr erfahrenen homöopathischen Ärztin in Behandlung. Und da die ungeklärten Missstimmungen zwischen Viktoria und mir immer noch bestanden, sprachen wir nicht weiter über das, wozu wir uns nichts dachten. Weder bot ich ihr an, nicht in Urlaub zu fahren, noch fragte sie mich, ob ich nicht bleiben könnte.

So fuhren Anna, Konstantin und ich in die Schweiz – die beiden Kinder wollten doch auf ihre ersten Viertausender! Zwischen den Bergtouren waren Viktoria und ich telefonisch im Kontakt – immer mit dieser fremden, eher abgrenzenden Stimmung. In einem der Telefonate berichtete mir Viktoria, dass sich der Husten als Keuchhusten herausgestellt hatte. Aber auch da haben wir uns nichts gedacht. Eine Kinderkrankheit eben, und alle Kinderkrankheiten hatten unsere Kinder nur stärker gemacht.

Nach zehn Tagen dann der Anruf von Viktoria: »Sara hatte in der Nacht einen Hustenanfall und war weg.« – »Was heißt ›weg‹?« – »Ohne Atmung!« – »Wie ›ohne Atmung‹?« – »Ja, es hat eine Viertelstunde gedauert, bis sie wieder richtig atmen konnte, und seitdem ist sie so abwesend.« Viktoria brachte Sara dann sofort ins Krankenhaus, und wir in der Schweiz packten zusammen und machten uns auf den Weg nach Hause.

Dort angekommen fuhr ich weiter zu Sara und Viktoria ins Krankenhaus. Sara lag in Rosenheim auf der Säuglings-Intensivstation: mit Schläuchen und Drähten verkabelt und an Geräte und Monitore angeschlossen. – Meine kleine Tochter! Ich hatte sie doch nur ein paarmal auf dem Arm gehabt. Sie wurde ja durch all die Geschwisterarme gereicht. Gerade Konstantin war der beste Bruder, den es geben konnte. – Sara war aufgedunsen und abwesend, ihre Augen waren geschlossen.

Ich stand neben dem Bettchen, völlig paralysiert. Wie im Film sehe ich mich immer noch dort stehen. Nach einer Stunde zogen Viktoria und ich uns zurück und redeten – immer noch nicht in der Lage, einander näherzukommen. Ein Satz, den ich sagte, ist mir im Gedächtnis geblieben: »Wenn dem Kind irgendetwas passiert, dann werden wir uns trennen.« Oh, wie dumm ein Mensch sein kann! Oh, wie dumm ich damals war!

Danach fuhr ich nach Hause. Da waren ja unsere anderen fünf Kinder, zwei davon mit Keuchhusten. Am Samstag war ich gleich in der Früh wieder im Krankenhaus, um nach Sara und Viktoria zu schauen. Für die Kinder zu Hause war unser ehemaliges Au-pair-Mädchen gekommen. Sara ging es beständig schlecht. Ich stellte mich an das Bettchen und mir ging der Satz durch den Kopf: »Liebes Kind, liebe Sara! Es ist deine Entscheidung, ob du bleibst oder ob du gehst.« Der Schmerz war so groß! Viktoria und ich versuchten in einem Gespräch, uns gegenseitig zu vergewissern, dass wir es unserer Tochter überlassen mussten, ob sie weiterlebt oder nicht.

Sie werden vielleicht sagen: Wie soll ein Kind von nur fünf Wochen entscheiden, ob es leben will oder nicht? Das ist keine Frage an den Verstand. Es ist eine Frage an die Seele – und die Seele kann das entscheiden. Wie viele Menschen bleiben aus Liebe zu ihren Angehörigen, in der Aufopferung für die Familie am Leben! Was wissen wir über den Lebensplan eines Menschen auf dieser Welt? Mit welchem Recht bilden wir uns einen Besitzanspruch auf einen anderen Menschen ein? Wenn wir wirklich darüber nachdenken, wissen wir, dass es diesen Besitzanspruch nicht gibt. Unser Herz gibt uns das Signal des Schmerzes und dadurch halten wir den geliebten Menschen fest. Diese Loyalität der Sterbenden zu ihren Angehörigen, der Kinder zu ihren Eltern, der Eltern zu ihren Kindern geht so weit, dass sie häufig ohne »Erlaubnis« nicht sterben können und eher das Leid weitertragen, als zu gehen. Der Seele meiner Tochter die Freiheit der Entscheidung gegeben zu haben, war deshalb so wichtig für mich – umso mehr aufgrund der folgenden Ereignisse.

Im Laufe des Vormittags verschlechterte sich Saras Zustand, und sie sollte nach München verlegt werden. Wir baten darum, dass Viktoria im Krankentransport mitfahren dürfte, aber das ging nicht. Wir sollten vorausfahren, um zeitgleich in München zu sein. In München angekommen, rannten wir sofort auf die uns genannte Station. Sara war nicht dort. Die Schwester sagte, es sei etwas dazwischengekommen. Viktoria telefonierte mit dem Chefarzt in Rosenheim. Er sagte: »Gleich nachdem Sie gegangen sind, hat Sara angefangen zu kollabieren. Wir haben gekämpft, doch wir haben den Kampf verloren.« – Sara war tot. Laut weinend und schreiend wie von Sinnen fuhren wir nach Rosenheim zurück.

Wie unwichtig sind in einem solchen Moment all die Kleinigkeiten, über die wir uns normalerweise aufregen. Wie unwichtig ist alles, was bisher als Grenze benannt wurde. Wie klein ist man dann selbst. Wie schwer ist es, das eigene Verhalten zu akzeptieren. Wie groß ist die Dummheit, die ich in Gedanken und mit Worten begangen habe. Jetzt bin ich endlich still. Akzeptieren, was passiert ist, und damit leben sind die großen Aufgaben, die vor uns liegen.

Sara lag auf dem Krankenhausbettchen – ganz ruhig, als würde sie gleich wieder aufwachen. Ich nahm sie auf den Arm und spürte ihr Gewicht. Sara hatte ihre Entscheidung getroffen und umgesetzt.

Im Nachhinein glauben wir, dass die Tatsache, dass Viktoria nicht im Krankenwagen mitfahren dufte, dass sie ihr Handy nicht eingeschaltet hatte, als wir das Krankenhaus verließen, dass im Krankenhaus niemand meine Handynummer hatte, dadurch ihren Sinn bekommt, dass unsere Tochter nur gehen konnte, weil wir nicht in der Nähe waren. Sie konnte ihre Entscheidung nur umsetzen, als wir nicht bei ihr waren. Sie hätte es sonst nicht übers Herz gebracht, aus Liebe zu uns. Vielleicht hätte Saras Qual länger gedauert, vielleicht wäre sie zwar am Leben, aber dauerhaft im Koma geblieben, oder, oder, oder … So hatte sie ihre Entscheidung frei getroffen und war gegangen.

Nach etwa einer Stunde waren wir in unserem Schockzustand so gefasst, dass wir uns weiter orientieren konnten. Wir sagten der Schwester, dass wir Sara mit nach Hause nehmen wollten. »Da muss ich erst den Chefarzt fragen.« Auf die Nachfrage hin kam der Arzt und sagte, er dürfe uns unser Kind eigentlich nicht mitgeben, aber wenn es Ärger gäbe, würde er das auf sich nehmen. Er erzählte uns außerdem, dass er Sara notgetauft hatte vor ihrem Tod. Für die formalen Dinge sollten wir am nächsten Tag wiederkommen.

Auf der Fahrt zu unseren Kindern war Sara auf dem Rücksitz im Kindersitz angeschnallt. »Ich muss vorsichtig fahren, damit sie nicht aufwacht«, dachte ich. Viktoria und ich sprachen ab, wie wir den Kindern das Geschehene mitteilen wollten: »Wir gehen erst mal ohne Sara nach oben und übernehmen als Erstes vor den Kindern die Verantwortung.« Das Schlimmste für überlebende Geschwister ist es, wenn sie sich für den Tod ihrer Schwester, ihres Bruders verantwortlich fühlen. So wollten wir diese Verantwortung von Anfang an bei uns behalten.

Wir betrauerten und beweinten Saras Tod mit unseren Kindern und sprachen darüber, wie es sich zugetragen hatte. Nach etwa einer Stunde holten wir Sara, und ihre Geschwister konnten sie sehen. In unserem Büro haben wir sie dann aufgebahrt und konnten so noch fünf Tage und Nächte von ihr Abschied nehmen.

Früher war es mein größter Wunsch gewesen, einmal selbst meinen eigenen Sarg zu bauen. Jetzt gab es die Gelegenheit, den Sarg für meine Tochter zu schreinern. Das ist in Deutschland eigentlich nicht erlaubt. Die deutsche Bürokratie hat in Sterbefällen das Verfahren sehr genau festgelegt. Es brauche geprüfte Särge, wurde mir mitgeteilt. Da mich aber solche »Verbote« noch nie gekümmert haben, baute ich den Sarg in den Tagen der Trauer und des Abschieds trotzdem selbst: einen massiven Ahornsarg mit Segmentbogendeckel, an den Ecken handgezinkt und mit einem Birnbaumkreuz auf dem Deckel.

Am darauffolgenden Montag kümmerte ich mich um den Totenschein. So wie ich alle unsere Kinder bei ihrer Geburt auf dem Standesamt hatte registrieren lassen, so war es auch meine Aufgabe, mich um das »Abmelden« zu kümmern. Gott sei Dank fragte mich dort niemand direkt, wo sich denn Saras Körper befand. So konnten alle Dokumente ausgestellt werden. Doch schon am Nachmittag merkten die Mitarbeiter des Landratsamts, dass das tote Kind nicht »den üblichen Weg« gegangen war. Sie telefonierten sich durch – vom Krankenhaus über den Bestattungsunternehmer bis zu uns. Alle haben unsere Trauer gestützt und die Behörden beruhigt.

Wir fanden ein Grab auf dem katholischen Friedhof in Antholing. Da Sara katholisch notgetauft war, stand einer Beerdigung dort nichts im Wege. Wir betteten sie in ihren Sarg, und bevor wir ihn schlossen, konnte jedes unserer Kinder Sara noch etwas hineinlegen. Der Bestattungsunternehmer stand zu uns, sodass Sara von zu Hause direkt zum Friedhof gefahren werden konnte. Das aber natürlich vom Beerdigungsinstitut. Denn nur das darf in Deutschland Tote transportieren – vermutlich wegen einer Gefahrgutverordnung …

Sowohl der Chefarzt als auch der Bestatter und der katholische Pfarrer handelten als Christen und sind in großer Dankbarkeit in unseren Herzen eingeschlossen. Zum Beerdigungsgottesdienst war für uns die Geschichte von Hiob eine Metapher für unsere Situation. Für die Beerdigung und die Todesmeldung habe ich folgenden Spruch gedichtet:

Sara Katharina

Als Engel bist Du zu uns gekommen
zu leuchten in unserer irdischen Welt.
Unsere Herzen sind erfüllt von Deiner
himmlischen Liebe, die Du zu uns gebracht hast.
Unsere Seelen erleben mit Freude Deinen
Einzug in die himmlische Welt
Unser Geist ist erfüllt mit Gottes Gnade,
die durch Dich gesandt wurde.
Und dennoch trauern all unsere Sinne.

Sara Katharina
Wir danken Dir für Deinen Besuch bei uns

So wie Sara zu uns kam – eine ungeplante Schwangerschaft am achten Tag –, haben wir den Eindruck, dass sie als ein Engel zu uns kam, für Viktoria und mich, um uns wachzurütteln. Daher schrieben wir auf ihren Grabstein:

IN LIEBE ENTSTANDEN,
AUS LIEBE GEGANGEN

Und so wie Sara von uns ging, hatten wir den Eindruck, dass sie für alles gesorgt hatte: für die Einweisung in die Kinderklinik mit den sehr fürsorglichen Ärzten und Schwestern, für den Abstand von uns, um sterben zu können, für die Intuition des Arztes, sie notzutaufen, für die Möglichkeit, dass wir sie mit nach Hause nehmen konnten, für unsere daraus resultierende Kraft, die Verantwortung gegenüber ihren Geschwistern zu übernehmen, für die Möglichkeit, dass wir sie zu Hause behalten und uns verabschieden durften, für den Grabplatz und die christliche Beerdigung. Es kam uns vor, als wenn uns eine göttliche Führung begleitete. Oder war es die Führung eines Engels?

Es war ein großes Glück und ein wunderbares Geschenk, dass wir in dieser Form und jeder auf seine Art von Sara Abschied nehmen durften. Wir konnten beten, Nachtwache halten, das Evangelium vorlesen und nach und nach begreifen, dass sie tot war. Das war erstaunlich und für mich sehr wichtig: Die ersten Tage ging ich zu dem aufgebahrten Kind und war leise, denn ich könnte es ja aufwecken … Ich brauchte einige Tage, um zu begreifen, dass dieses Kind, das dort so ruhig lag, tatsächlich nicht mehr aufwachen würde. Nach drei, vier Tagen sieht man die Veränderungen im Gesicht und kann eher glauben, dass das Kind wirklich tot ist. Selbst heute ertappe ich mich immer einmal wieder bei dem Gedanken: »Und wenn sie nur scheintot war?«

Nach der Beerdigung machten wir als Familie gemeinsam noch eine Woche Urlaub, um wieder in eine »Normalität« zurückzufinden. Auch das war sehr wesentlich, wie alle Rituale, die wir im Zusammenhang mit Saras Tod machen konnten. Wir danken allen, die uns in dieser Zeit unterstützt haben.

Aber selbst nach all diesen Jahren und der vermeintlichen kognitiven Verarbeitung blutet mir beim Schreiben dieser Zeilen das Herz, und die Tränen laufen mir über das Gesicht. Diese Wunde bleibt. Der Platz im Herzen bleibt der gleiche, ob das Kind tot ist oder lebendig.

Trotz all der wichtigen Rituale in der Trauer um Sara, also dem offenen und aktiven Umgang mit dem Abschied von ihr, lebte gut versteckt in mir der Tod meiner Brüder und meines Vaters wieder auf, und ich begegnete in dieser Zeit erneut der Anziehungskraft des Alkohols. Flaschen mit alkoholischen Getränken – Ouzo, Whisky, Wein –, die bei uns immer irgendwo in den Schränken stehen und mir normalerweise nicht auffallen, waren einige Wochen nach Saras Tod ständig in meinem Interessens- und Blickfeld. Was tue ich in einem solchen Fall?

Mein Weg war es, sowohl meinen Schmerz als auch das Verlangen nach Betäubung mit Viktoria und auch mit Werner Makella auszutauschen. Wenn man das Umfeld als Stütze mit einbindet, als Austauschpartner und auch als »Wächter« über drohende oder beginnende Gewohnheiten mit einbezieht, dann gelingt es leichter, bei sich zu bleiben.

Nur im Austausch ist man wirklich ehrlich.

Erst wenn man seine Überlegungen und Einsichten im Kontakt mit dem Gegenüber in Worte fasst, bekommen sie ihr echtes Gewicht. Wie leicht ist es, in Gedanken ehrlich oder vermeintlich ehrlich zu sein und schon im nächsten Gedankengang diese Ehrlichkeit wieder zu verwerfen! Denn Gedanken sind flüchtig. Und wie leicht wäre es, sich die Betäubung zu erlauben: »Bei meinem Schicksal … Da werde ich doch ein bisschen Trost suchen dürfen.« Oh, wie selbstmitleidig!

Je nachdem, wie man aufgewachsen ist, orientiert man sich in seinen Gedanken an einem der Modelle, die in den einzelnen Weltbildern zum Thema »Was geschieht nach dem Tod?« verankert sind. Wenn wir die verschiedenen Antworten auf diese Frage einfach einmal zulassen und – unabhängig davon, was Sie persönlich glauben oder nicht glauben (können) – diese Denkmodelle theoretisch durchspielen, könnten wir zu dem Schluss kommen, dass es dem Toten in einer Seelenwelt, die uns während unseres Lebens nicht zugänglich ist, jetzt viel besser geht. Eine Seele ist auf dieser Welt in einen Körper eingezwängt, mit den Schwierigkeiten der Entwicklung geplagt und kann ihr Leben im besten Fall im Rahmen der eigenen Möglichkeiten gestalten. Wie viel freier muss sie sich da im Zwischenraum zwischen zwei Inkarnationen fühlen. (Aufgepasst, wir sind immer noch im theoretischen Gedankenmodell!) Wie frei muss es sich anfühlen, über alles Wissen zu verfügen und alles zu verstehen, was geschehen ist. Natürlich können wir auch den Gedankenmodellen folgen, nach dem irdischen Leben komme die himmlische Auferstehung – für mich ist dieses Leben nach dem Tod nur der Zustand zwischen zwei Inkarnationen – oder dieses Leben sei das Einzige, das wir haben, und wenn man stirbt, sei alles vorbei. Doch selbst für einen Menschen, der an nichts glaubt, ist ein Toter von der Last des Lebens befreit.

Wenden wir uns aber wieder dem Trauernden zu. Er trauert um den Verlust eines Menschen. »Der hat doch mir gehört.« – »Das war doch mein Kind.« – »Was soll ich denn jetzt ohne … machen?« Alles Sätze, die wir in diesem Zusammenhang kennen. Unsere engsten Mitmenschen sind nur unsere Begleiter, und ob und wie lange sie bei uns sind, liegt nicht in unserer Hand – zumindest wenn es um den Tod geht. Sonst haben wir es sehr wohl in der Hand, ob andere Menschen mit uns in Kontakt bleiben, uns also nahestehen oder vor uns flüchten.

Also: kein Besitzanspruch! Das sieht geschrieben sehr schön aus, doch was ist mit dem beklemmenden Gefühl im Herzen? Das bleibt! Und es braucht seinen Raum und seine Zeit. Es fühlt sich für mich so an, dass ich in meinem Herzen sechs Plätze für meine sechs Kinder habe: fünf für gesunde, lebende Kinder, und der sechste Platz, der von Sara, ist eine Wunde, die blutet. Eine offene Wunde, um die ich mich immer wieder kümmern muss, um sie zu versorgen. Der Schmerz der Wunde ist da, und weil wir Menschen sind, ist die Trauer ein Teil der Versorgung der Wunde. Es ist die Trauer um die eigenen Versäumnisse und die Trauer um das, was mir fehlt: meine Tochter. Auch dieser Anteil hat seine Berechtigung, und es bedarf keiner Rechtfertigung, wenn ein Mensch sich um diese Trauer kümmert.

Doch wie tut man das? Wie gedenkt man seiner Toten? Wo wird das in unserer Gesellschaft offen gelebt? Eine große Hilfe sind in diesem Zusammenhang Rituale. In den Kirchen werden diese Rituale angeboten. Durch die weitreichende Entfremdung von diesen Institutionen liegt es aber oft an jedem Einzelnen, seinen Frieden zu finden, sich seine eigenen Rituale zu schaffen.

Viktoria und ich beten zum Beispiel mit jedem Kind am Abend. Jeder hat sein eigenes Lieblingsgebet. Der Schluss aber ist bei allen der gleiche:

»Es tragen Lichtgewalten Dich in des Geistes Haus«,

und dann jeweils der Name des Kindes, zum Beispiel:

»Vera Maria!«

Und für Sara wird bei jedem Kind als Schluss hinzugefügt:

»Wir grüßen dich in des Geistes Haus, Sara Katharina!«

So gedenken jeden Tag die Kinder der Schwester, aber auch wir Eltern unserer Tochter – als fester Bestandteil des Tages. Und das nicht in selbstzerfleischendem Gram, in Selbstvorwürfen und Selbstmitleid, sondern als integrierter Anteil unseres Lebens.

An dieser Stelle möchte ich Ihnen empfehlen, liebe Leserin, lieber Leser, dieses Buch zur Seite zu legen und das letzte Kapitel nachwirken zu lassen. So können Sie Kontakt aufnehmen zu der Trauer, die es sicher auch in Ihrem Leben gibt. Auf den folgenden Seiten können Sie anschließend nachlesen, was wir aus dem Geschehenen lernen durften und wie wir damit in unserer Partnerschaft umgegangen sind.

Partnerschaft, Ehe, verliebt sein, Liebe, Sexualität – zu Beginn möchte ich mit einigen Behauptungen die Klischees infrage stellen, mit denen diese fünf Begriffe vermischt werden:

1. Verliebt sein ist etwas ganz anderes als Liebe.
2. Ehe ist die vertragliche Vereinbarung einer Partnerschaft.
3. Sexualität ist auch nicht das Gleiche wie Liebe.

Wie komme ich zu diesen Behauptungen? Die Menschen sagen: »Ich liebe dich« und meinen: »Heute war der Sex mit dir gut«, oder: »Ich möchte gerne Sex mit dir«, oder: »Ich brauche dich«, oder: »Du gehörst mir«, oder: »Ich wünsche mir, dass du so bist oder dich so veränderst, wie ich will«, oder: »Verlasse mich nicht«. Oder die Menschen sagen: »Wir haben eine erfüllte Ehe« und meinen: »Die Zuneigung ist in der letzten Zeit gewachsen, weil du dich mehr so entwickelst, wie ich will«, oder: »Seit du mich mehr so sein lässt, wie ich bin, spüre ich mehr Zuneigung von dir«.

Also kommt es auf die Bedeutung an, die die Partner diesem kleinen Satz tatsächlich geben. Oft wird diese Bemerkung anders interpretiert. Die ersten Jahre unserer Partnerschaft habe ich zu Viktoria nur gesagt: »Ich habe dich gern.« So bin ich ehrlich gewesen. Denn Liebe war für mich in diesem Zusammenhang noch nicht greifbar. Ich hatte das Gefühl, sie muss etwas sehr Großes sein. Kann man sie überhaupt in Worte fassen?

Als Erstes gilt es, die oben genannten Begriffe zu definieren, um sie für die späteren Zusammenhänge auseinanderhalten zu können.

1. Ehe

Als Ehe bezeichnet man eine sozial anerkannte und durch allgemein geltende, meist gesetzliche oder vertragliche Regeln gefestigte Lebensgemeinschaft zweier Personen, die als Ehepartner bezeichnet werden. Diese Bedeutung war und ist sehr von gesellschaftlichen Wertvorstellungen abhängig und hat sich im Laufe der Jahrhunderte immer wieder verändert.

2. Partnerschaft

Partnerschaft beschreibt die Beziehung zweier Menschen zueinander. Partnerschaft bedeutet eine Gleichwertigkeit und Gleichberechtigung, also ein ausgeglichenes Macht-, Aufgaben- und Lastenverhältnis. Eine Partnerschaft kann auch für kürzere Zeit bestehen und geht mit der Ehe in eine lebenslange Partnerschaft mit vertraglicher Regelung über.

3. Liebe

Da es sich bei der Liebe für die meisten Menschen um einen schwer zu beschreibenden Zustand handelt, ist sehr viel Interpretationsspielraum vorhanden. Dieser wird in der Regel rege ausgenutzt und missbraucht. Für meine Frau und mich ist Liebe erst einmal die Liebe im christlichen Sinne, wie sie sich in dem Satz »Liebe deinen Nächsten wie dich selbst« ausdrückt. Darin ist sowohl die Fremd- als auch die Eigenliebe enthalten. Beide Seiten bedingen sich, denn wenn ich mich selbst nicht liebe, kann ich auch den anderen nicht lieben. Oder anders ausgedrückt: Nur in dem Maße, in dem ich mich selbst liebe, kann ich einen anderen Menschen lieben. So sind zum Beispiel bei den Jungs aus der Work and Box Company ihre Gewalt- und Straftaten, ihre fehlende Liebe zu allem, was um sie herum ist, der Ausdruck ihrer fehlenden Eigenliebe.

Liebe ist außerdem ein Zustand, der unabhängig von Partnerschaft und Ehe zu jedem anderen Lebewesen, zur Natur, zu Gott, zu allen Erscheinungen unserer Welt empfunden werden kann. Liebe stellt keinen Besitzanspruch an den oder das, was wir lieben. Jeder Satz wie »Ich liebe dich, weil ...«, oder: »Ich liebe dich für ...«, oder umgekehrt: »Wenn du das nicht für mich tust, dann liebe ich dich nicht mehr«, oder: »Ohne Sex gibt es keine Liebe« ist sehr weit von der Liebe entfernt. Meine Mutter sagte einmal nach dem Tod meines ältesten Bruders: »Liebe ist, einen Menschen gehen lassen zu können, wenn es für ihn das Bessere ist.«

Liebe ist, egal, in welcher Form,
immer bedingungslos und stellt keine Forderungen,
hat keine Besitz- und auch keine Machtansprüche.

4. Verliebt sein

Verliebt sein ist der Hormon-Cocktail, den die Natur entwickelt hat, um zwei eigenständige, sich anfangs fremde Wesen dazu zu befähigen, sich einander zu nähern. Vor allem für die physische Annäherung und Vereinigung ist das Verliebtsein eine wichtige Voraussetzung, denn es hilft die Angst vor der körperlichen Auslieferung an einen anderen zu überwinden, die Angst vor seinem Eindringen in den eigenen Körper bzw. vor dem Aufnehmen von einem Teil des anderen Körpers. Denn Sex ist eine willentliche Preisgabe der körperlichen Unversehrtheit, die für den Erhalt der Art notwendig ist.

Verliebt sein ist meist der Beginn unserer Partnerschaften. Es wird auch »die Zeit mit der rosaroten Brille« genannt. Das weist darauf hin, dass wir den Menschen gegenüber gar nicht sehen, sondern in erster Linie das eingefärbte Bild des anderen. Wir Menschen versuchen, unsere Defizite auszugleichen, und so ist jedes Verliebtsein eine Projektion dieser Defizite auf das Gegenüber. Da wir diese Defizite aber nur durch eine Klärung der Ursachen – und die liegt meistens in der Herkunft – auflösen können, ist der Versuch, sie durch einen anderen Menschen ausgleichen zu lassen, zum Scheitern verurteilt. Durch einen anderen Menschen geschieht immer nur eine vermeintliche Erfüllung unserer Sehnsüchte. Jeder von uns trägt in sich das Idealbild eines Partners und projiziert es auf die tatsächliche Person. Da diese Projektion aus unseren Sehnsüchten entsteht, kann kein Mensch der Welt diesem Idealbild entsprechen. Das geht nicht, weil er dann gar nicht er selber wäre, sondern nur ein Abziehbild unserer Defizite und Sehnsüchte. Wenn sich ein Mensch einen gleichberechtigten Partner wünscht und im Stadium des Verliebtseins stehen bleibt, verhindert er eine echte Partnerschaft.

In diesem Sinne ist verliebt sein eine Art von »Ich benutze dich für ...«, eine Art Missbrauch meines Partners. Manche werden sagen: »Verliebt sein ist aber doch so schön.« Das stimmt, aber nur für den Moment. Das ist wie beim Alkohol oder jedem anderen Rauschzustand: Im Moment des Rausches geht es uns gut, aber nach der Ernüchterung ist das Leid nicht weniger, sondern meist mehr als vorher. Das wird dann »Liebeskummer« genannt, obwohl es eigentlich Enttäuschung heißen müsste: Es ist das Ende einer Täuschung, und zwar meiner Selbst-Täuschung.

5. Sexualität

Sexualität ist nach dem Selbsterhaltungstrieb unser stärkster Instinkt, einer der wenigen, über die der Homo sapiens überhaupt noch verfügt, und also ein sehr dominantes, unbewusstes Verhaltensmuster. Sexualität ist unser evolutionärer Auftrag der Fortpflanzung. In der Logik der Evolution wird jedes Lebewesen geboren, um seine Art zu erhalten und zu mehren. Die Hirnforschung hat inzwischen nachgewiesen, dass – wie schon vor Hunderttausenden von Jahren – die Faktoren der erfolgreichen Arterhaltung unsere Wahrnehmung und unser Verhalten bestimmen. In diesem Sinne hat Sexualität einen großen Einfluss auf alle Bereiche unseres Lebens. Mit der Sexualität sind sehr viele Assoziationen verbunden und ebenso viele Verzerrungen und Auswüchse werden sichtbar.

Die Frage, was Sexualität mit Liebe zu tun hat bzw. umgekehrt, kann man außer im Sinne des eben Gesagten auch auf männliche und weibliche Sozialisation hin abklopfen. Überspitzt gesagt: Nur durch die Einstellung vieler Männer, dass Sexualität mit Liebe gar nichts zu tun hat, funktioniert das Phänomen Prostitution.

Wie kann nun bei all den Klischees und Missdeutungen eine lebenslange Partnerschaft gelingen? Zu Beginn sollte das Bewusstsein stehen, dass verliebt sein eine Projektion ist. In den ersten Monaten und Jahren helfen dann genaue Absprachen, wie sich jeder eine Ehe vorstellt, damit die Übereinstimmung, die passende Schnittmenge gefunden wird. Wenn die Schnittmenge schon am Anfang fehlt, sollte man sich nicht von seiner Hoffnung täuschen lassen! Das führt später ganz sicher zur »End-Täuschung«. Ich stelle mir mittlerweile immer die Frage: Kann ich akzeptieren, dass sich mein Gegenüber in diesem oder jenem Punkt nicht ändern wird?

Wenn die Eckdaten der Übereinstimmung gegeben sind, dann bedarf es der permanenten Pflege der Partnerschaft und der Ehrlichkeit in Austausch und Kommunikation. Dabei ist es eine Möglichkeit, die Aspekte der Partnerschaft aus Sicht beider Partner zu beleuchten und so einen kontinuierlichen Verbesserungsprozess zu starten.

Und was ist nun wirkliche Liebe?

Liebe stellt keine Bedingungen. Liebe wertet nicht. Liebe ist ein universelles, kein individuelles Gefühl. Liebe sind keine Worte, Liebe sind Taten, Liebe ist Handlung. Denn nur durch Taten kann der Liebe Ausdruck verliehen werden. Unsere Worte beschreiben nur einen Bruchteil dessen, was Liebe ist. Vergleichen kann man die Liebe mit gar nichts, auch nicht analysieren, welche Zutaten dazugehören.

Dafür aber, wie es uns mit der Liebe ergeht, hier ein Vergleich, eine Metapher: Einer der besten Köche zaubert ein Gericht. Er verwendet Zutaten, wie sie in jeder Küche zu finden sind, und am Ende kommt ein Essen auf den Tisch, von dem der Gast glaubt, es noch nie gegessen zu haben. Er kann nur den Endzustand beschreiben, aber niemals all die Zutaten bestimmen, die richtige Menge und den richtigen Zeitpunkt, wann sie Bestandteil dieses Essens geworden sind. Er gibt eine ungenaue Beschreibung wie: wundervoll, deliziös usw. Aber wie dieser Wohlgeschmack genau entstanden ist, bleibt ihm verschlossen. So ist es auch mit der Liebe: Wir kennen die Bestandteile nicht und können nur, wenn wir glauben, dass wir es gerade erleben, dieses Wort, diese vieldeutige Beschreibung von uns geben.

Nur wie finden wir die Liebe? Wie kommen wir in den Genuss der Liebe? Wie können wir uns die Liebe erarbeiten? – Mit Bewusstwerdung und Bewusstsein. Und dafür brauchen wir Methoden und Hilfe.

Meine Frau und ich haben Strukturen eingeführt, die eine gemeinsame Abstimmung unserer Vorstellungen und Einschätzung unserer Schnittmengen möglich gemacht und uns geholfen haben, uns und unserer Liebe näherzukommen. Um sich über den Stand der Ehe oder Partnerschaft gemeinsam auszutauschen, ist es eine sehr effektive Möglichkeit, die Partnerschaft in Teilbereiche zu zerlegen. Damit werden sowohl die Übereinstimmungen als auch die Differenzen klarer sichtbar. Viktoria und ich haben in der Lösung unserer großen Krise folgende Einteilung vorgenommen:

1. Partnerschaft/Zweisamkeit
2. Fortpflanzung/Kinder
3. Spirituelle Entwicklung/jeder für sich und gemeinsam
4. Sexualität/sexuelle Bedürfnisse
5. Wirtschaftliche Situation

Daraus entsteht eine sehr einfache und wirkungsvolle Methode, über die Qualität der Partnerschaft zu sprechen und gemeinsam die Situation einzuschätzen. Jeder für sich notiert hinter jeden der Punkte eine prozentuale Einschätzung aus seiner Sicht: Ich empfinde, dass mein Bedürfnis nach Zweisamkeit in der Partnerschaft zu 80 Prozent erfüllt ist, dass sich meine sexuellen Bedürfnisse in der Partnerschaft zu 70 Prozent erfüllen usw.

Wenn jeder seine eigenen Werte aufgeschrieben hat, können beide Partner gemeinsam die Werte vergleichen. Außerdem lässt sich ein Gesamtzufriedenheitswert ermitteln. Wenn ein Ehepaar zum Beispiel dieses Werkzeug anwendet, dann kommt vielleicht als Ergebnis heraus:

Aspekte der Partnerschaft	**Sie**	**Er**
Partnerschaft/Zweisamkeit	70 %	80 %
Fortpflanzung/Kinder	60 %	80 %
Spirituelle Entwicklung	40 %	80 %
Sexualität	80 %	80 %
Wirtschaftliche Situation	100 %	100 %

Damit hat die Frau einen Gesamtwert von 70 Prozent und der Mann einen Gesamtwert von 84 Prozent Zufriedenheit mit der Situation. Diese Partnerschaft beruht sicher auf einem soliden Fundament.

Jetzt besteht die Möglichkeit, jeden einzelnen Punkt zu diskutieren und darüber zu reden, was gut klappt und wo noch Wünsche oder offene Punkte liegen. Beispielsweise hat sie bei Fortpflanzung/Kinder 60 Prozent geschrieben, er 80 Prozent. Das Ergebnis des Austauschs könnte sein: Sie wünscht sich noch ein Kind, er bräuchte eigentlich keines mehr, könnte es sich aber doch vorstellen. Und beide schätzen die Erziehung bei ihren gemeinsamen Kindern als recht gut ein und tauschen sich über die Themen aus, die verbessert werden können.

So gehen Viktoria und ich schon seit Jahren ein- bis zweimal pro Jahr alle Bereiche durch. Erstens, um zu wissen, wie es dem Partner geht. Zweitens sind so Wünsche und der Bedarf für Verbesserungen klar identifiziert, und wir wissen, worüber wir in den nächsten Wochen verstärkt miteinander reden können.

Normalerweise konzentrieren sich die Streitgespräche in einer Partnerschaft auf die bestehenden Probleme. Dass es eventuell nur in zwei Bereichen Schwierigkeiten gibt und alle anderen sehr gut laufen, wird bei der emotionalen Betrachtung aus der eigenen Verletzung heraus oft übersehen. Dabei ist es wichtig, dass eine punktuelle Einschätzung nicht auf die wenigen Probleme beschränkt bleibt, sondern auch die Gesamtzufriedenheit zum Ausdruck bringt.

Zudem haben wir seit mehreren Jahren noch eine ganz einfache Kommunikationsstruktur eingeführt: Wir setzen uns einmal pro Woche nur für uns zusammen – ein fester Termin in der Woche, der nur Viktoria und mir gehört. Nicht ein Termin, der sich zufällig ergibt oder auch nicht, weil wir uns einreden, wir seien ja eh so viel in Kontakt. Nein, ein Termin nur für uns, den wir so nutzen, wie wir wollen. Unser Gesprächsabend ist aus meiner beruflichen Überlastung und der von Viktoria mit den Kindern entstanden. Ich brachte unsere Situation irgendwann mit dem Begriff »Beziehungspause« auf den Punkt: Wir hatten in all unserem Tagesgeschäft keine Zeit mehr, uns wirklich auszutauschen. Wir waren durch die vielen Kinder und beruflichen Aufgaben unmerklich in eine Gesprächslosigkeit gerutscht. Das hätte der Beginn einer Beziehungslosigkeit sein können, die oft mit dem Satz »Wir haben uns auseinandergelebt!« endet. Also begannen wir mit unseren Gesprächsabenden, aber ohne Verkrampfung. Mittlerweile ist dieser Abend eine »freie Performance« unserer Zweisamkeit.

Man könnte das Ganze auch einen »kontinuierlichen Verbesserungsprozess« nennen. Der Begriff kommt aus dem Total Quality Management, das in Unternehmen eingesetzt wird, um effektiv zusammenzuarbeiten, zu kommunizieren, erfolgreich zu sein und immer besser zu werden. Hier wie dort geht es um Menschen und um das, was sie tun. Jetzt werden viele sagen: »Oh, wie unromantisch!« oder: »Alles sehr nüchtern!« Das stimmt. Aber eine lebenslange Partnerschaft ist viel Arbeit und keine Romanze. Außerdem ist eine Trennung oder Scheidung mit jahrelangem Streit noch viel unromantischer.

Ein letzter wichtiger Punkt: Viktoria und ich leben in der klassischen Rollenaufteilung, die sich aus unserer Sicht evolutionär über Jahrtausende bewährt hat. Wir haben uns beide am Anfang unserer Partnerschaft bewusst dafür entschieden. In großen Teilen der Gesellschaft gibt es für diese Lebensform keinen Rückhalt mehr. Eine Frau, die nicht Karriere machen will und sich gemeinsam mit ihrem Partner für das traditionelle Lebensmodell der Rollenverteilung mit klaren Kompetenzen entscheidet, gilt als rückständig, als unterwürfig und im extremen Urteil als Verräterin der Gleichberechtigung. Solche Aussagen werden in diesem Zusammenhang immer wieder getätigt – in der Regel von Verfechterinnen der »Gleichschaltung« von Mann und Frau. Wenn aber wie bei Viktoria und mir unsere gemeinsame Entscheidung zu diesem Modell führt, ist das pauschale Kritisieren und Verurteilen nicht akzeptabel. Meiner Meinung nach gebührt den Müttern, die sich ganz ihren Kindern widmen, die dafür Sorge tragen, dass die Kinder gestillt werden, dass sie die mütterliche Nestwärme erhalten – gerade im ersten Jahr –, dass sie begleitet werden und immer einen Elternteil als Anlaufstelle, als emotional sicheren Hafen haben, die höchste Anerkennung. Aus der evolutionären Perspektive ist der Unterschied zwischen Mann und Frau sehr deutlich. Es ist auch klar, wer die Babys im ersten Lebensjahr säugen und ernähren kann, und damit für mich auch, wer nach den Gegebenheiten der Natur die Hauptbezugsperson in der Zeit nach der Schwangerschaft bleibt. Daraus ergibt sich für mich, dass diese Rollenverteilung das natürlichste Lebensmodell ist.

Nochmals: Mütter, die zu Hause arbeiten und sich für dieses Lebensmodell entscheiden, brauchen genauso wie Mütter, die einer bezahlten Arbeit nachgehen, die Anerkennung der Gesellschaft. Immer wieder mal höre ich die Frage: »Ist Ihre Frau zu Hause oder arbeitet sie?« Offensichtlich gibt es bei uns Leute, die meinen, dass »zu Hause« keine Arbeit anfällt. Die Anerkennung für Mütter, die sich zu Hause um die Kinder kümmern und dafür ihren »Beruf« aufgeben, wird inzwischen mit Bezeichnungen wie »Herdprämie« diskriminiert. Wer solche Begriffe verwendet, sollte sie einmal genauer überdenken. Der neue »Beruf« Mutter ist viel umfassender als alle anderen beruflichen Beschäftigungen!

Es gibt kaum eine verantwortungsvollere Aufgabe,
als die Entwicklung von Kindern
von der Schwangerschaft
zu erwachsenen Menschen zu begleiten.

Es gibt auch kaum eine komplexere Aufgabe mit so vielen unterschiedlichen Anforderungen. Allein wenn man die Tätigkeiten aufzählt, die durch eine zu Hause in der Familie arbeitende Frau erledigt werden – sie arbeitet als Erzieherin, Psychologin, Coach, Motivationstrainerin, Ernährungsexpertin und gleichzeitig Köchin, Chauffeurin, Hauswirtschafterin, um nur einige zu nennen –, stellt man fest, dass dieser Beruf auf keinen Fall anderen Berufen nachsteht. Und obwohl er so verantwortungsvoll und komplex ist, gibt es keine Ausbildung, die alle Facetten dieser Aufgabe umfassen würde. Daher gebührt meiner Meinung nach allen Müttern und auch den Vätern die volle Anerkennung, egal, wo sie »arbeiten«.

Viktoria hatte und hat meine Anerkennung und die immer und immer wieder klar ausgesprochene und gelebte Gleichwertigkeit unserer unterschiedlichen Aufgaben. Es hat sich bei uns sogar so entwickelt, dass meine Frau unsere gesamten privaten finanziellen Angelegenheiten in ihren Händen hat und ich sie frage, von welchem Konto ich mir Geld holen kann. Genauso hatte und habe ich jederzeit den vollen Rückhalt meiner Frau für mein Wirken nach außen, für die Unternehmen, für das soziale Engagement, für die Ehrenämter, genauso für meinen Kontakt zu unseren Kindern, zwar selten in der wöchentlichen Versorgung, aber wenn, dann meist sehr intensiv.

Für mich sind in diesem Zusammenhang alle Lebensmodelle verständlich und akzeptabel, solange die Kinder nicht darunter leiden. Doch sobald Kinder emotional vernachlässigt werden, ist es die Aufgabe der Eltern, sich für ihre Verantwortung zu entscheiden und sich selbst nicht so wichtig zu nehmen. Es steht uns nicht zu, uns auf Kosten der (emotional und körperlich) gesunden Entwicklung unserer Kinder zu verwirklichen. Das schließt die Väter mit ein! Es steht auch den Männern nicht zu, sich am Abend vor dem Fernseher zu verstecken und sich dem Kontakt zu ihren Kindern und Frauen zu entziehen.

Zum Ende dieses Kapitels möchte ich Ihnen, liebe Leserin, liebe Leser, die Grundhaltung beschreiben, die meine Frau und ich in der Begleitung unserer Kinder einnehmen. Die folgenden Punkte haben wir im Laufe der Jahre als hohe Ziele aus unseren Erfahrungen und durch viele Gespräche und Reflexionen entwickelt.

1. Aus unserer Sicht beginnt die emotionale Prägung eines Menschen mit der Zeugung: Schon die erste Zelle sucht sich ihren geschützten Raum. Daher ist der emotionale und körperliche Zustand der Eltern während der Schwangerschaft der entscheidende Punkt zur Entwicklung des Urvertrauens. Diese Entwicklung setzt sich in den ersten Lebensjahren fort, sodass wir davon ausgehen, dass ca. 80 Prozent der emotionalen Grundstrukturen mit dem dritten Lebensjahr abgeschlossen sind. Das Bewusstsein für diesen Zusammenhang ist wesentlich, ebenso die Behutsamkeit im Handeln, die sich aus diesem Wissen ergibt.
2. Wir glauben, dass die Seele aus dem Himmel kommt: Die Kinder wählen uns als Eltern dort schon aus. Wir haben es also mit Engeln zu tun. Engel brauchen bedachtsamen Umgang – sie sind doch so zerbrechlich. Das gilt für uns als Metapher gerade in der Schwangerschaft und in den ersten Lebensjahren.
3. Für uns stellt jedes Lebensalter unterschiedliche Anforderungen hinsichtlich der geschützten Räume für die Kinder. Mit »geschützten Räumen« meinen wir Bereiche, in denen unsere Kinder – in der Regel durch uns – Vertrauen, Zuneigung und Sicherheit erfahren. Unsere Aufgabe ist es, die jeweiligen Anforderungen immer aufs Neue zu erkennen und zu gestalten. So

gelingt es uns besser, das Urvertrauen des Kindes aus der Schwangerschaft zu erhalten.

4. Es ist unsere Aufgabe als Eltern, die Bedürfnisse unserer Kinder in jedem Lebensalter zu erkennen und sie liebevoll und der Situation angepasst zu erfüllen.
5. In unserer Erziehungs- und Begleitungsgrundhaltung versuchen wir, in Liebe, in Anerkennung, im Annehmen und im emotionalen Kontakt unseren Kindern gegenüber großherzig und weltoffen zu sein. Liebe ist für uns ohne Bedingungen, ohne Erwartungen, ohne eigene Wünsche. Wir lieben sie, weil wir sie lieben und weil sie unsere Kinder sind. Und wir begleiten sie auf *ihrem* Weg.
6. Für die Sicherheit brauchen unsere Kinder klare Grenzen, innerhalb derer sie sich orientieren können. Dabei achten wir darauf, dass diese Grenzen liebevoll gesetzt werden und nicht willkürlich oder plötzlich entstehen. Die Verlässlichkeit innerhalb der Grenzen ist für Kinder sehr wichtig.
7. Was ich weiter oben beim Thema Ehe für unser Verhältnis zu unseren Eltern dargestellt habe, gilt natürlich gleichermaßen für das Verhältnis unserer Kinder zu uns: Sie stammen von uns ab, bestehen also genetisch je zur Hälfte aus Viktoria und mir. In ihrem emotionalen Verhalten haben sie in den ersten Jahren in der Regel ebenfalls nur uns erlebt und sind so auch in diesen Strukturen je zur Hälfte Mutter und Vater. Daher sind auch unsere Kinder unser Spiegel. Wenn wir Verhaltensstrukturen an uns oder an unserem Partner nicht akzeptieren, dann akzeptieren wir sie auch nicht an unserem Kind und kritisieren sie an ihm sogar. Alle Emotionen, ob positiv oder negativ, denen wir im Kontakt mit unseren Kindern begegnen, sind für uns willkommene Hinweise für unsere eigene Entwicklung.
8. Unsere Erziehungsvorbilder sind in der Regel unsere Eltern. Anderweitige Hilfestellung gibt es kaum oder nur als Verhaltensratschläge und nicht als Entwicklungsangebote. Meist wis-

sen wir Eltern aus diesen Gründen nicht wirklich, was wir tun, und oft werden wir noch vor der Auseinandersetzung mit und der Verarbeitung unserer Kindheit Eltern. Wichtig für uns im Wechselspiel zwischen emotionaler und kognitiver Entwicklung war und ist der Satz: »Denn wir wissen, was wir tun.«

9. Oft halten wir Eltern aus unserer unverarbeiteten Kindheit heraus an unseren Kindern fest, als wären sie unser Besitz. Wir sind so froh, endlich von einem Menschen bedingungslos geliebt zu werden – nämlich von unserem Kind –, dass wir darauf nicht verzichten wollen. In uns wirkt der Wunsch nach Liebe und Anerkennung, der eigentlich an unsere Eltern gerichtet ist, unerfüllt weiter. Doch wir sind nur die Begleiter und nicht die Bestimmer oder Besitzer unserer Kinder. Erst wenn wir mit unserer Herkunft in Frieden sind, haben wir die Kraft, unseren Kindern echte elterliche Begleiter zu sein.
10. Wir sind verantwortlich für Klarheit und Konsequenz. Allzu oft übertragen die Eltern diese Aufgabe an die Kinder. Den Kindern alles zu ermöglichen und im oft guten Glauben alles zuzulassen, was das Kind will, ist Gift für dessen Entwicklung. Unsere Kinder lieben uns für die Klarheit. Wenn zum Beispiel eines eine Bitte an uns hat und wir unsicher sind, wie wir uns entscheiden sollen, verunsichern wir es. Wenn wir hingegen ein klares Nein aussprechen, ist das Kind nach einer kurzen enttäuschten Reaktion meist zufrieden und macht etwas anderes. Kinder wollen Klarheit und Eltern, die wissen, was sie wollen.
11. Da die Kinder von beiden Eltern etwas in sich tragen, benötigen sie immer aufs Neue die Bestätigung, dass beide Anteile in Ordnung sind. Es entsteht zum Beispiel bei Trennung oder langjähriger Kontaktlosigkeit und Anfeindung der Eltern untereinander für die Kinder das Gefühl, dass ein Teil ihrer selbst nicht in Ordnung ist. Immer wenn einer der Partner über den anderen in Gegenwart des Kindes herzieht, ist auch die Hälfte des Kindes betroffen. Ein Mensch, in dem immer ein Teil mit dem anderen

in Konkurrenz oder in Kritik steht, befindet sich in einem großen Zwiespalt. Daher ist es unsere Aufgabe und Verpflichtung, den Kindern beide Teile in Liebe und Respekt vorzuleben, um emotionale Spaltungen zu vermeiden.

12. Jeder Mensch ist eine Persönlichkeit, unabhängig von seinem Alter, unabhängig davon, ob wir ihm das zugestehen oder nicht. Viele Menschen glauben, dass sich die Persönlichkeit erst mit der Zeit entwickelt. Was sich entwickelt, sind die Verhaltensstrukturen, also die wahrnehmbare Oberfläche eines Menschen. Seine Persönlichkeit, seine Würde, alles, was einen Menschen mit Körper, Geist und Seele ausmacht, ist schon bei der Zeugung vorhanden.
13. Wenn ein Kind sich äußert, hat es ein ernst zu nehmendes Bedürfnis. Dazu ein kleines Experiment, das Sie zur Verdeutlichung wechselseitig mit einem Partner durchführen können: Sie legen sich auf den Boden und schließen die Augen. Jetzt stellen Sie sich vor, Sie können nichts außer »Bäää, bäää!« sagen, zudem können Sie keine einzige koordinierte Bewegung durchführen. Mit diesen Einschränkungen erklären Sie Ihrem Gegenüber, dass es Sie am Rücken juckt oder der Bauch wehtut oder die Windel voll ist oder dass Sie, obwohl Sie vor 20 Minuten gestillt wurden, doch noch Hunger haben. An diesem kleinen Ausflug in die Welt eines Babys erkennen Sie: Es ist wichtig, genau hinzuhören und zu versuchen, seine Bedürfnisse zu erraten, egal, wann ein Baby sich bemerkbar macht.
    Natürlich gelingt das nicht immer. Dann ist es aber wichtig, sich zu ergänzen in der Elternschaft oder auch das Kind zu fragen und um Hilfe zu bitten. Sie werden vielleicht sagen: »Aber das geht doch nicht.« Doch, das geht! Probieren Sie es aus! Denn die Seele unserer Kinder ist in jedem Alter ausgereift. Das Einzige, worauf wir achten müssen, ist, nicht zu viele Fehler zu machen und diese vom Himmel kommende (vollkommene) Seele nicht zu verletzen.

Wenn wir an dieser Stelle auf unsere Jugendlichen in der Work and Box Company zurückblicken, dann wird durch all das, was Begleitung der Kinder ausmacht, die Dimension der Defizite klar, mit denen sie zurechtkommen müssen. Diesen Jugendlichen haben ihre Eltern keine Entwicklungsmöglichkeiten geboten. Sie wurden vernachlässigt, misshandelt, missbraucht, abgeschoben und vieles mehr. Und die Auswirkungen dieser Kindheit werden in ihrem Handeln sichtbar. In diesem Zusammenhang versuchen wir in der Work and Box Company, die Jungs ein Stück weit »nachzufüttern«.

Bei unseren eigenen Kindern können wir an der Ursache ansetzen, genau dort, wo solche Defizite entstehen. Sich dessen in der Begleitung der Kinder bewusst zu sein, ist unsere Aufgabe als Eltern. Es ist die Forderung des Lebens und unsere Verpflichtung, die wir durch und für unsere Kinder eingegangen sind.

Unter welchen Voraussetzungen kann es gelingen, dieser Aufgabe gerecht zu werden? Mit welchen Schwierigkeiten und Prägungen ich gekämpft habe und wie es mir gelungen ist, meine Verhaltensprogramme zu erkennen und zu erweitern, können Sie im Folgenden lesen und auch das als Angebot und Impuls für Ihre eigenen Überlegungen und Reflexionen nehmen. Aber zuerst will ich Sie einladen in die Flucht- und Suchtdynamik, die in uns Menschen wirkt und derer wir uns bedienen. Und wie ich damit umgegangen bin, was mir geholfen hat und wie ich mich auf meinen Heilungsprozess gemacht habe.

Auf der Flucht vor sich selbst

Bis an die Schmerzgrenze und darüber hinaus

Bei der Flucht vor sich selbst geht es immer darum, der Realität auszuweichen, sich selbst und die aktuelle Situation nicht so wahrzunehmen, wie sie sind. Dazu setzen wir Menschen zum einen betäubende Strategien ein wie beispielsweise Alkohol- oder Drogenkonsum. Zum anderen verdrängen wir die Realitätswahrnehmung durch »Aktionismus«: Wir lasten uns aus bis an unsere Grenzen, sodass wir keine Ressourcen mehr frei haben, uns unseren Problemen zu stellen.

Ich neige vor allem zur zweiten Strategie und habe sie in vielen Varianten ausgelebt. Zum Beispiel mit Bergsteigen. Damit hatte ich schon als Kind angefangen, und es wurde, nachdem ich 18 war, immer mehr. Mit Führerschein und eigenem Auto war ich in der Lage, meine Touren zu planen und eigenständig durchzuführen. Die meisten Touren ging ich mit Freunden und mit Viktoria. Aber auch später im Familienurlaub waren wir oft in den Alpen unterwegs.

Im Zusammenhang mit meinen im Kapitel »Beruf und Berufung« vorgestellten Kindheitsprogrammen hat mir Leistung immer schon die meiste Bestätigung gegeben. Daher setzte ich auch das Bergsteigen in diesen Bezug und fand Parameter, die dem gerecht wurden. Was eignet sich da besser als die Höhe und die Anzahl der Gipfel? Ich setzte mir auch Leistungsziele, damals zum Beispiel das Ziel, in meinem Leben 2 000 verschiedene Gipfel zu besteigen – wie sich später herausstellte, war das zu kurz gegriffen. Und ich führte ein Tourenbuch, in dem ich all das genau festhielt.

Mit den Jahren stiegen die Leistungsanforderungen und die Höhe der Berge immer weiter, und ich professionalisierte meine Leidenschaft: Von der Tourenplanung über Training und Konditionsaufbau bis hin zur Dokumentation war es einem Leistungssport ähnlich, nur ohne Wettkämpfe und Gegner. Mit der Geburt der Kinder ging wie beschrieben eine Veränderung zwischen meiner Frau und mir einher: Viktoria war in der Kinderbetreuung eingebunden, und unsere Partnerschaft musste zurückstehen. Daraufhin gab es kaum noch ein Halten, auch wenn ich so auf über der Hälfte der von mir bestiegenen Berge allein stand – eine einsame Beschäftigung.

Das Bergsteigen hatte für mich zwei Seiten: zum einen die Natur und der Ausgleich der Einschränkungen, denen ich in meinem Berufsleben unterworfen war – frische Luft und Bewegung statt Arbeit am Schreibtisch –, zum anderen Leistungsherausforderung und -erfüllung. Als Ergebnis beider Seiten brachte mir das Bergsteigen Leben, Erleben und die Möglichkeit, mich selbst zu spüren.

Es gab im Laufe der Jahre viele Situationen, bei denen mir noch im Nachhinein ein Schauer über den Rücken läuft – sehr gefährliche, ja lebensgefährliche Situationen. Zum Beispiel in der Ortlergruppe: Viktoria, Anna und ich waren mit unserem VW-Bus in Südtirol im Urlaub. Ich hatte eine Tour geplant: die Überschreitung von 13 Gipfeln über 3 000 Meter mit Gletscherüberquerung, Kletterpassagen und einer im Alpenführer angegebenen Dauer von 16 Stunden – alles in allem sowohl vom Schwierigkeitsgrad als auch von der Länge her sehr anspruchsvoll. Natürlich ist bei einer so umfangreichen Tour die Berücksichtigung der tageszeitlichen Veränderung von Wetter- und Temperaturverhältnissen ebenso erforderlich wie permanente Aufmerksamkeit und Konzentration. Pausen müssen kurz gehalten werden, um den Zeitplan nicht zu sprengen.

Schon hier wird sich der eine oder andere fragen: Wozu sollte ich das machen? Für mich, glaube ich, stand vor allem der Leistungsansatz, der Stress und die Endorphinausschüttung (körperliches und emotionales Suchtverhalten) im Vordergrund. Und so begann ich allein noch bei Dunkelheit mit Stirnlampe den Aufstieg. In der Nacht hatte es geschneit, die Grate waren vereist. Daher musste ich alles mit Steigeisen klettern. Die ersten Gipfelanstiege lagen im zweiten Schwierigkeitsgrad und stellten bis auf die Vereisung keine besonderen Anforderungen. Unbeirrt ging und kletterte ich weiter, vorbei an alten Posten aus den Kämpfen des Ersten Weltkriegs zwischen Österreich und Italien – ich fand sogar noch Munitionskartons mit unverbrauchter Munition in einer der Hütten.

Mit Viktoria hatte ich einen Treffpunkt am Ende des Tals vereinbart, in das ich absteigen wollte. Mein Weg führte mich weiter auf einem schmalen Grat zum vorletzten Gipfel. Hier waren auch die schwierigsten Kletterstellen im vierten Schwierigkeitsgrad. Aufgrund der immer noch vorherrschenden Vereisung versuchte ich, dem Gratverlauf teilweise auszuweichen und einen »besseren« Weg zu finden. An einer Stelle – ich war mittlerweile schon elf Stunden unterwegs – stolperte ich und rutschte auf dem abschüssigen Fels auf den Abgrund zu. Ich versuchte mich mit den Händen festzuhalten und rutschte über Eis und Geröll. Im letzten Augenblick griffen meine Hände einen kleinen Felsvorsprung, und ich konnte mich wieder stabilisieren. Jetzt – mit sehr viel Adrenalin im Blut – musste ich mich erst einmal sammeln. »Das hätte mein Ende sein können«, schoss es mir durch den Kopf. Viktoria und Anna hätten im Tal lange warten können – und ich wäre nie mehr gekommen. Ob mich überhaupt jemand gefunden hätte in der Felsflanke? Ich hatte nur ein paar Aufschürfungen abbekommen. Aber: Sitzen bleiben war auch nicht möglich. Handys, die heute jeden Schritt begleiten und mittlerweile auch in den Bergen an vielen Stellen Empfang haben, gab es damals noch nicht. Zurückzugehen war bei elf Stunden Rückweg und der wartenden Familie in einem ganz anderen Tal auch nicht möglich. Also musste ich weiter. Nur wie? Mit einem Puls von 150 und weichen Knien befand ich mich zwischen zwei Gipfeln im Niemandsland, genau in der schwierigsten Partie der Tour. Keinem Menschen war ich an diesem Tag begegnet, und an dieser Stelle kam vielleicht in Wochen oder Monaten wieder einmal jemand vorbei. Also weitergehen, konzentriert weitergehen, Tritt für Tritt, Hand für Hand.

Der Übergang über den Gletscher auf den Zebru, den mit 3 740 Metern höchsten Punkt, war aufgrund des Erlebten mehr als nervenaufreibend. Für die gesamte Überschreitung von Gipfel zu Gipfel brauchte ich trotz des Vorfalls nur 13 Stunden. Aber es stand mir noch der Abstieg ins Tal bevor: 2 100 Höhenmeter und ca. 15 Kilometer.

Viktoria hatte die 16 Stunden von Gipfel zu Gipfel als Zeitangabe für die gesamte Tour angesehen. So war ich ihrer Rechnung nach schon überfällig, und sie machte sich an diesem Abend viele Sorgen. Mit großer Freude und unter Tränen hielten wir uns in den Armen, als ich endlich im Tal ankam. Von dem »Ausrutscher« erzählte ich ihr erst Wochen später und entschuldigte mich für mein unvernünftiges Handeln.

Teilweise halte ich noch heute an meinem Leistungserfüllungsverhalten fest. Was das Bergsteigen anbelangt, so hat mein Körper dem Grenzen gesetzt: Mit den Jahren begannen meine Knie wehzutun. Weder die Besuche bei verschiedenen Orthopäden noch andere Behandlungsansätze brachten bis jetzt eine Besserung dieser Beschwerden. So bin ich nach wie vor auf der Suche nach einer Handhabung, die mir und meiner Gesundheit gerecht wird. Immer öfter gelingt es mir, mich statt für das Leistungsbergsteigen mit Schmerzen für einen Erholungsspaziergang zu entscheiden.

Wesentlich für unseren Umgang mit uns selbst ist eine bewusste und ehrliche Selbstwahrnehmung, eine Einordnung unseres Verhaltens in der jeweiligen Situation und seiner – positiven wie negativen – Konsequenzen, die Frage nach möglichen Veränderungen, die die negativen Aspekte reduzieren, und die Umsetzung solcher Veränderungen. Wie jeder Einzelne damit umgeht und welche Veränderung er daraus ableitet, ist grundverschieden und kann bei Bedarf von guten Freunden, erfahrenen Mentoren oder auch Beratern und Therapeuten begleitet werden. Mich hat mein Körper mit einem klaren »Erkenne dich selbst!« immer wieder darauf hingewiesen, wenn ich meinen Veränderungsbedarf zu lange unbeachtet gelassen hatte.

Seit meinem 16. Lebensjahr hatte ich Rückenschmerzen, das erste Mal im zweiten Lehrjahr zu Beginn meines Urlaubs – in Entspannungssituationen meldet sich der Körper besonders gern. Damals diagnostizierte ein Sportorthopäde bei mir eine verknöcherte Lendenwirbelsäule und riet mir, meine Schreinerlehre aufzugeben. Da mich solche Ratschläge nicht beeinflussen konnten und meine Leidensfähigkeit sehr groß war, hielt ich die Schmerzen einfach aus. Sie kamen in regelmäßigen Abständen teilweise mehrmals im Jahr. Meistens lag ich dann im Bett, weil ich mich vor Schmerzen nicht mehr bewegen konnte. Mit der Ruhe wurde es dann nach ein, zwei oder drei Wochen wieder besser.

Das ging so, bis ich 32 Jahre alt war. Viktoria riet mir, eine Craniosacral-Therapie auszuprobieren. Das ist eine Körpertherapie, die aus der Osteopathie weiterentwickelt wurde. Sie arbeitet mit einem Rhythmus, der als dritter Puls im Körper gilt, als Puls der Hirnflüssigkeit. Nach 18 Jahren Schmerzen entschied ich mich zu einer Probebehandlung. Was danach folgte, war für mich ein wahres Erdbeben: Es war der Auslöser, mich auf den Weg zu machen, um die eigenen Lebensthemen aufzuarbeiten – und dabei festzustellen, dass oben nicht mehr oben und unten nicht mehr unten ist, zu erkennen, wie eingeschränkt meine bisherige Weltordnung, mein bisheriges Denken war, dann alles neu zusammenzusetzen und ein neues Verständnis meiner selbst, meines Umfelds und der Welt zu finden. Bei einem solchen Prozess ist es oft so, dass die Krankheit, deretwegen wir uns in Behandlung begeben, nur das Symptom einer anderen tiefer liegenden, versteckten Krankheit – oder Verletzung – ist und mit der Behandlung das, worauf es ankommt, ebenfalls zutage kommt.

Das Erste, was bei mir nach der Behandlung auftrat, war eine Nebenhöhlenentzündung, die ja ursächlich mit dem Rücken nichts zu tun hat. Doch auch dies war eine meiner chronischen, häufig wiederkehrenden Erkrankungen. Schmerzmittel habe ich schon immer abgelehnt, und so versuchte ich die Schmerzen zu ertragen. Nach zwei Tagen gab ich auf, und da der Craniosacral-Therapeut im Urlaub war, ging ich zu einer Kollegin. Nach eineinhalb Stunden Behandlung hatte sich der Schleim gelöst, und ich schnäuzte eine ganze Rolle Klopapier voll. Die Nebenhöhlen beruhigten sich innerhalb von wenigen Stunden. Und was war mit meinen Rückenschmerzen? Die waren auch danach noch hin und wieder da, und es brauchte Jahre, bis ich die Hintergründe so weit aufgearbeitet hatte, dass mein Rücken entlastet und ich auch da »gesünder« wurde.

Wut war das Thema. Wut worüber? Es war Wut über meine Lebenssituation, über meine Vergangenheit, darüber, dass ich es meinen Eltern, insbesondere meiner Mutter, so lange recht gemacht und Verantwortung übernommen hatte, die sie hätte tragen müssen. Ich kannte die Zusammenhänge zwischen meiner Wut und ihren Ursachen damals noch nicht, deshalb brach sie sich in körperlichen Symptomen Bahn.

In den folgenden Monaten veränderte sich das Verhältnis zu meiner Mutter. Ich benötigte eigentlich nur etwas Abstand. Meine Mutter empfand das jedoch als Vertrauensbruch und reagierte mit moralischen Vorwürfen. Genau das, was ich in meiner schwierigen Situation brauchen konnte ... Die Vorwürfe meiner Mutter entfernten mich nur noch weiter von ihr, und so war zu Hause kein Zuhause mehr, sondern zunehmend ein Ort, an dem eine unangenehme Atmosphäre herrschte. Gott sei Dank war Viktoria da und unterstützte mich.

Die inneren Auseinandersetzungen waren für mich fast nicht auszuhalten. Ich war vollkommen verunsichert, denn meine alten Programme funktionierten nicht mehr. Schon als Baby hatte ich die Rolle des angepassten Kindes übernommen und immer versucht, die Wünsche und Ansprüche meiner Mutter und meines Vaters zu erfüllen. Mit der Verweigerung des Kriegsdienstes hatte ich angefangen, die Beziehung zu meinem Vater zu verstehen, und konnte dadurch meine eigenen Entscheidungen freier fällen. Die Beziehung zu meiner Mutter war viel enger gewoben als die zu meinem Vater, und durch unser Zusammenleben – Viktoria und ich lebten mit unseren beiden ersten Töchtern und unserem Sohn nach wie vor mit meiner Mutter in einem Haus – war die Situation zeitweise unerträglich. An manchen Tagen schwebte ich zwischen Himmel und Hölle. Bis zu diesem Zeitpunkt war mein Leben klar geordnet gewesen, ich hatte feste Vorstellungen und alles im Griff – meinte ich zumindest … Jetzt war das ganze Gerüst ins Wanken geraten. Durch die Behandlungen stellte ich gerade diese seit vielen Jahren gelebte Ordnung infrage und erlebte meine Lebenssituation neu, anders, freier als früher.

Zuerst allerdings wollte ich wieder zurück in meine alte Welt, in der ich alles einsortiert und mir mein Weltbild und meine Leistungsorientierung so schön zurechtgemacht hatte. Das war jedoch nicht mehr möglich. Also musste ich mit meinem neuen Leben zurechtkommen – irgendwie. Nach einer Stabilisierungsphase, die ich vor allem meiner Frau zu verdanken hatte, machte ich erst mal Pause, quasi zur Erholung von der Veränderung: Ich unterbrach die Craniosacral-Behandlungen für fast zwei Jahre. Ein ganz wichtiger Punkt:

> *Wenn Sie sich auf den Weg machen,*
> *Ihre frühen Prägungen aufzuarbeiten,*
> *halten Sie inne, wenn Sie merken,*
> *dass es zu bedrohlich für Sie wird.*

Sie sollten sich nicht überfordern, um nicht Angst vor dem nächsten Schritt zu haben. Man kann es mit dem Ein- und Ausatmen vergleichen oder mit An- und Entspannen: Weder können wir immer nur einatmen, noch einen Muskel immer gespannt halten, denn dann bekämen wir Krämpfe. Es ist bei der Aufarbeitung unserer Prägungen ähnlich, wie ich es im Kapitel »Beruf und Berufung« für den Erkenntnisprozess beschrieben habe: Wir brauchen den Wechsel von Aktivitäts- und Ruhezeiten, nach einer Aufarbeitungsphase erst einmal Ruhe, in der sich die neu erworbenen Einsichten setzen können und dann später als veränderte Handlungsmuster zur Anwendung kommen.

Auch hier sollten Sie nicht bei der Theorie stehen bleiben, sondern Ihre Erkenntnis in lebendige Tat umsetzen, sie bewusst anwenden. Sonst bleiben Sie im Gedankenmodell stecken. Sie kennen das sicher: Viele Menschen schwimmen auf der esoterischen Welle und sprechen über Theorien, über das letzte Seminar, aber Sie spüren, dass zwischen dem Reden und den Taten eine große Kluft besteht. Sollten Sie eine solche Tendenz bei sich feststellen oder ein anderer Mensch Sie darauf hinweisen, dann halten Sie inne und suchen Sie nach der konkreten Umsetzung Ihres Wissens. Nur so können Sie den nächsten Schritt gehen.

Ich machte mich nach der Pause weiter auf den Weg. Der Aufbruch fiel mir zwar nach meinen ersten Erfahrungen nicht mehr so leicht, aber in mir war der Hunger entstanden, mit weniger Leid und mehr Erkenntnis zu leben. Die Beziehung zu meiner Mutter wurde einer Zerreißprobe unterzogen, und ich glaube, dass das Band damals auch zerrissen ist. Für mich war das besonders quälend, weil ich von klein auf um ihre Anerkennung gekämpft hatte. So verursachte die jetzige Ablehnung durch meine Mutter unermesslichen Schmerz. Ich versuchte so weit wie möglich Abstand herzustellen, damit ich mich neu sortieren und mit der entdeckten Wut und den daraus resultierenden Veränderungswünschen zurechtkommen konnte.

Für meine Mutter bedeutete das das Aufkündigen der lang gelebten »Beziehung«, und das verletzte sie wiederum. Nachdem wir in einem Haus mit gemeinschaftlichen Räumen lebten, konnte ich ihr auch nicht wirklich aus dem Weg gehen. Da damals meine Mutter und ich weder verstanden, in welcher Lage wir uns befanden, noch fähig waren, uns zu artikulieren, zerbrach die eingeübte »Partnerschaft«. Diesen Schmerz loszulassen und uns wieder in Frieden zu begegnen, ist uns nur zum Teil und erst viel später gelungen.

In solchen Phasen ist es sehr hilfreich, wenigstens einen Menschen zu haben, der ganz aktiv zu einem steht. Sinnvoll ist eine vorherige Absprache dieser (Mentoren-)Rolle, damit die Begleitung eine Verbindlichkeit hat und beide Beteiligten sich ihrer Rollen bewusst sind. Dadurch kommt es zu einer effektiven Hilfestellung für den betroffenen Menschen, und der Mentor kann ausgleichend, verständnisvoll, streng, vermittelnd, übersetzend – oder wie es sonst im Einzelnen nötig ist – begleiten. Bei mir war der Mentor meine Frau Viktoria. Wir hatten das im Vorfeld nicht vereinbart und abgesprochen, und so war auch unsere Beziehung dadurch teilweise belastet.

Mein weiterer Weg ging über Craniosacral-Therapie, Seminare und das Zusammenleben mit meiner Frau, da wir verstanden hatten, dass es eine Aufgabe in unserer lebenslangen Partnerschaft ist, uns gegenseitig in unseren Entwicklungsprozessen zu unterstützen und zu begleiten. Weiteren großen Zugewinn an neuen Erkenntnissen und neuen Handlungsmöglichkeiten erlangte ich durch die Arbeit und Reibung mit den straffälligen Jugendlichen der Work and Box Company und in der Zusammenarbeit mit Werner Makella.

Bei allem neuen Wissen und kognitiven Verständnis geht es immer darum, dass wir in der Lage sind, unser Wissen auch in Handlung umzusetzen.

Beispielsweise nützt es einem Kind wenig, wenn der Vater weiß, dass es falsch ist zu schlagen, er aber trotzdem weiter zuschlägt. Erst wenn der Vater in der Lage ist, das Schlagen zu unterlassen, kann eine neue Beziehung zwischen Vater und Kind entstehen. Ein weiteres Beispiel ist die Bibel oder ein bewusstseinserweiterndes Seminar. Die Bibel zu lesen oder das Seminar zu besuchen ist noch kein christliches oder menschliches Handeln. Erst wenn wir im Alltag aus der Erkenntnis der Bibel oder des Seminars christlich oder menschlich handeln, hat eine Veränderung stattgefunden. Das Gleiche gilt für den therapeutischen Weg. Nur wenn wir mit uns danach gesünder umgehen, hat die Therapie einen Nutzen gehabt. Erst wenn wir uns und unserem Umfeld neu, liebevoller, zugewandter usw. begegnen, hat der therapeutische Weg seinen Sinn.

In den Phasen der Veränderung kann es oft geschehen, dass sich Angst vor dem Neuen und vor dem Loslassen der alten Muster mit Hoffnung auf Gesundheit vermischt und wir viel zu schnell beginnen, uns selbst alles erklären zu wollen, anstatt zu beobachten, ob wir auch schon anders handeln. Denn nur wenn wir unser Handeln auch schon verändert haben, ist das, wovon wir sprechen, dem anderen und uns eine Hilfe. Das bedeutet nicht, dass wir nur stumm alles tragen sollen, doch sollten wir uns ganz genau überlegen, mit wem wir darüber sprechen. Bei manchen Krankheiten wie zum Beispiel Alkoholismus oder Bulimie ist es oft sinnvoll, ein größeres Umfeld mit in die Stabilisierung einzubeziehen. Zu Beginn aber ist es notwendig, sich erst selbst über die eigene Veränderung bewusst zu werden.

Manchmal sind es aber auch die »gewöhnlichen«, in unserem Alltag »erlaubten« Dinge, die wir zur Flucht und Betäubung benutzen. Es ist immer eine Frage der Menge, die ein Verhalten, einen Konsum, eine Tätigkeit schädlich für uns werden lässt. Im Jahr 2002 bauten wir wie beschrieben unser Haus in Berganger, in der Nähe von Glonn in Oberbayern. Nach der völligen Überarbeitung – ich arbeitete in diesem Jahr 4 200 Stunden – fiel ich anschließend in ein

Loch. Ich setzte mich vor den Computer – da saß ich ja auch das ganze Jahr über am Abend für die laufende Überprüfung des Bauvorhabens – und ersteigerte bei eBay Filme. Und damit nicht genug: Ich schaute mir, völlig entgegen meiner sonstigen – oder sollte ich sagen: früheren? – Gewohnheit, jeden Abend ein bis zwei Filme an. Ich versank in diese Berieselung auf Kosten meines Schlafes.

In diese Zeit fielen weitere Schwierigkeiten. Zum Beispiel wurden in der Schreinerei die Werkstattmeisterin sowie mein angehender Betriebsleiter – einer meiner Fehlversuche, einen Nachfolger für die Schreinerei zu finden – den Anforderungen nicht gerecht, und wir mussten uns trennen. Die Folge war eine große Frustration, weil ich die Stelle wieder nicht hatte richtig besetzen können, selbst die Arbeit nicht mehr machen wollte und jetzt dazu gezwungen war. Aber ich konnte doch deswegen nicht aus der Selbstständigkeit aussteigen – bei meinen Schulden! Und nun dieses Kompensations- und Ablenkungsprogramm. Woher kam das?

Die ersten Vermutungen waren: »Du bist einfach ausgepowert und schlapp«, oder: »Jetzt gönn ich mir mal was«. Aber was trieb mich da im Hintergrund wirklich an? Es ist klar: Nur ein Mensch, der geschwächt ist, ist anfällig. Aber wofür er anfällig wird, ist individuell sehr verschieden. Ich benutzte die Filme, um meine Situation nicht wahrzunehmen. Ich hatte das Fernsehen als Kind von zehn Jahren kennengelernt. Vorher hatten wir zu Hause keinen Fernseher. In dieser Zeit herrschte innerhalb der Familie nach wie vor sehr viel Chaos. Mit dem Fernsehen gab es eine Möglichkeit, dieser stressbetonten Realität zu entfliehen. Auch der Hausbau war sehr stressig und ich so geschwächt, dass ich auf »altbewährte Lösungen« zurückgriff.

Wir alle bewegen uns gern in bekannten Bahnen, sind sie uns doch vertraut. Es gibt in diesem Zusammenhang unterschiedliche Benennungen und Erklärungen. Die einen reden von tiefenpsychologischen Verhaltensprogrammen, die anderen von neuronalen Vernetzungen (Nerven-Autobahnen), manche von biochemischen

Prozessen und noch andere von Schicksal oder Karma. Übersetzt meinen alle die in der Schwangerschaft und Kindheit entstandenen Programme. Und im Großen und Ganzen besteht Einigkeit darüber, dass es verinnerlichte Verhaltens- bzw. Handlungsstrukturen gibt. Hinter diesen Wirkungen steht immer eine Ursache. Es gilt, mit ihr in Kontakt zu treten und sie zu erkennen, sie ins Bewusstsein zu heben.

Und was habe ich aus dieser Erkenntnis gemacht? Mein erstes Mittel ist immer das Sichtbarmachen. Wenn ich merke, es lebt in mir ein Programm und ich bin der Zuschauer, dann schreibe ich einfach die nackten Tatsachen auf ein Stück Papier. So habe ich beispielsweise nie aufgehört, meine täglichen Arbeitsstunden zu notieren, auch als Geschäftsführer und Unternehmer. Und jetzt in diesem Fall? Ich begann eine Liste mit Stunden Schlaf pro Nacht und Filmen pro Tag zu führen. Mit einem solchen Dokumentieren der Tatsachen ändert sich die Wahrnehmung – sonst noch sehr wenig. Ohne das Sichtbarmachen von Verhalten entwickeln wir jedoch meist nur schwer einen Bezug zu unseren Handlungen. Zum Beispiel wird ein Autofahrer, der beim Zu-schnell-Fahren nie erwischt wird, sein Verhalten kaum ändern. Erst wenn es sichtbar wird, wird es bewusst, und nur durch das Bewusstwerden entsteht die Veränderungsoption. Dem Autofahrer wird mit dem Bußgeld sofort bewusst, dass er zu schnell war. Aber kennt er die Ursache für sein Handeln? Zumeist nicht! Und ist er so in der Lage, etwas zu ändern?

Was uns nach dem Bewusstwerden der momentanen Handlung häufig fehlt, ist die zugrunde liegende Ursache. Nach deren Erkenntnis müssen wir aber auch noch emotional unseren Frieden mit der Ursache schließen. Diese beiden Punkte sind das Schwierigste an der Aufgabe, sein eigenes Verhalten zu verändern. Wenn ich ehrlich bin, muss ich sagen, dass ich nicht weiß, wie weit ich auf dem Weg des Ursachenfindens und des emotionalen Friedens bin. Ursachen finden klingt so einfach, ist es aber nicht. Es gibt nie nur eine Ursache, sondern meistens mehrere. Dadurch besteht auch ein vielfältiges Geflecht unterschiedlicher Wirkungen und Verhaltensmuster, die oft sehr eingespielt sind. Das macht die Analyse der Ursachen für uns umso schwerer. Jetzt bräuchte ich nur noch ein paar wissenschaftlich klingende Thesen mit Literaturhinweisen einfließen lassen, die diese Behauptung untermauern, und Sie wären restlos entmutigt. Das ist jedoch keineswegs meine Absicht. Verlieren Sie nie die Geduld mit sich! Manche Veränderungen brauchen Raum und Zeit. Das Wichtigste, was es bei der eigenen Entwicklung zu beachten gilt, ist Kontinuität: dranbleiben und die sich bietenden Chancen aktiv nutzen.

Jede Ursache erzielt eine Wirkung.

Den Wirkungen können wir uns leichter nähern, die erleben wir täglich. Die Ursachen dahinter sind meist gut versteckt. Wenn ich in meinem Leben auf die Wirkungen, also auf mein Handeln und die Ergebnisse schaue, finde ich eine ganze Reihe von Verhaltensstrukturen, die mich in ihrer Eigendynamik »funktionieren« ließen wie etwa nach dem Burn-out das stundenlange Filmeschauen. Dann war da noch die Sehnsucht nach den Bergen, die mich auf die vielen Gipfel gebracht hat. Und wie steht es mit meinen Leistungen und meinen Erfolgen? Sind auch sie Ergebnisse von Sehn-Süchten? Da sind wir schon mitten im Thema: Auch Sehnsucht ist eine Sucht. Womit hat denn Sucht zu tun? Auf jeden Fall nichts mit »suchen«, auch wenn das häufig behauptet wird. Etymologisch stammt das Wort Sucht nicht von »suchen« ab, sondern vom mittelhochdeutschen Wort »siech«, also krank.

In unserer Gesellschaft sehen wir Sucht dann als gegeben an, wenn ein Mensch mit einer gewissen Gewohnheit nicht mehr aufhören kann, obwohl er willens ist, sein Suchtverhalten zu unterlassen und um seine schädliche Wirkung weiß. Doch wo beginnt Sucht? Ist Rauchen Sucht? Sind zwei Bier am Abend Sucht? Oder ist – und jetzt wird es immer persönlicher – täglicher Sex oder Selbstbefriedigung Sucht? Oder auch, zu viel zu essen?

Bei unseren Jugendlichen in der Work and Box Company finden wir dieses Suchtverhalten in allen Schattierungen: angefangen von Cannabis, das erklärtermaßen zum »Runterfahren« genommen wird, über Alkohol, Pillen, Videospiele, »Abhängen« auf der Straße bis hin zum gewohnheitsmäßigen Aggressionsverhalten gegenüber anderen Menschen. Und so groß wie die Suchtneigung, so groß sind auch die Sehnsüchte: nach Anerkennung, nach Beziehung, nach einem ganz normalen Leben ohne Knast, ohne Stress und ohne Gewalt. Gerade das ist die größte Sehnsucht unserer Jungs!

In meiner Familie gab es die Gewohnheit, jedes Wochenende um 6.30 Uhr aufzustehen und in die Natur zu fahren. Sucht? Ein Bruder begann mit 13 Jahren Drogen zu nehmen und spritzte später Heroin. Sucht? Mein eigenes Gefangensein in täglicher Selbstbefriedigung, in der Anpassung, beim Bergsteigen und später im Leistungs- und Krisenlösungsprogramm. Sucht?

Suchtverhalten setzt immer eine Bereitschaft voraus. Genauer gesagt muss ein Sehnen nach etwas, eine Sehnsucht, ein Defizit vorliegen. Wenn nichts fehlt, bedarf es keines Ersatzes dafür. Bei mir wurde die Sucht nach Leistung durch die familiäre Struktur verursacht, in der Anerkennung sowohl von meinem Vater als auch von meiner Mutter nur durch Leistung zu erlangen war. Das, gepaart mit dem sonstigen Stress, führte zur Leistungsorientierung, dann zu den Zielvorgaben, dann zu deren Erfüllung und dann zur Überlastung. Die sexuelle Befriedigung war am Anfang Entdecken und dann Wiederholen eines schönen Gefühls. Denn sonst gab es bei uns in der Familie in dieser Zeit nur Stress, Spannung und Katastrophen. Das wurde zu einer Gewohnheit, die zu Beginn meiner Partnerschaft mit Viktoria nicht mehr passte. Ich projizierte dieses sexuelle Verlangen auf meine Frau, und das belastete uns 18 Jahre lang, bis ich die Ursachen verstand und diese Projektion meiner Sehnsüchte auf meine Frau lassen konnte.

Ob eine Handlung ein Suchtverhalten, eine schädliche Gewohnheit ist oder nicht, lässt sich am besten an der gesundheitlichen Dimension festmachen. Wenn unser Körper oder unser Geist auf längere Sicht durch dieses Verhalten in Mitleidenschaft gezogen wird, liegt ein Suchtverhalten vor. So ist nicht jede Gewohnheit automatisch eine Sucht. Es gibt auch sehr gesunde und sinnstiftende Gewohnheiten.

Rauchen, zwei Gläser Bier am Tag, zu viel zu essen – und natürlich auch zu wenig zu essen – sind also zunächst Gewohnheiten, und wenn ich diese Gewohnheit nicht lassen kann, dann ist es Sucht. Wenn wir uns dieser Thematik ohne Angst nähern und ohne Empörung (»Bei mir stimmt das aber nicht«, »Wenn ich wollte, könnte ich jederzeit aufhören«), dann sind wir offen für den Beginn der Veränderung.

Wenn wir diese Frage in uns bemerken, gilt es, die Ursachen zu suchen, aber nur, um sie zu verstehen, und nicht, um »Schuld« zu verteilen. Denn die Schuld, die Verantwortung, die wir anderen zuschieben, nützt uns nichts bei der Lösung. Wenn wir die Ursachen erkannt haben und unseren Teil der Verantwortung dafür übernehmen, dass es bei uns so ist, wie es ist, dann machen wir uns auf den Weg der Veränderung und der Befriedung in uns.

Was wir als Erstes brauchen, ist die Ehrlichkeit, uns selbst die Sucht einzugestehen. Nur dann sind wir offen für die Anregungen, die schon lange darauf warten, dass wir sie wahrnehmen. Denn Chancen für Veränderung kommen immer und immer wieder vorbei, nur nehmen wir sie oft nicht wahr. Und nur wenn wir beginnen, die Chancen zu sehen, werden wir auch unsere schädlichen Gewohnheiten lassen. So eine Chance ist für einen Raucher beispielsweise ein eigenes Kind: Wenn er es schon nicht für sich schafft, damit aufzuhören, dann wenigstens für sein Kind, damit dieses nicht im Mutterleib oder später in der Wohnung als Passivraucher geschädigt wird. Die Chance kann aber auch in Form eines Freundes vorbeikommen, mit dem man eine Meinungsverschiedenheit hat.

Wenn meine Gewohnheit dann Rückzug ist und ich mich isoliert fühle, kann ich diese Isolierung mit einem Klärungsgespräch und einer Versöhnung durchbrechen. Es ist *meine* Entscheidung, was ich mit den Chancen mache, die auf mich zukommen und mir helfen wollen, mich aus meiner Sucht, aus meiner Sehnsucht zu lösen.

Ich bin in meinem Leben noch einmal und in ein noch viel tieferes Loch gefallen. War im ersten Fall der Hausbau die Ursache der Erschöpfung, so war mein zweites »Bauprojekt« die Kompensation der Trauer und des Schmerzes, die schon seit dem Tod meiner Brüder in mir waren und durch den Tod meiner Tochter wieder an die Oberfläche kamen.

Nach Saras Tod, nach all der Trauer und dem ersten Trost war eine große Leere in mir. Mit der Work and Box Company lief alles bestens, und auch in meinen Firmen war ich wunderbar ausgelastet. Aber was sollte ich mit der Leere machen? Es war die tiefe Wunde, dieses tiefe Allein-gelassen-Sein, das in mir von Urzeiten her rumorte. Und so – wie hätte es anders sein können? – brauchte ich Betäubung. Mich im Alkohol zu verlieren – das hatte ich durchschaut und konnte es lassen. Daher suchte ich wieder einmal Betäubung in der Leistung. Ich habe es schon beschrieben: Eine Idee, ein äußeres Problem zeigt sich, danach gehe ich Verpflichtungen ein und kreiere Sachzwänge, die mich wie ein Hamster im Rad laufen lassen.

Ich hörte von der Versteigerung eines Bauernhofs, um den sich eine Menge Probleme rankten. Die Wirtschaftsgebäude standen schon viele Jahre zum Verkauf – als Rohbau mit fast 1 400 Quadratmetern. Sie sollten in ein Möbelhaus umgebaut werden, aber es war nicht einmal sicher, ob dieser Bau so überhaupt genehmigt oder anderweitig nutzbar war. Der Eigentümer – seine Eltern wohnten noch in dem Bauernhaus – war pleite. Er schuldete der Bank eine gewisse Summe, und auch von Handwerkerseite bestanden noch Forderungen.

Also viele verschiedene Bedürfnisse – ein wunderbares Terrain für mich! Ich suchte nach einem guten, gangbaren Weg für alle Beteiligten. Sobald ich damit angefangen hatte, fühlte ich mich verpflichtet weiterzumachen. Es gelang mir, gemeinsam mit dem Eigentümer für alle eine passende Lösung zu finden. Erstens: für ihn und seine Familie. Das Bauernhaus war seit 1550 in Familienbesitz, und seine Mutter war dort geboren. Für mich war sofort klar: Seine Eltern erhalten lebenslanges unentgeltliches Wohnrecht – notariell abgesichert, sodass es ihnen auch nicht mehr genommen werden kann. Natürlich hätte der Sohn mehr Geld bekommen, wenn seine Eltern ausgezogen wären. Um jedoch die alten Menschen nicht zu entwurzeln und ihm keine Motivation zu geben, seine Eltern zum Ausziehen zu überreden, blieb ich hart. Zweitens: für die Gläubiger. Wenn überhaupt, dann kaufe ich das Gebäude *und* regle alle offenen Rechnungen mit ihnen. Drittens: für den Ort. In dem Rohbau sollten sieben Wohnungen entstehen.

Mit diesen Argumenten ging ich zur Gemeinde und zum Landrat, und alle stimmten zu, obwohl dort eigentlich keine Wohnungen gebaut werden durften. Doch der Rohbau war schon so lange ein Schandfleck, die Eltern hätten in einer Sozialwohnung untergebracht werden müssen, und ich baute für Familien und erfüllte alle Auflagen.

Nur ein Nachbar suchte Streit. Er legte Widerspruch ein, und vor der Regierung von Oberbayern kam es zu Verhandlungen. Ich verzichtete auf eine Wohnung und verpflichtete mich, für Gewerbeflächen zu sorgen, damit ich weiterbauen konnte. Es war eine sehr unsichere Zeit – fast hätte die Regierung den Bau eingestellt, den ich doch schon begonnen hatte. Auch meinen Zeitplan wollte ich nicht durcheinanderbringen lassen. Ein sehr hohes Risiko! Der Nachbar gab auch keine Ruhe und schickte während der Bauzeit siebenmal die Polizei vorbei und auch das Landratsamt auf der Suche nach illegalen Bauarbeitern. Wie immer bei mir fand niemand irgendetwas Ungesetzliches auf der Baustelle.

Der Umgang mit dem Nachbarn machte mir anfänglich zu schaffen. Dann erinnerte ich mich an René Eglis *LOLA-Prinzip** und tastete mich an diese Vorgehensweise heran. Es ist dem Bibelwort »Liebe deine Feinde« ähnlich. Eine große Herausforderung für mich! Während dieser Zeit konnte ich trotz all seiner Schikanen bis hin zum Verwaltungsgericht zumindest Mitleid für den Nachbarn empfinden. Auch wenn es mir noch nicht gelang, für ihn Liebe aufzubringen, war ich innerlich doch frei davon, ihn als Feind zu sehen.

Bei der Durchführung dieses Hausbaus kamen all meine Erfahrungen aus unserem Familienwohnprojekt zum Tragen, und der Bau lief wie geschmiert. Nach sieben Monaten war das Haus fertiggestellt und voll vermietet. Die Gewerbeflächen vermietete ich an eine Naturheilpraxis. Anstrengend war dieses Jahr 2005 natürlich auch wieder, selbst wenn ich schon weniger arbeitete als 2002.

Doch so komplett in ein Projekt einzusteigen und sich in der Arbeit zu verlieren, ist auch eine Art von Sucht. Bei mir die Sucht, dem Schmerz und der Trauer zu entkommen, die durch den Tod der Familienangehörigen entstanden sind. Eine Sucht, die genauso ablenkt wie anderes Suchtverhalten. Allerdings ist es eine Sucht, die zu gesellschaftlichem Erfolg und Anerkennung führt. Manchmal ist Erfolg auch ein Fluch – ebenso wie Geld ein Fluch sein kann. Es kommt auf die Einstellung an, die wir unserem Erfolg gegenüber haben. Wenn wir unseren Erfolg und unser Geld als unser persönliches Eigentum sehen, verkennen wir, wie viele Menschen auf dem Weg dahin mitwirken und fast leer ausgehen.

Daher war ich gerade bei diesem Bau froh, dass ich den Eltern des Eigentümers das Wohnrecht einräumen konnte und dafür auch keine direkte Gegenleistung (Miete) nehmen musste. Es war eine

---

* LOLA ist die Abkürzung für LO = Loslassen, L = Liebe, A = Aktion/Reaktion, vgl. René Egli: *Das LOL²A-Prinzip. Die Vollkommenheit der Welt*, Oetwil 1999

Entscheidung, die vom Herzen kam und wie ein guter Stern über allem lag und mit zum Erfolg beitrug. Wenn wir für den Erfolg oder das Geld und die Möglichkeiten, die wir im Leben haben, dankbar sind, dann können wir auch teilen, teilen im Herzen und teilen im Handeln. Für mich war es im Zusammenhang mit diesem Haus wichtig, mir der Kompensations- und Betäubungsmechanismen bewusst zu werden. Ebenso, dass mir mein Versuch bewusst wurde, so den Schmerz über den Tod meiner Tochter zu betäuben und die Leere zu füllen. Teilen zu können – vom Herzen und in meiner Handlung –, trug dazu bei, dass ein Stück Heilung geschehen konnte. Das Schreiben dieses Buches ist ein weiterer Teil meines Heilungsprozesses.

Eine »ganz normale« Familie

Familie als System

Die Frage »Herr Voß, warum machen Sie als Unternehmer diese Arbeit mit den Serienstraftätern?« lässt sich erst vollständig beantworten, wenn Sie meine Herkunftsfamilie kennengelernt haben. Denn in meiner Biografie liegen die Auslöser, die mich geradezu dazu treiben, das zu tun, was ich tue.

Doch solche Zusammenhänge gibt es nicht nur in meiner Biografie, sondern in jeder anderen auch. Haben Sie, liebe Leserin, lieber Leser, schon Parallelen oder Ähnlichkeiten zu Ihrem Aufwachsen entdeckt oder können Sie Bezüge herstellen zu Erlebnissen, die Sie lange schon verdrängt haben? Vielleicht hilft Ihnen der Blick in meine Kindheit, sich Ihrer Biografie und Ihrer Lebensaufgabe von einer neuen Seite zu nähern.

Als meine Mutter mit mir schwanger war, entstanden in mir wie bei allen Menschen sehr viele unterbewusste emotionale Prägungen. Jedoch wissen wir über diese nur sehr wenig. Auch Mütter und Väter nehmen diese Zeit kaum in Zusammenhang mit dem ungeborenen Kind wahr – es ist ja noch nicht da.

Dazu befragt, sagte meine Mutter: »Es war eine unkomplizierte, normale Schwangerschaft, und es ist mir gut gegangen.« Eine weitere Aussage, an der meine Mutter bis heute festhält, lautet: »Du hast es eh immer am besten gehabt.« Sie hatte nach drei Fehlgeburten drei Kinder innerhalb von vier Jahren zur Welt gebracht, die es ihrer Meinung nach weniger gut hatten als ich: Gregor, geboren am 16. Dezember 1960, wegen seiner Behinderung (Downsyndrom), Clemens, geboren am 7. April 1962, weil mein Vater und er nicht gut miteinander auskamen, und Beate, geboren am 17. Dezember 1964, weil sie nur so wenig Zeit hatte – ein Jahr – bis zu meiner Geburt am 23. Dezember 1965. Aus diesem Satz und der dahinter stehenden Haltung meiner Mutter entstand bei mir schon früh ein schlechtes Gewissen gegenüber meinen älteren Geschwistern und das ständige Bestreben, es meiner Mutter recht zu machen, um dieselbe Aufmerksamkeit, Sorge und Fürsorge zu erhalten wie meine Geschwister.

Mein Vater war der Meinung: »Kinderkriegen ist keine Krankheit, da braucht man kein Krankenhaus«, eine seiner vielen, sehr gesunden Einstellungen (er hatte auch die allerheftigsten ungesunden ...). Und so war ich die vierte Hausgeburt und kam in einer 73-Quadratmeter-Wohnung in München-Ramersdorf zur Welt, einer der schmucken Siemens-Wohnungen direkt am Standort Balanstraße, wo mein Vater arbeitete.

Auch von meinem Vater ist ein Satz überliefert, der mich geprägt hat: »Dieses *eine* Kind noch.« Denn meine Mutter war bereits 42, als sie mich zur Welt brachte. Und noch ein dritter Satz wurde mir als Baby mit auf den Weg gegeben: Als sie mich das erste Mal sah, meinte meine Großmutter: »Des is euer Gscheitster.« Was sie damals wohl gesehen hat?

Aus dieser Situation heraus und gemäß den »Sentenzen«, die mir so zugesprochen wurden, suchte ich mir als letztes Kind – das viele Möglichkeiten zur Beobachtung hatte und wenige zum Handeln – meine Rolle. Oder besser gesagt: Ich übernahm die Rolle, die übrig war: die Rolle des angepassten Kindes, das es den Eltern immer recht machen wollte, um ihre Anerkennung zu erhalten. Und um möglichst wenig verurteilt und geschlagen zu werden. Später ging dieses »Rechtmachen« so weit, dass ich als Jüngster die Verantwortung innerhalb der Familie übernahm – ohne etwas ausrichten zu können.

Um meine Kindheit und das Verhalten meiner Eltern zu verstehen, hilft ein Blick auf deren eigenen Herkunft: Meine Mutter – geboren 1923 – war das dritte von vier Mädchen. Ihre Mutter war als Sängerin viel unterwegs und hatte wenig Zeit für die Kinder. Die emotionale Wärme kam vom Vater, einem selbstständigen Malermeister. Er starb, als meine Mutter sechs Jahre alt war. Danach lebte ihre Mutter mit den vier Töchtern bei Tante und Onkel in einem katholischen Pfarrhof, wo es viel Arbeit und wenig Zuwendung gab. Die Kinder entwickelten die notwendige Eigenständigkeit und kompensierten ihre Situation mit Leistung – ein generationenübergreifendes Familienprogramm! Nach dem Arbeitsdienst im Krieg absolvierte meine Mutter ein Studium zum Lehramt und arbeitete als Lehrerin an der Abendschule.

Mein Vater – Jahrgang 1934 – hat seinen Vater nie kennengelernt. Mein Großvater väterlicherseits durfte aufgrund des Standesdünkels seiner Familie meine Großmutter nicht heiraten. Aufgewachsen ist mein Vater mit der lieblosen Mutter und einem sehr provokanten Stiefvater als Protestant in einem katholischen Dorf. So hat mein Vater schon früh auf eigenen Beinen stehen müssen, und auch er kompensierte die Situation seines Aufwachsens mit Leistung. Er machte eine Lehre als Feinmechaniker, arbeitete danach in diesem Beruf, besuchte berufsbegleitend die Abendschule und finanzierte sich auch sein Studium auf der Fachhochschule zum Diplom-Ingenieur selbst. In der Abendschule lernten sich meine Eltern kennen: meine Mutter als Lehrerin, mein Vater als Schüler. Sie heirateten 1957.

Meine Eltern waren wie alle Menschen stark von ihrer Kindheit geprägt. Mein Vater entwickelte daraus eine Weltanschauung der Härte – sich selbst und anderen gegenüber. Er half sehr couragiert, aber er richtete und strafte ebenso energisch. Wenn eines seiner Prinzipien verletzt wurde (vor allem Achtung materieller Werte oder Gehorsam), teilte er Schläge aus – sowohl spontan im Affekt als auch überlegt und geplant.

Meine Mutter nahm aus ihrer Kindheit heraus eine behütende Haltung ein – zumindest versuchte sie es. Sie wollte die Härte meines Vaters ausgleichen, konnte sich bei seinen Übergriffen aber nicht dazwischenstellen oder Konsequenzen ziehen. So erlebten wir zwar eine moralisch starke und auch verurteilende, aber keine beschützende Mutter.

Durch die Angst, die sowohl wir Kinder als auch meine Mutter vor meinem Vater hatten, wurden viele Dinge nicht an- oder ausgesprochen. Wenn wir Kinder Sorgen oder Nöte hatten, gingen wir zu unserer Mutter. Sie hielt mancherlei vor meinem Vater geheim und sprach mit ihm nur über die »harmlosen« Sachen. Durch dieses Zusammenspiel meiner Eltern gab es selten bis nie klare Aussprachen über Probleme oder direkte Gespräche zwischen uns Kindern und meinem Vater. So wurde auch nach beiden Seiten nur die Sichtweise meiner Mutter kommuniziert, und sie stand immer zwischen dem Vater und uns Kindern. Sie versuchte so uns zum einen vor Schlägen, Abweisung oder Verletzung zu schützen, zum anderen hätte ein gutes Einverständnis zwischen uns Kindern und unserem Vater aber auch ihre Position als Beschützerin gefährdet. Entsprechend entwickelte sich eine Kultur der »Um-die-Ecke-Kommunikation« unter allen Familienmitgliedern. Viele Missverständnisse hätten im direkten Gespräch ausgeräumt werden können. Vieles wäre, wenn Probleme aus- und angesprochen worden wären, gar nicht so geschehen.

So formt sich ein Bild unserer Familiensituation, das geprägt ist von Angst vor meinem Vater. »Abends, wenn der Vater nach Hause kam, zuckten alle zusammen. Er kam herein mit dem Satz: ›Was habt ihr heute wieder kaputt gemacht?‹ Wenn dann was kaputt war, gab es Schläge.« So beschreibt es meine Mutter. Jeder kleinste Kratzer, jeder Fingertapper an der Wand war eine Katastrophe, alles wurde bestraft, oder zumindest wurde heftig geschimpft.

Als ich etwa drei Jahre alt war, ereignete sich zum Beispiel auf einem Spaziergang folgende Szene: Ich hatte ein Wort nicht richtig ausgesprochen. Mein Vater sprach es mir noch einmal vor und forderte mich auf, es richtig nachzusagen. Es gelang mir nicht. Ich erhielt dafür eine Ohrfeige, und er forderte mich erneut auf, das Wort richtig auszusprechen. Ich versuchte es, und wieder gelang es mir nicht. – Stellen Sie sich vor, welche Übermacht ein Erwachsener für ein Kind darstellt: Ein Mensch, der mehr als doppelt so groß ist wie wir selbst (heute müsste mir jemand von ca. dreieinhalb Metern gegenüberstehen), fordert etwas von uns, wozu wir nicht in der Lage sind. Was es noch schwieriger macht: Wir lieben diesen Riesen, er ist ja schließlich unser Vater. Und in diesem Zwiespalt erfahren wir körperliche Misshandlung. – Mein Vater wiederholte erneut Ohrfeige und Forderung. Was danach folgte, erzählt meine Mutter so: »Es hat ein paar Sekunden gedauert, dann hast du geantwortet: ›Papa, ich bin müde.‹« Damit endeten die Schläge.

Bei uns zu Hause herrschte immer eine angespannte Atmosphäre. Mein ältester Bruder Gregor nahm durch seine Behinderung und durch die Aufmerksamkeit, die er erhielt, eine Sonderrolle ein. Er war sehr aktiv: Fand er Streichhölzer oder ein Feuerzeug, zündete er alles Mögliche an, und wenn er konnte, lief er weg. So brauchte er noch zusätzlich die Aufmerksamkeit der Geschwister. Da meine Mutter meist alle Kinder bei sich hatte, suchten wir zu viert, wenn Gregor wieder einmal verschwunden war – und fanden ihn oft erst nach Stunden. Mein zweitältester Bruder Clemens wurde am meisten geschlagen. Er sollte für meinen Vater nach dem behinderten Kind der »Hoffnungsträger« sein und einfach funktionieren. Das tat er aber nicht, wurde so zum schwarzen Schaf und war im Leid sehr eng mit meiner Schwester Beate verbunden.

Abgesehen von Gregors Behinderung erschien unsere Familie nach außen ganz »normal«: die geregelte Ehe meiner Eltern, meines Vaters beruflicher Erfolg – zuletzt leitete er das größte Siemens-Rechenzentrum in Deutschland –, die Aufopferung meiner Mutter und die vier Kinder, die gut folgten. Alles sah nach außen ruhig und sauber aus, alles ganz normal …

Eine Seite der Normalität und ein wichtiger Teil des Familienlebens waren unsere Ausflüge. Jeden freien Tag meines Vaters waren wir unterwegs. Schon morgens um 6.30 Uhr ging es mit unserem VW-Bus los ins Umfeld von München: Starnberger See, Ammersee, Chiemsee, Wanderungen im Moor, Wanderungen an der Isar und in der Pupplinger Au. Mein Vater war auch leidenschaftlicher Segler, und so hatten wir schon zu Kinderzeiten ein aufblasbares, später dann ein festes Segelboot am Chiemsee. Auch »Kinderberge« wie Breitenstein, Farrenpoint, Rechelberg und Gindelalmschneid wurden regelmäßig bestiegen – zur Not auch, wenn eins der Kinder oder meine Mutter krank waren. So fuhren wir zum Beispiel einmal, als ich 39 Grad Fieber hatte, an den Ammersee zum Baden. Es ist aufgrund der Wohnsituation verständlich, dass mein Vater viele Ausflüge mit der Familie machte, es mussten jedoch immer alle mit. Diese Ausflüge waren teils eine Last und teils ein Segen. Gerade auch die Bestätigung im Sport und bei den Freizeitaktivitäten gab mir in meiner Entwicklung den Rückhalt, um nicht abzugleiten. Auf jeden Fall waren wir viel in der Natur, und die Natur hat bekanntlich eine heilende Wirkung.

Unsere Ausflüge waren auch Schauplatz der geschwisterlichen Konkurrenzkämpfe. Wir gingen immer alle im Gänsemarsch hintereinander, und mein Bruder Clemens und ich stritten, wer als Erster hinter dem Vater gehen durfte. Ein völlig unsinniger Streit, den aber mein Vater nicht schlichtete, sondern der zwischen uns ungleichen Brüdern ausgetragen wurde. Meist verlor ich ihn.

Oft zog ich als Kind in solchen Situationen aber auch die Aufmerksamkeit meines Vaters auf mich. Darunter litt wiederum Clemens sehr stark. Mein Preis für diese Aufmerksamkeit war die Ausgrenzung innerhalb der Geschwister. Der Kontakt zu Gregor war aufgrund seiner Behinderung sehr schwierig, aber auch wegen der fünf Jahre Altersunterschied. Bei Clemens stand die Konkurrenz um die Gunst des Vaters im Weg – eine sehr ambivalente Gunst, konnten wir uns doch nie sicher sein, womit und für wie lange sie zu erringen war. So etwas wie Geborgenheit beim Vater war nie wirklich möglich, denn wir wussten nie, wann er sein Verhalten änderte. Meine Schwester Beate stand Clemens sehr nahe. Und so war ich aufgrund der Familiensituation und der von mir übernommenen Rolle des Angepassten unter den Geschwistern allein. Wir hatten zum Beispiel im Keller ein Haus aus alten Kisten und Brettern. Es war das Haus meines Bruders Clemens, und ich durfte weder allein noch mit meinen Geschwistern gemeinsam darin spielen. Es war Tabuzone, und ich war unerwünscht.

So blieb mir nur die Orientierung an meinen Eltern. Die Ausrichtung an meiner Mutter war in der frühen Kindheit bei meinem Wunsch, endlich ganz angenommen und geliebt zu werden, sehr stark. Und so war ich sehr, sehr anhänglich. Mein Zuwendungsbedürfnis stillte ich, indem ich mir bis zum sechsten Lebensjahr von ihr den Po abwischen ließ – und zugleich war ich immer bemüht, es ihr recht zu machen. Das Verhältnis zu meinem Vater war geprägt von Angst und Liebe. Angst vor Strenge, Verurteilung, Schlägen, Angst vor der damit verbundenen Hilflosigkeit und den emotionalen Schmerzen. Ich wurde schon genug geschlagen. Ich wollte nicht so geschlagen werden wie Clemens. Meine Strategie war, meinem Vater gegenüber keine Fehler zu machen und mich anzupassen, wo immer es nur ging. Das funktionierte. In dieser Welt aus Gewalt, Zwang, Strafe und Furcht fand ich intuitiv einen Platz, der mich vor mehr körperlicher Misshandlung und dem seelischen Zerbrechen schützte.

Insgesamt sind mir nur wenige Ereignisse, darunter ein paar schockierende Situationen in eigener Erinnerung, alle anderen Erlebnisse habe ich verdrängt und erinnere sie nicht einmal, wenn sie mir erzählt werden. Das Einzige, was dann wieder hochkommt, sind die Emotionen: Ohnmacht, Hilflosigkeit, Wut.

Verdrängung ist ein Schutz der menschlichen Psyche.

Wenn wir Situationen durchleben, die für uns nicht verarbeitbar sind, oder dauernd unter emotionalem Stress stehen, schaltet sich in uns ein Mechanismus ein, der die Informationen ins Unterbewusstsein abdrängt. Irgendwann in unserem Leben haben wir dann die Aufgabe, diese verdrängten Erlebnisse wieder »auszupacken«, sie zu verarbeiten und zu verstehen.

Meine Mutter war während meiner Kindheit immer wieder krank, auch lebensbedrohlich krank. 1969 beispielsweise verbrachte sie drei Monate stationär in der Klinik, und wir Kinder wurden tagsüber von einer Nachbarin und abends von meinem Vater betreut. Bei anderen Krankenhausaufenthalten meiner Mutter waren wir Kinder dann bei den Paten verteilt.

In den Familien meiner Paten – Tante Ruth lebte ledig mit ihrer Schwester und ihrer Mutter zusammen, Onkel Horst war verheiratet und hatte zwei Kinder – gab es keine häusliche Gewalt, kein behindertes Kind und so viel weniger Stress. Die Angst vor meinem übermächtigen Vater und die Konkurrenz unter uns Kindern fielen dort von mir ab. Es war wie in einer anderen Welt, in der ich mich viel freier fühlte. So war es mir möglich, völlig andere Familiensituationen als zu Hause zu erfahren und förmlich in mir abzuspeichern.

Wenn ich in dieser Kindheit nach Stützen suche, ist wenig zu finden, erlebten wir unsere Mutter doch als schwach und unseren Vater als Despoten. Unterstützung wurde mir nur außerhalb der Familie zuteil. Es war für mich ein großes Glück, dass es hier immer wieder Menschen gab, die für mich da waren und sich um mich kümmerten, dass ich so andere Lebensmodelle kennenlernte und vor allem andere Bezugspersonen hatte. Sie konnten mir den Halt geben, den ich als Kind eigentlich von meinen Eltern hätte bekommen müssen.

Für uns als Eltern bedeutet das heute, uns bewusst zu sein, wie wichtig eine vertrauensvolle Beziehung, ein ehrlicher Kontakt zu den eigenen Kindern ist. Wie wichtig es ist, den Kindern Unterstützung, Rückhalt, Sicherheit, Geborgenheit zu geben, sie als Kinder wahrzunehmen und kindgerecht zu behandeln, statt sie mit Verantwortung zu überfordern und ihnen Erwachsenenrollen aufzubürden. Dieselben Aufgaben haben wir auch in der Gesellschaft, wenn wir mit anderen Kindern in Kontakt kommen.

Die Verletzungen, die Kinder erleiden, werden uns erst bewusst, wenn wir direkt mit ihnen oder ihren Folgen konfrontiert werden: wenn sich ein Kind umbringt, magersüchtig oder drogenabhängig ist – oder wenn wie bei unseren Jungs in der Work and Box Company vielfache Kriminalität und brutale Gewalt im Spiel sind. Nach meiner Erfahrung macht es immer, wenn wir direkt mit einem solchen Menschen zu tun haben, Sinn, liebevoll »nachzufüttern«, was fehlt. Durch die Begleitung meiner Kinder und der jugendlichen Straftäter weiß ich, dass es immer möglich ist, ein Stück weit »nachzufüttern«. Bei den eigenen Kindern ist diese Möglichkeit am größten, aber auch bei »fremden« wie unseren Jungs lassen sich Wege finden. Wir können entscheiden, wann und ob wir das tun. Wir müssen es erkennen und dann den Mut haben, entsprechend zu handeln.

Mein erster Schultag ist mir in deutlicher Erinnerung. Ich wehrte mich mit Händen und Füßen und blieb heulend an der Tür stehen, als meine Mutter ging. Von ihr getrennt zu werden, war für mich fürchterlich. 1973 zogen wir nach Baldham östlich von München, und der Schulwechsel war für mich ein tiefer Einschnitt. Damals begann eine Entwicklung, die sich durch alle Schulsituationen zog: Ich hatte wenig Kontakt zur Gruppe, aber eine feste Bezugsperson. In der Grundschule trug Christel diese Rolle, neben der ich durch Zufall einen Platz bekam. In der Folge wünschte ich mir jedes Jahr von Neuem, neben ihr zu sitzen. In der Freizeit spielte ich dreimal in der Woche bei ihr zu Hause. So ergab sich für mich eine stabilisierende Beziehung, da ich dort eine intakte und gesunde Familie erleben durfte. Meine familiäre Verhaltensstruktur übertrug ich allerdings in puncto Ausgrenzung jüngerer Geschwister leider auf ihre kleine Schwester. In der 5. Klasse kam die Trennung durch unterschiedliche Schullaufbahnen.

Mit sechs Jahren hatte ich das erste Mal den Wunsch geäußert, Schreiner zu werden – dafür brauchte ich keine höhere Schule. Für das Gymnasium hätte ich eine Aufnahmeprüfung machen und vor allem in Deutsch bessere Leistungen bringen müssen. Ich bin froh, dass hinsichtlich Schullaufbahn und Berufswahl meine Eltern (vor allem mein Vater) keinen Druck und keine Vorschriften machten wie bei anderen Entscheidungen. So konnte ich auf die Hauptschule gehen.

Auch dort suchte ich mir einen Freund als feste Anlaufstelle. Es war ein Junge aus der Nachbarschaft mit demselben Schulweg. Ohne ihn wäre ich, der ich durch meine Schüchternheit und Eckigkeit ein Außenseiter war, auch noch ein Einzelgänger gewesen. Die Hauptschule war zwar für mich auch mit viel Lernarbeit verbunden, jedoch stieß ich intellektuell nie an meine Grenzen und hatte nach Schule und Hausaufgaben genügend Zeit, den ständigen Stress, der bei uns zu Hause herrschte, auf der Straße zu verarbeiten. Eine meiner liebsten Übungen war es, Pfennige auf die Eisenbahnschienen zu legen und diese, nachdem der Zug drübergerollt war, wieder zu suchen. Wenn mein Freund keine Zeit hatte, spielte ich allein im Keller mit Plastikfiguren und baute stundenlang Landschaften auf.

Kompensationsverhalten wird es in der Fachsprache genannt, wenn ein Jugendlicher Geld aus dem Portemonnaie der Eltern entwendet und damit Dinge kauft, die er nicht wirklich braucht. So habe ich vor allem meiner Mutter Geld entwendet – immer kleine Beträge, eine Mark, manchmal auch zwei – und damit meine Plastikfiguren gekauft. Aber nicht nur das. Da ich immer noch mehr haben wollte, ließ ich auch das eine oder andere mitgehen, und das schon mit zehn Jahren. Dabei erwischt wurde ich erst viel später – mit 22 Jahren in einem Baumarkt. Damals legte ein guter Bekannter ein Wort für mich ein, und so kam es nicht zur Anzeige.

Ein weiteres Zeichen meiner psychischen Belastung war Fingernägelkauen – bevorzugt vor dem Fernseher: Er kam ins Haus, als ich zehn Jahre alt war. Mein Vater war dagegen, doch meine Mutter wollte, dass uns nichts entgeht, und setzte sich einmal durch. In meiner emotionalen Vernachlässigung suchte ich Ersatzbefriedigung in der Welt der imaginären Bilder. Natürlich erfüllten sich meine Bedürfnisse dadurch nicht wirklich, aber ein zehnjähriges Kind weiß das noch nicht. In meiner Krise nach dem Hausbau nahm ich dieses damals erlernte »Programm« wieder auf. Ich schaute Filme, wenn es erlaubt war, und auch heimlich am Abend, wenn die Eltern nicht da waren. Nicht einmal das haben wir als Geschwister gemeinsam gemacht. Auch da gab es eine klare Trennung.

So spielte ich also innerhalb des Familienverbunds in der Regel allein – bis auf die Wochenenden, an denen weiterhin das »Wir als Familie machen alles gemeinsam«-Programm ablief. Mein Bruder Clemens war der Erste, der ausbrach und nicht mehr auf die Ausflüge mitkam, meine Schwester die Zweite. Und ich, der ich die Rolle des Angepassten innehatte, machte es den Eltern weiter recht und holte mir – nun ohne Konkurrenzkampf – ihre Bestätigung.

Was Clemens tat, wenn wir andern in der Natur waren, davon hatte ich lange keine Vorstellung: Er kam – schon sehr früh: mit 13, 14 Jahren – mit Drogen in Kontakt. Meine Eltern durften davon natürlich nichts wissen. So gab es viele Heimlichkeiten zwischen Beate und Clemens, die für mich nur diffus wahrnehmbar waren. Als ich selbst 12, 13 Jahre alt war, war der Drogenkonsum von Clemens dann auch meinen Eltern klar und nicht mehr zu verheimlichen. Gespräche zwischen meinen Eltern und meinem Bruder fanden, wenn überhaupt, meistens in einer aggressiven Atmosphäre statt und führten zu nichts. Da meine Eltern nicht wussten, was sie machen sollten oder wie sie mit ihrer Angst anders umgehen konnten, entschlossen sie sich, Clemens anzuzeigen. An diesem

Tag durften wir nach der Schule nicht nach Hause und verbrachten die Zeit bei Bekannten, bis die Polizei wieder weg war. Mein Bruder begab sich dann »freiwillig« ins Bezirkskrankenhaus auf Entzug.

Danach haben meine Eltern ihm eine Wohnung in München besorgt – wieder einmal im Streit: Meine Mutter war dafür, mein Vater dagegen. Von da an war Clemens kaum noch bei uns. Einmal kam es zwischen ihm und meinem Vater zu einer Schlägerei – der Auslöser war bezeichnend für unsere Familiensituation. Die Garage war nicht abgesperrt, und mein Vater war wie so oft sehr erbost. Da sich keiner freiwillig verantwortlich zeigte, bezichtigte er aus alter Gewohnheit Clemens. Der war jedoch unschuldig, und mein Vater, der sich im Recht wähnte, hörte nicht auf, ihn anzuklagen. Schließlich setzte sich Clemens mit einem »Arschloch!« zur Wehr. Für diese Majestätsbeleidigung gab mein Vater ihm eine Ohrfeige, die Clemens sich aber jetzt nicht mehr gefallen ließ. Im Nu war eine Schlägerei zwischen Vater und Sohn im Gange mit verletzten Knöcheln und blutigen Lippen. Wir anderen versuchten verzweifelt, uns dazwischenzustellen und die beiden zu trennen. Meine Mutter war völlig machtlos, meine Schwester flog gegen die Heizung und ich heulte. Die Fetzen flogen, bis mein Bruder flüchten konnte. Die Garagentür hatte übrigens meine Schwester offen gelassen, sie hatte zu viel Angst, das einzugestehen. Durch diese Angst, etwas zu sagen und ehrlich zu sein, konnte die Katastrophe erst entstehen. Es war keiner da, der sich einmischte und uns Kinder beschützte, keiner, der seine Hand über uns hielt und diese Gewalt verhinderte.

Mein Vater war wie gesagt ein leidenschaftlicher Segler. Von einem Hochseetörn kam er mit einer Hotelrechnung für ein Doppelzimmer zurück. Wie mir diese Rechnung in die Hände fiel, weiß ich selbst nicht mehr genau. Ich glaube, ich war wieder auf der Suche nach Kleingeld und fand sie in seiner Jackentasche. Mein Verdacht, dass mein Vater eine Geliebte hatte, bestätigte sich beim nächsten Familienausflug, als mein Vater mir in Andeutungen davon erzählte. Meine Mutter ahnte nichts davon. Jetzt stand ich mit meinen 13 Jahren natürlich in einem Loyalitätskonflikt: auf der einen Seite die überraschende Mitteilsamkeit meines Vaters, den ich verehrte und liebte – etwas anderes war, um zu überleben, auch nicht möglich; auf der anderen Seite der Betrug an meiner Mutter, die meine Vertrauensperson war – und ich die ihre. Mit dem Beginn meiner Pubertät war ich mehr und mehr zu ihrem Gesprächspartner geworden. Eigentlich wäre das Beziehungsleben meiner Eltern mich gar nichts angegangen, wäre es gerade in diesem intimen Themenbereich nicht meine Aufgabe gewesen, Partnerersatz zu sein. Aber wie hätte ich das wissen sollen? Schon damals war in mir der Glaubenssatz lebendig: »Wenn es irgendwo etwas zu lösen gibt, bin ich da und versuche zu helfen.«

Diesen Lösungsversuch startete ich in einem Gespräch mit meiner Mutter. Sie war völlig ahnungslos, brauchte aber von meiner Seite nur ein paar Andeutungen, um zu registrieren, dass da etwas nicht stimmte. Was da nicht stimmte, passte nicht in ihr Weltbild. So kam der Betrug durch mich ans Licht, und ich wurde auch noch in dieser Angelegenheit zum Gesprächspartner meiner Mutter.

Wessen Verantwortung ist es, darauf zu achten, dass Kinder Kinder bleiben? Es ist die Verantwortung der Eltern, die Kinder nicht mit Erwachsenen- oder gar Partnerschaftsproblemen zu belasten, sie nicht in die Verantwortung mit einzubinden. Oft besteht diese Gefahr insbesondere bei Alleinerziehenden. Denn hier fehlt der Partner. Gerade bei unseren Jungs in der Work and Box Company erleben wir immer wieder Mütter, die ihre Söhne als Partnerersatz missbrauchen. Die Kinder sind dieser Situation in der Liebe zu ihren Eltern hilflos ausgeliefert.

So wäre es die Aufgabe und Verantwortung meiner Eltern gewesen, mich mein Leben als Kind leben zu lassen und mich nicht in eine Lebenssituation zu bringen, in der ich weit mehr Verantwortung hatte und zu tragen versuchte, als ich tragen konnte und durfte.

Natürlich war ich durch dieses schizophrene Umfeld – einerseits verwahrlost und andererseits fest eingebunden in die Verantwortung und die Strukturen meiner Eltern – nicht gerade ein ausgeglichener junger Mensch. Ich war sehr leicht zu reizen und zu provozieren, hatte immer wieder Aggressionsausbrüche, war aber in der Schule, wenn ich geärgert wurde, meist zu langsam, um die anderen zu fangen und für ihre Provokation zu »bestrafen«. Diese latente Aggression hat sich in meinem Leben gehalten, auch wenn sie heute nicht leicht zu bemerken ist. Denn ich habe in einem langen Weg Wahlmöglichkeiten für mein Verhalten gefunden. Dieser Weg bestand darin, zu reflektieren, mir meines Verhaltens und dessen Auswirkungen bewusst zu werden und mir die für meine Veränderung notwendigen therapeutischen Hilfen zu holen. So konnte ich im Laufe meines Lebens immer öfter die Wahlmöglichkeit wahrnehmen, Ruhe zu bewahren und gelassen zu reagieren.

Mein Loyalitätskonflikt zwischen meinen beiden Elternteilen wurde mit den Jahren immer stärker. Immer schon hatte ich versucht, es sowohl meiner Mutter als auch meinem Vater recht zu machen – doch dies war aufgrund deren Unterschiedlichkeit kaum möglich. Je mehr »Anerkennung« ich von einem Elternteil bekam für das, was ich tat, desto schwieriger wurde es mit dem anderen.

Mein Vater nahm mich zum Beispiel mit zum Segeln. So konnte ich segeln lernen, Segelscheine machen und sogar mit ihm zum Hochseesegeln gehen. Ich war stolz auf die gemeinsamen Aktivitäten mit meinem Vater. Doch meine Mutter teilte meine Freude nicht. Wenn sie dann mein Verhalten – das anzunehmen und zu genießen, was mir von meinem Vater angeboten wurde – moralisch verurteilte, lebte der Konflikt sofort wieder auf – zerrissen zwischen der Loyalität zu meinem Vater und seiner Anerkennung und der Loyalität zu meiner Mutter als ihr Gesprächspartner. Aber ich hatte auch ein durch meine Mutter verursachtes schlechtes Gewissen, weil ich mehr bekam als meine Geschwister, weil ich für mich das Beste herausholte und so eine Überlebenschance fand. Daher drückte mich zugleich die Loyalität zu den Geschwistern, deren Leiden ich nicht in vollem Umfang teilte.

In diesem Rechtmachen für alle Beteiligten, soweit mir das möglich war, in dem Ringen um Anerkennung und der damit verbundenen Zerrissenheit vergaß ich allzu oft eines: mich selbst. Das ist eine meiner Eigenschaften, die mir heute noch zu schaffen machen. Es gilt zu lernen, auf mich selbst zu schauen und auf mich selbst zu achten.

Jeder Mensch nimmt seine Kindheit so wahr, wie er sie wahrnehmen kann. Jeder Mensch nimmt die Verhaltensstrukturen seiner Kindheit mit in seine Pubertät und – wenn er nichts an sich ändert – mit in sein ganzes Leben. Zur Veränderung bedarf er des Erkennens, Reflektierens sowie der Bereitschaft und des Muts, sich über die erste Schicht seiner »Entwicklung« klar zu werden. Was bei uns passierte, ist hier beschrieben. Was sollte ich aber mit der schizophrenen Vielfalt der Angebote aus meiner Kindheit anfangen? Sichtbar waren am Beispiel meiner Geschwister die Risiken und Nebenwirkungen. Aber wo waren die Diamanten, wo waren die Chancen?

Mein ältester Bruder Gregor war mongoloid, und er war Pyromane. Wie weiter oben schon angedeutet: Sobald er etwas zum Brennen bringen konnte, tat er es. Daher gab es bei uns keine Kerzen, kein offenes Licht und keine Streichhölzer. Mein Vater hasste Kerzen auch, da sie ihn an die katholische Kirche erinnerten.

Gregor besuchte ab dem achten Lebensjahr die Friedel-Eder-Schule, eine anthroposophische Tagesschule für geistig Behinderte. Dort konnte er sich seinen Möglichkeiten und Potenzialen entsprechend ausleben. Er liebte diese Schule. Zum einen verhalf sie ihm zu einem Stück Eigenständigkeit, zum anderen ermöglichte sie ihm persönliche Integrität: Dort konnte und durfte er so sein, wie er war. Die besondere Art und Weise dieser Einrichtung, behinderten

Mitmenschen mit Selbstverständlichkeit zu begegnen, hat mich sehr beeindruckt.

Meine Eltern machten sich natürlich auch Gedanken, wo und wie Gregor würde leben können, wenn er volljährig würde. Durch die Friedel-Eder-Schule kamen Kontakte zu einem Ehepaar zustande, das auf seinem Gut Höhenberg bei Velden an der Vils eine Hofgemeinschaft für geistig behinderte Menschen initiiert hatte – ebenfalls eine anthroposophische Einrichtung.

Gregor wollte mit 17 Jahren eigenständig leben und wurde im Herbst 1978 in Höhenberg aufgenommen. Er fand sich dort schnell ein und fühlte sich wohl. Am 30. November desselben Jahres brannte jedoch die Tenne über dem Kuhstall ab. Der Verdacht lag nahe, dass mein Bruder den Brand gelegt hatte, doch es fehlte jede Spur von ihm. Meine Eltern fuhren sofort nach Höhenberg, um bei der Suche zu helfen. Am nächsten Tag wurden die sterblichen Überreste meines Bruders Gregor in der verkohlten Ruine gefunden.

Gregors Tod war ein tiefer Einschnitt in die vermeintliche Normalität unserer Familie. Mein Vater reagierte auf diesen Todesfall mit Schweigen. Meine Mutter wollte unbedingt reden, und so stand ich ihr in der Rolle des verständnisvollen Jugendlichen – ich war 13 Jahre alt – zur Verfügung. In einem dieser Gespräche sagte ich: »Jetzt habe ich nur noch vor meinem Vater Angst, nicht mal mehr vor dem Tod.«

Für Höhenberg war Gregors Tod auf der einen Seite ein Riesenschock und eine existenzbedrohende Krise, auf der anderen Seite ein Segen. Durch das Medieninteresse wurde die noch junge Hofgemeinschaft in der Öffentlichkeit bekannt, und durch den Spendenaufruf für den Wiederaufbau kam viel Geld zusammen.

War es Gregors Aufgabe, so für seine geliebte Hofgemeinschaft zu sorgen, vielleicht sogar seine Lebensaufgabe? Hat das Leben und der Tod eines jeden Einzelnen einen Sinn, und wenn ja, wie können wir diesen Sinn begreifen? Wie können wir trotz des Leids, das uns widerfährt, den größeren Zusammenhang sehen?

Es war das erste Mal in meinem noch sehr jungen Leben, dass ich dem Tod begegnete und mir das Leben dieses Angebot aus nächster Nähe machte. In der Regel begegnet einem Menschen in unseren Breitengraden der Tod intensiv zum ersten Mal im Alter von 40 bis 50 Jahren bei der Auseinandersetzung mit dem Tod der Eltern, und dann meist in der »normalen Form« des Alterstodes. Über die Sinnhaftigkeit des Lebens dieses Menschen, über dessen Lebensaufgabe und über den Zusammenhang mit dem Umfeld und dem eigenen Leben macht man sich in diesen Fällen in der Regel keine Gedanken.

Stirbt ein Mensch früh, ist der Schock groß und die Sprachlosigkeit ebenso. Selten reden wir darüber, weil wir keine Ahnung haben, was Tod ist. Der Tod spiegelt uns den Lauf des Lebens, unsere Vergänglichkeit wider und unsere Machtlosigkeit, diesen Lauf zu beeinflussen. Das Leben meines Bruders machte mich offen, Andersartigkeiten, Behinderungen als normal zu sehen und sogenannte Normalitäten als letztlich ungesund und eng zu empfinden. Sein Tod hingegen brachte eine völlig neue Dimension des Verlustes und des Schmerzes in mein Leben.

Wie sollte ich mit Gregors Tod umgehen? Meine Eltern wussten sich ja nicht einmal selbst zu helfen. Das, was ich bisher zu Hause praktiziert hatte – es allen recht zu machen –, übertrug ich jetzt auf die Schule: das Programm Leistungskompensation. Als Gregor starb, ging ich in die 7. Klasse der Hauptschule. Meine damalige Lehrerin war neu im Schuldienst und engagierte sich sehr, indem sie den Unterricht mit Singen und lebendigem Lernen abwechslungsreich gestaltete. Ich war bis dahin eher gut als sehr gut in der Schule gewesen. Am Ende der 7. Klasse war ich jedoch Zweitbester, und nach dem Schulwechsel in die Hauptschule Vaterstetten war ich immer Klassen- und Schulbester, was mir nicht die Sympathie der Klassenmehrheit eintrug, aber das Wohlwollen meiner Lehrer.

Etwa mit meinem Eintritt in die Lehre brachte mein Vater einen Arbeitskollegen von Siemens mit zu uns nach Hause zum Gitarrespielen. Im Leben meiner Eltern spielte Musik eine große Rolle. Meine Mutter spielte sechs Instrumente und mein Vater acht. Dieser Kollege arbeitete in München und wohnte auf einem Bauernhof am Bodensee. Bald nahm er mich an Wochenenden dorthin mit, und so tauchte ich wieder in eine neue Familienwelt ein, gewann mehr Abstand von meiner eigenen und konnte mich parallel zum Beruf auch privat weiterentwickeln.

Außerdem gefiel mir seine älteste Tochter Viktoria, vor allem, weil sie mir gegenüber offen war. Am Bauernhof von Viktorias Familie wurde noch gebaut. Ich konnte beim Umbau mithelfen und zum ersten Mal verschiedene Bautätigkeiten selbstständig ausführen. Man brachte mir großes Vertrauen entgegen, und ich zog daraus viel Bestätigung. Aber auch das Leben der Familie war für meine Entwicklung damals ein Segen: gemeinsame Mahlzeiten, bei denen gebetet wurde und geredet werden durfte, Gebete und liebevolle Zuwendung auch beim Ins-Bett-Bringen der vier kleineren Schwestern von Viktoria.

Viele Jugendliche stoßen im Laufe ihres Aufwachsens auf Menschen, die die Möglichkeiten des Elternhauses ergänzen und ihnen zu Mentoren werden. Es ist eine Kunst, diese Menschen im eigenen Leben zu erkennen und die damit verbundenen Chancen wahrzunehmen.

Doch was sind eigentlich Mentoren? Der Mentor ist eine Figur aus der griechischen Mythologie und meint heute Anleiter, Begleiter und Ratgeber – meist für einen Jüngeren. Mentoren sind also zugleich Vorbilder. Im Idealfall ist sich der Mentor seiner Rolle bewusst, denn nur so erkennt er die Verantwortung und weiß, was er tut. Leider sind sich Mentoren über ihre Rolle häufig nicht im Klaren, und so entstehen auf beiden Seiten oft Enttäuschungen.

Woran merke ich, dass ich Mentor werde? Daran, dass ein junger Mensch auf mich zukommt, der Begleitung braucht. Dies zu erkennen ist nicht einfach, denn oft wird das Bedürfnis nach Begleitung nicht kommuniziert, ja ist dem jungen Menschen nicht einmal bewusst oder sogar unangenehm. So bedarf es großen Fingerspitzengefühls, das herauszufinden.

Was muss ein Mentor können? Als Erstes braucht er einen – beruflichen, persönlichen, menschlichen – Bezug zu der Person, die er begleiten soll. Dann muss er wissen, mit welcher Art Mensch er es zu tun hat und für welche Aufgabe er da sein soll. Wenn das für den Mentor geklärt ist und er sich für das Kind oder den Jugendlichen Zeit nimmt, kann es zu einer fruchtbaren Begleitung kommen.

Dieser Kontakt zu Erwachsenen außerhalb der Familie ist für die Entwicklung von Kindern sehr wichtig, da sich dadurch ihr Weltbild erweitert und die Abnabelung von den Eltern möglich wird. Wir als Eltern können das nur für unsere Kinder wünschen und, wenn es uns aufgrund unserer Beziehung zu unserem Kind möglich ist, auch nach Mentoren suchen, zum Beispiel in Gestalt von Musikpädagogen, Sporttrainern, Betreuern in Jugendgruppen oder Lehrern.

Wenn wir selbst als Mentor für einen jungen Menschen infrage kommen, müssen wir uns zu Beginn die Frage stellen, ob wir wirklich Mentor sein wollen. Nur wenn wir dazu Ja sagen, dürfen wir diese Verantwortung übernehmen. Viele Menschen machen das aus gesundem Menschenverstand heraus richtig. Denn Emotion und Intuition sind sehr oft stimmig – wenn wir im Kontakt mit ihnen sind.

Außerdem ist es für die Aufgabe als Mentor wichtig, dass wir für den Jugendlichen da sind und nicht der Jugendliche für uns. Es geht also darum, ob wir frei sind von egoistischen Interessen. Wenn wir selbst etwas erlebt haben, das bei uns eine Verletzung hinterlassen hat, dann besitzen wir Empathie für Menschen, bei denen wir den gleichen Schmerz fühlen. Wenn wir aber unseren Schmerz noch nicht verarbeitet haben und nicht in Frieden, sondern immer noch im »Krieg« mit unserer eigenen Verletzung sind, benutzen wir den Jugendlichen nur für unseren Kampf und befriedigen dabei vor allem unsere eigenen Interessen.

Ein Beispiel: Eine Frau, die als Kind von ihrer Mutter geschlagen wurde und das nicht verarbeitet hat, wird zur Mentorin eines Mädchens, dem es ähnlich geht. Sie wird immer gegen die Mutter Partei ergreifen, ohne vermitteln zu können, und das Mädchen gegen die Mutter aufhetzen. Dabei entsteht – oder verstärkt sich – für das Kind ein Loyalitätskonflikt, der ihm nichts nutzt. Das bedeutet nicht, dass wir unsere persönlichen Erfahrungen außen vor lassen sollen, doch sollten wir uns ihrer bewusst und Herr der Situation sein und dem Jugendlichen Aufgaben stellen, an denen er wachsen kann.

> *Ein Mensch, der an seinen Aufgaben wächst,*
> *wird er-wachsen.*

Auch ein Teil unserer Arbeit in der Work and Box Company ist Mentorenarbeit. Wir begleiten diese Jugendlichen, ohne etwas für uns erreichen zu wollen, ohne zu behaupten, dass wir wüssten, was für sie gut ist, aber mit der Gewissheit, dass in ihnen das steckt, was sie brauchen, um ein »normales«, gesellschaftlich angepasstes Leben zu führen. Es ist die Haltung, sich der Verantwortung für den Jugendlichen bewusst zu sein, aber aus dem Vertrauen in die jungen Menschen, diese ihre Fehler und Erfahrungen selbst machen zu lassen.

Auch über Weihnachten und Silvester 1981 war ich bei Viktorias Familie am Bodensee. Dort erreichte mich am 2. Januar 1982 die Nachricht, dass mein Bruder Clemens in Mailand bei einem Verkehrsunfall gestorben war. Ich nahm diese Botschaft relativ ruhig und gefasst auf – Gefühle in mir zu verstecken hatte ich gut gelernt. Aber meine Mutter fragte als Nächstes, ob ich mit ihr zur Identifizierung meines Bruders nach Mailand fahren würde. Sie erzählte, dass mein Vater dazu gesagt hatte: »Nimm den Rupert mit, der kann das tragen.« Da war sie wieder in verschärfter Form: meine Rolle als Partnerersatz für meine Mutter und als Verantwortlicher, die weder meinem Alter noch meiner Position innerhalb der Familie gerecht wurde.

Wir fuhren mit dem Zug nach Mailand. Im Konsulat sagte man uns als Erstes: »Natürlich können wir Ihnen einen guten Anwalt vermitteln!« Was eigentlich passiert war, wussten wir noch gar nicht. Also ging es weiter zum Krankenhaus zu einem Gespräch mit dem zuständigen Arzt.

Mein Bruder war in Mailand gewesen, um Drogen zu besorgen. Er saß im Auto von Bekannten unangeschnallt auf dem Rücksitz, als es zu einem Auffahrunfall kam. Mein Bruder wurde mit leichten Prellungen und Aufschürfungen ins Krankenhaus eingeliefert. Man untersuchte ihn, und er erzählte, er habe Marihuana zu sich genommen. Die Ärzte behielten ihn zur Überwachung im Krankenhaus. Sechs Stunden später wurde er tot auf der Toilette gefunden. Er war durch einen Milzriss innerlich verblutet. Die Symptome, die sich im Krankenhaus in den sechs Stunden nach dem Unfall gezeigt hatten, großer Durst und erweiterte Pupillen, wurden von den Ärzten auf den Drogenkonsum bzw. auf die Entzugserscheinungen zurückgeführt. So hatten sie die lebensbedrohliche Situation meines Bruders nicht erkannt.

Das alles versuchten die Ärzte in italienischem Englisch meiner Mutter zu erklären. War es wirklich so gewesen? Oder hatte es mit Clemens, der kein Italienisch sprach, Verständigungsprobleme gegeben? Hatten die Ärzte es versäumt, richtig nachzufragen? War der drogensüchtige junge Mann aus Deutschland für sie nicht so wichtig gewesen? Alles Fragen, die sich stellten, auf die es aber nie eine Antwort gab. Jetzt war uns auch der Hinweis auf einen Anwalt durch das Konsulat klarer. Meine Mutter hatte hierzu eine ganz eindeutige Haltung: »Egal, ob wir recht bekommen, wenn wir die Ärzte verklagen – mein Kind wird dadurch sicher nicht wieder lebendig. Also wozu?«

Danach wurden wir in den Keller der gerichtsmedizinischen Abteilung geführt. Clemens lag auf dem Tisch – der erste Tote, den ich in meinem Leben gesehen habe. Er sah aus, als schliefe er und würde jederzeit wieder aufstehen. Meine Mutter brach in Tränen aus. Für mich galt es, stark zu sein – und das 16-jährig bei der Identifizierung des eigenen toten Bruders.

Fragen nach der Schuld der Ärzte und ihrer Verantwortung für den Tod, so wie sie sich bei meinem Bruder stellten, beschäftigen in der Regel die Gerichte. Aber für mich verschwimmen gerade bei Clemens die Grenzen für Schuld- und Verantwortungszuweisungen. Waren die Drogen schuld? Waren die Ärzte schuld? War mein Bruder schuld? Waren meine Eltern schuld? Oder waren sogar meine Großeltern schuld, die dazu beigetragen hatten, dass meine Eltern so waren, wie sie waren?

Allein an diesen Fragen lässt sich erkennen, wie schwierig dieser Zusammenhang ist und dass wir viel zu kurz denken und handeln, wenn wir den Versuch starten, die Ärzte – oder wer auch immer für schuldig am Tod eines nahestehenden Menschen gehalten wird – zu verklagen. Das Schlimmste für den Kläger ist, dass er nicht loslassen kann von der Wut und der Ohnmacht gegenüber dem Tod und dem vermeintlich Schuldigen und dass er in Empörung feststeckt. Dadurch kann er nicht trauern und betrügt sich um seine Auseinandersetzung mit dem Abschied und der Endgültigkeit des Verlustes. Im Versuch, andere für den Tod verantwortlich zu machen, hält man auf einer belasteten, einseitigen Beziehungsebene an dem Toten fest und vergisst dabei, sich mit seinem eigenen Schmerz und der Heilung auseinanderzusetzen.

Bei allen Toten innerhalb meiner Familie lassen sich im Äußeren Verantwortliche finden: Bei Gregor haben die Herbergseltern nicht genügend darauf geachtet, dass er keine Streichhölzer in die Hände bekam. Bei Clemens tragen sowohl die Bekannten, die unter Drogen den Unfall verursachten, als auch die Ärzte Verantwortung. Bei meinem Vater trägt der Hausarzt Schuld, weil er nicht frühzeitig auf die Krebssymptome geachtet hat. Außerdem der Arbeitgeber und der neue Vorgesetzte, der meinen Vater nicht mochte, ihm viele Steine in den Weg legte und ihn unendlich stresste. Dann natürlich alle Ärzte, die operierten, behandelten und mit der Behandlung keinen Erfolg hatten. Bei Sara hat allen voran die homöopathische Hausärztin nicht erkannt, dass sie schon viel früher ins Krankenhaus hätte gebracht werden müssen, dann die Ärzte im Krankenhaus, weil sie Sara nicht schon am Vortag verlegten. Und so weiter und so weiter.

Es finden sich immer weit weg Schuldige, bei denen ich meine Energie lassen kann. Keiner dieser Vorwürfe bringt meine Angehörigen wieder zurück, alles vergebliche Bemühungen. Demgegenüber habe ich die Möglichkeit, bei mir zu bleiben, meinen Anteil des Geschehenen anzuschauen und daraus zu lernen. Die Anklage nach außen verhindert das. Ich entscheide, ob ich daraus lerne, ich entscheide, wo meine Kraft welches Ergebnis erreicht.

Unsere Wertungen und Verurteilungen aus dem Schmerz des Verlusts, den wir erleben, bringen uns dazu, die Schuld bei anderen zu suchen. Um uns von dem Schmerz abzulenken, richten wir unsere Aufmerksamkeit nach außen – und schon müssen wir uns nicht mit uns beschäftigen. Auf diese Art und Weise speichern wir genau diesen Schmerz in uns ab, oft auf Kosten unserer Gesundheit. Denn Schmerzen suchen sich ihren Weg nach außen, bis wir uns daranmachen, sie wahrzunehmen und zu tragen. Nach meiner Erfahrung ist es das Beste, sich des Schmerzes, der durch den Verlust eines nahestehenden Menschen entsteht, anzunehmen und die Trauer und das Gedenken als Bestandteil des Lebens zu integrieren.

All die Jahre hatte ich mich bemüht, in dieser teilweise schizophrenen Familiendynamik mit charakterlich sehr verschiedenen Eltern und konkurrierenden Geschwistern meinen Platz zu finden. Mit dem

Tod meiner beiden Brüder verlor diese Dynamik viel von ihrer Schärfe, aber meine Familie verlor auch ihre Substanz, ihren Sinn. Nach Clemens' Tod waren meine Kindheit und Jugend zu Ende.

Im Laufe der Jahre hatte ich auch begonnen, mein kritikloses Verhältnis zu meinem Vater infrage zu stellen. Mit Mitte 20 kam dann eine Situation, die mich zwang, mir zumindest einen Teil davon näher anzuschauen. Beruflich hatte mein Vater in seinen letzten Jahren viel um die Ohren. Sein ehemaliger Chef bei Siemens ging in den Ruhestand, und damit brach für meinen Vater ein Rückhalt in der Firma weg. Er wurde mit den Jahren immer stiller und zog sich in seine Welt zurück. Er hatte eine feste Geliebte neben meiner Mutter. Auch diese Situation war sehr belastend, da es immer irgendetwas zu verheimlichen gab. Noch schlimmer war es, als sie ihn verließ. Über den Tod meiner Brüder habe ich von meinem Vater nie ein Wort gehört. Ich gehe davon aus, dass er dies für sich selbst zu verarbeiten versuchte und es nicht konnte. Auch mit dem Altern hatte mein Vater seine Probleme. So nähte er sich seine Hosen enger, um nicht mehr zuzunehmen.

Dann wurde er krank. Nach der ersten Diagnose, es könnte sich um Krebs handeln, wurde mein Vater in Ebersberg operiert. Einen Tag nach der Operation bat der Chefarzt uns, meine Mutter und mich, zum Gespräch und eröffnete uns, dass er meinen Vater auf- und gleich wieder zugemacht hätte. Aufgrund der großen Ausbreitung und des Fortschritts der Metastasen könne er nichts mehr tun. Mein Vater werde wohl noch drei bis vier Monate zu leben haben. Ihm habe er bisher noch nichts gesagt, da er den Heilungsprozess so kurz nach der Operation nicht stören wollte.

Mein Vater erholte sich erstaunlich schnell von der Operation und redete schon vom Wiedereinstieg in den Beruf. Die Ärzte schenkten ihm keinen reinen Wein ein. Meine Mutter teilte meinem Vater dann vier Wochen später seinen wirklichen Zustand mit. Mein Vater versuchte daraufhin, mit verschiedenen alternativen Ärzten und Kliniken den Krebs noch zu stoppen oder zu heilen, aber es gelang ihm nicht. Er kämpfte und kämpfte auf seine rationale Art und Weise gegen seinen inneren Feind. Über die zusätzlich Einfluss nehmenden Faktoren wie die unverarbeiteten Todesfälle der Söhne, seinen Anteil an der Verantwortung und sein gebrochenes Herz durch das Verlassenwerden von seiner Geliebten wurde in der Familie nie gesprochen, auch nicht zwischen meiner Mutter und mir.

Da die letzte Therapie ambulant stattfand, war mein Vater viel zu Hause, und wir konnten noch sehr viel Zeit miteinander verbringen. Es wäre die Zeit der klärenden Worte und des Verzeihens gewesen. Die Zeit, in der wir hätten alles besprechen können, alles aussprechen können, was passiert und was daraus entstanden war. Keiner in der Familie konnte das. Und so blieb die Zeit dafür weitgehend ungenutzt.

Trotzdem war es eine Zeit, in der wir Abschied voneinander nehmen konnten und in einfachen Dingen noch einmal Gemeinsamkeit erlebten. Wir gingen zum Beispiel gemeinsam spazieren. Und wir kauften meinem Vater ein ferngesteuertes Modellauto, mit dem er auf dem Dachboden Slalom fahren übte. Was haben wir gelacht! Wir als Hinterbliebene konnten uns langsam an den Gedanken gewöhnen, dass es keine Chance auf Heilung mehr gab und die Zeit des Abschieds gekommen war.

Zur rechten Zeit hätte die Klärung der Vergangenheit für meinen Vater vielleicht die Gesundheit bedeutet, wenn er nur in der Lage gewesen wäre, sich dem zu stellen. Wie sehr würde ich mich heute über diesen Späße machenden Großvater für meine Kinder freuen! Wie schön wäre es, ihn einfach in den Arm zu nehmen und zu drücken – wie ich es schon einige Male geträumt habe.

Am 30. Mai 1991 starb mein Vater bei uns zu Hause, und meine Mutter, Viktoria und ich waren bei seinem letzten Atemzug dabei. Die schmerzlindernden Opiate durften wir ihm selbst verabreichen, sodass er in seinem Haus und in Würde sterben konnte.

Es ist eine Gnade, Abschied nehmen zu können – waren doch die Todesfälle meiner Brüder Unglücksfälle. Wie gerne hätte ich meine Brüder noch in den Arm genommen und ihnen gesagt, wie sehr ich sie liebe, wie groß mein Wunsch war, ihnen nahe zu sein. Wie stolz und dankbar ich bin, einen Bruder wie Gregor gehabt zu haben, der anders war als andere Menschen, der mein Leben sehr bereichert und so lebendig und frei in diese Welt geblickt hat. Wie sehr ich meinen Bruder Clemens geliebt und wie gerne ich zu ihm Kontakt gehabt, mit ihm gespielt und einfach zu ihm aufgeschaut hätte – was ich ja insgeheim immer tat. Wie gerne hätte ich mich mit Clemens darüber ausgetauscht, dass nur unsere familiären Strukturen dem im Wege standen und wir uns so nicht nah sein konnten. Wie gern hätte ich einfach mit beiden Zeit verbracht, um sie zu erleben und zu spüren.

Man kann keine Zeit der Welt zurückdrehen und kein nicht gesprochenes Wort nachholen. Beim Tod meines Vaters war dagegen Abschied möglich. Wir konnten uns neun Monate lang begegnen – am Anfang noch mit Hoffung auf Genesung, im Laufe der Zeit mit dem Wissen um den Abschied, dem Wissen, es wird zu Ende gehen.

Der Tod ist Bestandteil des Lebens
wie die Geburt.

Darum soll man so leben, als könnte jederzeit der letzte Augenblick mit einem Menschen sein, und sich fragen: Was würde ich bereuen und was würde ich noch tun oder sagen wollen? Einfach das tun, was längst überfällig ist oder wovor wir Angst haben. Das Richtige für den Augenblick erkennen und es tun. Sich der Endlichkeit unseres eigenen Lebens immer bewusst zu sein, ist die Brücke dazu. Wenn heute mein letzter Tag oder jetzt meine letzte Stunde geschlagen hätte, was würde, was müsste, was könnte ich noch tun, um meinen Eltern, meinen Kindern, meinen Nächsten Frieden zu geben? Was müsste ich wem verzeihen, damit dieser wieder ein Stück freier leben kann?

So können auch Sie, liebe Leserin, lieber Leser, eintauchen in Ihre eigene Welt und für sich beobachten, welche Veränderung dieser Gedanke bei Ihnen in Gang setzt. Zuerst kommt die Veränderung im Denken und dann, je nachdem, was wir zulassen, auch im Handeln.

Mit dem Verzeihen tun wir uns sonst sehr schwer, aber vor dem Hintergrund des Todes und der Ungewissheit, ob wir morgen noch leben, ist der Anstoß zum Verzeihen größer. Ein Mann, der seine Tochter vergewaltigt hat, sollte die Chance nutzen, sie um Verzeihung zu bitten. Ein Vater, der seinen Sohn geschlagen hat, sollte ihn um Verzeihung bitten. Eine Mutter, die ihren Sohn als Partnerersatz missbraucht hat, sollte ihn um Verzeihung bitten. Als Kinder, als Partner und als Eltern tun wir vieles, wofür wir unsere Nächsten um Verzeihung bitten können und sollten. Wir befreien unser Gegenüber dadurch von der Last, etwas für uns zu tragen, und geben ihm die Möglichkeit, von seinen Schmerzen, seinem Leid und seiner Wut zu erzählen. Und wir geben uns die Möglichkeit, uns unsere Fehler einzugestehen und zu beginnen, uns selbst zu verzeihen.

Mein Vater, sein Leben und sein Sterben, sind ein besonders markantes Beispiel dafür, worum es bei den Entscheidungen im Leben geht, welche Verantwortung es zu tragen gilt, was damit gemeint ist:

Entscheidungen
machen unser Leben aus.

Meistens glauben wir, dass es die »großen« Entscheidungen sind wie Berufswahl, Ehepartner, Kinder, Hausbau, die unser Leben beeinflussen. Doch in Wirklichkeit bestimmen die vielen tausend kleinen Entscheidungen unser Leben, die wir jeden Tag ohne nachzudenken fällen. Wir entscheiden, wie viel und was wir essen, wir entscheiden, ob und wann wir uns die Zähne putzen oder ob und wie wir Guten Morgen sagen. Wir entscheiden, ob wir zu Fuß, mit dem Rad oder mit dem Auto einkaufen. Wir entscheiden, ob wir Überstunden machen oder ob wir uns ausruhen. Wir entscheiden, ob wir das Wetter angenehm finden, wenn es regnet, oder enttäuscht darüber sind. Wir entscheiden, wann und wie viel Alkohol wir trinken oder wann und mit wem wir Sex haben. Wir entscheiden, wie wir auf andere Menschen reagieren und sogar, wann wir worüber nachdenken.

Natürlich ist es auch entscheidend, welchen Beruf wir haben oder mit welchem Partner wir verheiratet sind, doch auch dabei kommt es darauf an, wie wir uns in der Situation, in der wir sind, positionieren und welche Entscheidungen wir dann jeweils treffen. Wir können uns zu einer liebevollen Haltung zu unseren Kindern entscheiden – und zwar jeden Tag von Neuem. Wir können uns für ein Gespräch mit unserem Partner entscheiden, und zwar immer wenn wir unseren Partner sehen. Wir können uns für Streit und Auseinandersetzung mit unserem Nachbarn entscheiden oder für Ausgleich und Konfliktlösung.

Vermutlich wird in diesem Buch erkennbar, dass es oft unsere Hindernisse und unsere Verletzungen sind, aus denen heraus unsere Entscheidungen entstehen. Entscheidungen, die wir also nicht bewusst fällen, sodass wir in unserem Leben von unbewussten Verhaltensstrukturen und Entscheidungen getrieben werden. Wir reagieren auf das, was wir entscheiden, und wir agieren nicht innerhalb dessen, was wir vorher wollten und wofür wir uns bewusst entschieden haben. Auch deshalb ist es für uns Menschen so wichtig, unsere Verletzungen zu verstehen und anzunehmen, denn nur dann werden wir fähig, bewusst zu entscheiden.

Alle Entscheidungen bewusst zu fällen geht nicht. Dafür sind es viel zu viele, und unser Gehirn wäre damit überfordert. Die meisten Entscheidungen werden automatisch nach unseren Verhaltensprogrammen getroffen, ohne das Hirn zu erreichen. Doch wenn wir alle wesentlichen Entscheidungen bewusst treffen könnten, würde das bedeuten, dass wir auch genau so leben könnten, wie wir wollen. Damit wären wir handlungsfähig und hätten Wahlmöglichkeiten. Das heißt auch, dass wir die Folgen unserer Entscheidungen wenigstens ein Stück weit bedenken und wissen sollten, welchen Preis wir in unserem weiteren Leben zahlen müssen.

Nehmen wir den Fall meines Vaters. Er hatte sich entschieden, in seiner Familie Prinzipien durchzusetzen, und verwendete dazu Verurteilung und Gewalt. Natürlich waren es die Verletzungen aus seiner Kindheit, die zu seinem Verhalten führten, aber was war der Preis? Der Preis in Bezug auf meinen Bruder Clemens war: Mein Vater hatte nie wirklich Kontakt zu ihm, er musste mit ansehen, dass mein Bruder drogensüchtig wurde und dass er starb. Jetzt kann selbstverständlich jemand behaupten, die Schläge meines Vaters und der Drogenkonsum meines Bruders hätten nichts miteinander zu tun (das Verhalten des einen hätte also nichts mit dem Verhalten des anderen zu tun). Das wäre ein Hinweis darauf, dass derjenige an genau dieser Stelle einen »blinden Fleck« hat und bei sich selbst etwas entdecken und verarbeiten kann.

In den Jahren nach dem Tod meines Bruders begann mein Vater langsam – so hatte es zumindest den Anschein, er sprach ja nie darüber und wurde immer stiller – die Zusammenhänge zu verstehen. Und da er alles in sich hineinfraß, zerstörte ihn vielleicht diese Einsicht innerlich und der Darmkrebs konnte sich ausbreiten. War sein Tod der letzte Preis, den er für seine Entscheidung, für seine Prinzipien und die Methoden Verurteilung und Gewalt zu zahlen hatte?

Bei unseren Jungs in der Work and Box Company erleben wir, dass sie sich sehr schwer tun damit, sich bewusst zu entscheiden.

Ihre Verhaltensprogramme sind zu dominant. Bei ihnen gilt es, erst mal das Bewusstsein dafür zu schaffen, dass sie eine Wahlmöglichkeit haben könnten. Wenn Menschen sehr stark in kompensierenden Verhaltensprogrammen gefangen sind, können sie nicht anders, als zwanghaft in diesen Strukturen zu handeln. Doch ab wann beginnt dann unsere Verantwortung für unsere Entscheidungen? Meiner Meinung nach beginnt diese Verantwortung mit dem Schritt, sich als Erwachsener als Teil der Gesellschaft, also der Gemeinschaft mit anderen Menschen, zu erklären. Es ist unsere Verpflichtung, uns das Wissen dafür anzueignen und uns auf den Weg zu machen, bewusster und menschlicher zu entscheiden und dann auch zu handeln.

Wir kennen den Preis einer Entscheidung oft nicht, weil wir uns darüber keine Gedanken machen. Auch mein Vater hätte, wäre er sich dessen als junger Vater bewusst gewesen, womöglich anders gehandelt. Natürlich wissen wir nicht alles, was in der Zukunft entstehen und passieren kann, und wir können auch niemals so weit vorausdenken, dass wir alle Folgen unserer jetzigen Entscheidungen abwägen könnten, aber wir haben »Regularien«, die Orientierung bieten.

Für mich liegen diese »Regularien« in den Werten begründet, die ein Mensch für sich, sein Leben, seine Gesellschaft anerkennt. Diese Werte gehen aus meiner Sicht auf eine Handvoll Religionen und Philosophien zurück, die schon Jahrhunderte oder sogar Jahrtausende überliefert sind. Interessanterweise haben die Philosophen und Religionsstifter dieser Welt in den unterschiedlichsten Epochen und in den unterschiedlichsten Kulturen immer wieder ähnliche Gesetzmäßigkeiten gefunden, sodass man von einer beachtlichen allgemeinen Gültigkeit ausgehen kann. Es kommt mir vor, als ob diese Gesetzmäßigkeiten notwendig seien, damit wir Menschen auch die Menschlichkeit leben können und uns nicht wie überlebens- oder egozentrierte Lebewesen ohne Entwicklungspotenzial verhalten.

Wichtig ist daran, dass wir also die Orientierung, die wir brauchen, nicht neu erfinden, sondern »nur« einen neuen Zugang dazu suchen müssen. Zumal viele von uns mit Religion schon ihre Schwierigkeiten haben. Die Religionen und Philosophien sind nicht mehr wie früher dogmatisch verordnet. Also muss und kann heute jeder Einzelne selbst entscheiden und verantworten, wie er sich zu ihnen stellt.

Meine Mutter, Viktoria und ich waren so überzeugt von der Idee, dass das Zusammenleben von mehreren Generationen möglich sein muss, dass wir uns keine anderen Gedanken machten. Ich lebte im Zwiespalt zwischen der »ersten Beziehung« zur Mutter und der »zweiten Beziehung« zu meiner Frau. Meine Rolle als Partnerersatz meiner Mutter wurde nach dem Tod meines Vaters größer und schwieriger: Auf der einen Seite sollte ich alles mitentscheiden und mittragen, auf der anderen Seite wollte meine Mutter selbst entscheiden. Meine Frau saß zwischen den Stühlen. So war die Situation sehr anstrengend.

Viktoria und ich bauten um und schufen Lebensraum für weitere Kinder. Da vermeintlich genügend Platz im Haus war, passte alles irgendwie – und irgendwie doch nicht.

Die Situation mit meiner Mutter blieb so, wie sie war, bis ich im Laufe meiner eigenen therapeutischen Aufarbeitung Abstand brauchte, dies aber nicht sofort artikulieren konnte. Das Schlimmste für meine Mutter war, dass ich meine über Jahrzehnte übernommene Partnerersatzrolle aufkündigte – das aber nicht aktiv und bewusst, sondern durch den Versuch, mehr Abstand zu gewinnen und endlich meine Ruhe zu haben. All die lieb gewonnenen Verhaltensmechanismen, mit denen ich mein ganzes Leben versucht hatte, die Erwartungen meiner Mutter zu erfüllen, weil ich angewiesen war auf ihre Zuneigung und Bestätigung, wurden jetzt unterbrochen. Sie reagierte mit Abwendung, teilweise mit übler Nachrede, wenn sie hinter meinem Rücken mit Bekannten sprach, teilweise mit offenen moralischen Vorwürfen. Doch auch dadurch wollte ich mich nicht mehr in die alte Rolle drängen lassen.

Im Laufe der Jahre und der Meinungsverschiedenheiten sortierten wir unsere Haushalte auseinander, doch es blieb der gemeinsame Eingang und es fehlte der Abstand. So kam auch keine wirkliche Auseinandersetzung zustande. Woher kam meine innere Abhängigkeit? Warum wirkten diese Mechanismen so stark, dass ich jahrelang auf der Flucht vor der Belastung, der Abhängigkeit war und mich so schwertat, mich innerlich zu lösen? Nachdem meine Erinnerung der ersten Lebensjahre ausgeblendet gewesen war und das Verhalten meines Vaters immer im Vordergrund der Schilderungen gestanden hatte, war mir nie klar geworden, welche Rolle meine Mutter gerade in Bezug auf mich gehabt hatte, oder besser: welche Rolle ich ihr gegenüber übernommen hatte.

Durch den Umzug in unser neues Heim hatte ich das erste Mal rein räumlich Abstand zu meiner Mutter. In den folgenden Jahren gingen mir immer wieder einzelne Lichter auf: Meine Mutter war durch ihr eigenes Aufwachsen geprägt, den frühen Tod ihres Vaters und die herzlose Mutter. In meiner Herkunftsfamilie war durch die vier Kinder in fünf Jahren wenig Raum dafür, dem einzelnen Kind gerecht zu werden. Gregors Downsyndrom verstärkte dieses Problem. Beate, das dritte Kind, war ein Mädchen. Da meine Mutter ihre eigene Prägung – »das arme Mädchen« – nicht durchschaut hatte, projizierte sie ihr eigenes Leid als Kind auf meine Schwester. Und als ich als Vierter kam, entstand aus all dem mir gegenüber diese Haltung des »Du hast es eh immer am besten gehabt«. Und ich, ich übernahm die Verantwortung dafür, dass ich in den Augen meiner Mutter und in den Augen meiner Geschwister bevorzugt war. Die Verantwortung dafür lag natürlich bei meinen Eltern. Aber Kinder übernehmen aus Liebe alles, was die Eltern nicht tragen. Ich übernahm vor allem die Verantwortung für meine Mutter. Immer drängte ich mich in den Vordergrund und versuchte, alles am allerbesten und passendsten zu machen, damit meine Mutter mich doch noch wahrnehmen würde. Dazu kamen ihre vielen Krankheiten und Krankenhausaufenthalte, durch die sich das Bild der schwachen Mutter wieder und wieder bestätigte. So ging ich immer mehr in die Verantwortung für meine Eltern. Es wäre ihre Aufgabe gewesen, das nicht zuzulassen.

Nur durch das Verstehen der Dynamik meiner Familie wurde es mir möglich, auch etwas mehr von dem zu verstehen, was mich umtrieb. Meine Mutter lebt noch heute mit dem Glaubenssatz, »das arme Mädchen« – sie selbst – habe zu wenig Zeit gehabt. Für mich schwingt darin immer der Hinweis mit: »Du hast es eh immer am besten gehabt«. Und so hatte ich stets die Last zu tragen für das Verhalten meiner Eltern, und es ging mir zunehmend schlechter damit. Eine wichtige Hilfe in diesem Zusammenhang war ein systemischer Satz, den mir Werner Makella sagte und den ich bei Gesprächen mit meiner Mutter immer wieder aussprach: »Ich bin nur dein Sohn.« Vor allem durch diesen Satz kam bei mir ein Ablösungsprozess in Gang und ich konnte meiner Mutter anders begegnen.

Wenn meine Mutter krank ist, nehmen wir sie auch heute immer wieder zu uns. Im Frühjahr 2008 beim Schreiben an diesem Buch ergab es sich, dass ich auf der Suche nach meiner verdrängten Kindheit meine Mutter dazu befragte und sie mir auf ihre Art und Weise davon erzählte. Diese Auseinandersetzung mit den alten Verletzungen – sowohl ihren als auch meinen – hat unser Verhältnis wieder herzlicher und offener werden lassen. Jetzt kann ich ihr etwas entspannter gegenübertreten, und meine Angst, an die Verletzungen aus meiner Kindheit zu rühren, ist nicht mehr so groß.

Für jeden von uns bedeutet
die Auseinandersetzung mit seiner Herkunft
eine der wichtigsten Aufgaben im Leben.

Dabei ist nicht ein oberflächliches »Ich verzeihe meinen Eltern« die Lösung, sondern ein langsames Sich-Nähern. Meistens hat die Medaille zwei Seiten: die Seite der Angst vor der Wiederbegegnung mit der Verletzung und dem Schmerz sowie die Seite des verborgenen Schatzes und der Ressourcen, die dahinter zu entdecken sind. Denn in der Verurteilung oder Verleugnung unserer Herkunft liegt auch unser größtes Belastungspotenzial. Ich habe es bereits früher erwähnt: Wir stammen von unseren Eltern ab – nicht nur genetisch, sondern auch in unserer emotionalen Entwicklung und den dadurch übertragenen Verhaltensstrukturen. Nur mit der Anerkennung unserer Herkunft – unseres Vaters und unserer Mutter – steht uns auch die Kraft unserer Ahnen zur Verfügung. Daher ist die Versöhnung mit unseren Eltern nicht eine Frage unseres Entgegenkommens den Eltern gegenüber, sondern schon aus Eigeninteresse gesund oder sogar überlebensnotwendig.

Ich wünsche mir, dass dieses Buch Ihr Eigeninteresse weckt, Ihre Ressourcen freizulegen, Ihre »Diamanten« zu finden, die in jedem Menschen schlummern und darauf warten, entdeckt zu werden. In diesem Wechselspiel zwischen der Angst vor der Veränderung und dem Wissen um die neuen Chancen glaube ich, schon viele dieser Diamanten entdeckt zu haben – zum Beispiel meine Fähigkeit, mit den Jugendlichen in der Work and Box Company zu arbeiten. Oder die Fähigkeit, meine Unternehmen so zu leiten, dass meine Geschäftspartner und Mitarbeiter sowohl die Verantwortung als auch die Begleitung haben, die für den gemeinsamen Erfolg nötig sind. Oder die Fähigkeit zur Begleitung unserer Kinder mit bewusstem Erziehungskonzept und emotionaler Handlungsfähigkeit, wie meine Frau und ich sie entwickelt haben. Oder meine Fähigkeit, mit meiner Frau Viktoria mittlerweile unsere Partnerschaft so leben zu können, wie Sie sie in diesem Buch kennengelernt haben. Und es gibt schon den nächsten Diamanten, nach dem ich momentan grabe: Es ist die Fähigkeit, mich so um mich selbst zu kümmern, dass ich gesund bleibe.

Aus all diesen Diamanten, diesen entdeckten Ressourcen sind die unterschiedlichen Aufgabenbereiche meines Lebens entstanden – und es kommen immer noch neue hinzu. Sie ergänzen und beleben sich ideell, inhaltlich und personell. Das ist es, was ich Synergie nenne.

Mit dem nächsten Kapitel möchte ich Ihnen Lust machen, bei sich selbst versteckte Diamanten, neue Potenziale zu entdecken, sich neue Ziele zu stecken und sich neuen Herausforderungen auf Ihrem Weg zu stellen.

Synergie

Menschlichkeit im Unternehmen, Ökonomie im Sozialen

Wie entstehen Ziele? Wie und wann sind Ihre bisherigen Ziele entstanden, und wie haben Sie sie verwirklicht? Wie bei den meisten Menschen war das auch bei mir lange unbewusst, ich konnte meinen Erfolg nicht dem Zeitpunkt und Umstand, an dem ich das jeweilige Ziel gefasst hatte, zuordnen.

1995 hatte ich das erste Mal in einem Seminar zum Thema Mentales Verkaufstraining Kontakt mit einem Menschen, der mir die Funktionsweisen des Unterbewusstseins näher brachte. Auch wenn das damals nur der Einstieg war, so beschäftigte mich das Thema doch immer wieder, nur noch nicht in der Klarheit wie heute. Erst 1999 nach der Begegnung mit dem Mentaltrainer Andreas Ackermann begann ich, die Zusammenhänge von mentaler Arbeit zu verstehen.

Ackermann stellte in seinem Seminar »Mentaltraining« vor, wie sich verschiedene Verhaltensweisen, Zustände etc. »umprogrammieren« lassen. Das von ihm propagierte Mittel liegt in der mentalen Bildvisualisierung von gewünschten Zielzuständen. Ein Mensch der zum Beispiel das Rauchen aufgeben will, stellt sich zuerst etwa in einem Spiegel das Bild vor, wie er raucht, und in einem Spiegel daneben das Zielbild: er als Nichtraucher. Dann »zerstört« er den Spiegel, der ihn als Raucher zeigt – und übrig bleibt das Bild vom Nichtraucher.

Die beiden Seminartage waren für mich sehr anregend. Ich wunderte mich nur, dass bei mir keine Bilder entstanden, wenn ich die Augen schloss. Auf meine Frage meinte Ackermann: »Da kann ich Ihnen auch nicht helfen, das müssen Sie einfach ausprobieren.« Also versuchte ich die Methode umzusetzen und fing an zu forschen, durch welche Situationen, Bilder oder Aussagen meine Ziele eingeleitet wurden oder früher eingeleitet worden waren. Und mir fiel einiges ein. Erstens: Den Berufswunsch Schreiner hatte ich mit sechs Jahren ausgesprochen. Mit 18 war ich Schreiner, mit 25 Schreinermeister. Zweitens: Ein wichtiges meiner Ziele war eine Frau, mit der ich Kinder haben konnte. Das besprach ich früh mit Viktoria, und wir haben sechs Kinder. Drittens: Mit 23 Jahren sagte ich zu Viktoria: »Ich könnte mir auch vorstellen, einmal Vorstandsvorsitzender einer Aktiengesellschaft zu werden.« Mit 33 war ich Vorstand meiner eigenen Aktiengesellschaft. Viertens: Im gleichen Jahr sagte ich zu ihr den Satz: »Mit 33 Jahren 33 Mitarbeiter, mit 44 Jahren 444 Mitarbeiter usw.« Mit 33 war ich selbstständig und hatte 33 Mitarbeiter.

Doch zurück zur Frage, warum vor meinem inneren Auge keine Bilder auftauchten. Dass ich mich an meine ersten sieben Lebensjahre nicht erinnere, habe ich schon geschrieben. Nach dem Seminar wurde mir irgendwann klar, dass ich gar kein bildhaftes Vorstellungsvermögen besitze. Ich kann weder Gegenstände noch Szenen bildlich visualisieren. Das erklärte auch, warum ich mit der Rechtschreibung meine Probleme hatte und habe: Ich kann mir weder Buchstaben noch Wörter im Geist vorstellen. Wenn ich sie geschrieben habe, kann ich sie wunderbar verbessern, denn dann sehe ich sie ja.

Also musste es etwas anderes geben, das mich bis an diesen Punkt begleitete und es meinen Zielen ermöglichte, Realität zu werden. Zum ersten Ziel: Ich hatte es ausgesprochen. Zum zweiten: Ich hatte es ausgesprochen. Zum dritten: Ich hatte es ausgesprochen. Zum vierten: Ich hatte es ausgesprochen. Dann fiel mir die Managementtrainerin Vera F. Birkenbihl ein mit der These: Etwa 70 Prozent der Menschen sind vor allem visuell orientiert, es gibt aber auch kinästhetisch und auditiv veranlagte. Und da ging mir ein Licht auf: Die Methode von Andreas Ackermann funktioniert nur bei Menschen, die – wie er – visuell veranlagt sind und über ein bildhaftes Vorstellungsvermögen verfügen. Meine Methode funktioniert, indem ich die Ziele verbal formuliere, sie ausspreche und sie dabei auch höre. Dann durchsuchte ich all meine weiteren Erfolge und stieß auf immer mehr ausgesprochene Glaubenssätze, die mein Leben geprägt und mich bis zum Unternehmertum geführt hatten. Denken Sie nur an den Zettel vom Bau unseres Hauses in Berganger!*

Durch das Erforschen meines Lebens wurde mir klar: Es gibt verschiedenste Wege der mentalen Zielplanung und also mehr als nur eine »richtige« Methode. Und:

Jeder Mensch hat seinen eigenen Weg, seine Ziele zu erschaffen, und lebt in der Wirklichkeit, die er selbst mitbestimmt hat.

Meine Frau und ich planen seit 1999 jedes Jahr unsere Ziele. Darin sind kurz- und auch langfristige Ziele bis an unser Lebensende enthalten. Heute wenden wir natürlich eine verbesserte Technik an. Wir nehmen uns drei Tage Zeit und schreiben unsere Ziele auf große Plakate. Mittlerweile versuchen wir, die Ziele, das heißt den gewünschten Endzustand, sehr genau zu beschreiben, damit auch das geschieht, was wir uns wünschen.

Und Sie, liebe Leserin, lieber Leser? Wie haben Sie in Ihrem Leben Ihre Erfolge erreicht? Wie haben Sie Ihre Ziele geplant, gesetzt und dann verwirklicht? Eine spannende Frage für Sie, oder?! Ich kann Ihnen nur empfehlen: Erforschen Sie die Zusammenhänge und entwickeln Sie Ihre eigene Methode. Wenden Sie sie an, überprüfen Sie die Ergebnisse und verfeinern Sie Ihre Methode Jahr für Jahr.

---

* Vgl. Seite 133 f.

Ein weiterer Aspekt in diesem Zusammenhang sind Glaubenssätze. Mithilfe der Identifikation von Glaubenssätzen lernen wir uns und gerade das, was uns unterbewusst steuert, besser kennen. Andreas Ackermann, aber auch Vera Birkenbihl lehren in ihren Seminaren, dass Gedanken Energie sind. Das ist mittlerweile wissenschaftlich erwiesen. Energie bewirkt etwas – auch das wissen wir. Also müssen auch Gedanken etwas bewirken. Wie viel und was – darüber spekulieren viele Menschen, deshalb können Sie dies nur erfahren, wenn Sie es selbst ausprobieren.

Wir glauben an etwas, und wir formulieren es, in der Regel in Gedanken. Wenn ich auf mein Leben zurückblicke, stoße ich auf Sätze wie: »Das hältst du ja im Kopf nicht aus.« Kein Wunder, dass ich immer wieder Migräne habe. Gerade solche einfachen Sätze sind Glaubenssätze, denn sie haben ihre Wirkung, eine negative oder eine positive.

Genauso verhält es sich mit den Glaubenssätzen, die wir von anderen hören und übernehmen – gerade Eltern haben da besondere Verantwortung. Ich habe im vorigen Kapitel schon einige Glaubenssätze aus meiner Familie zitiert (vgl. Seite 187 f.). Ein weiteres Beispiel ist eine Aussage meines Bruders Clemens kurz vor seinem Tod. Ich war gerade 16 Jahre alt, und er sagte: »Der Rupert wird immer Geld haben.« Ein Satz, den ich nie vergessen habe und der bis zum heutigen Tage zutrifft. Wie mein Bruder das damals erkannt hat, weiß ich nicht – ich hatte ja gerade die Schreinerlehre begonnen, was nicht unbedingt auf zukünftigen Wohlstand hinweist. Aber vielleicht wissen Menschen, kurz bevor sie sterben, mehr und können die Zukunft besser ahnen. Vielleicht ist es aber auch dieser Glaubenssatz, der mich anspornt.

Eltern geben mit dem, was sie sagen, ihren Kindern Glaubenssätze mit. Nimmt es dann wunder, dass kaum ein Erwachsener sagt: »Ich kann singen«? Als Kind hat dieser Mensch gesungen – einfach so, wie Kinder eben singen: Sie hören etwas und singen es irgendwie nach. Dann war wahrscheinlich ein Erwachsener in der

Nähe, der sagte: »Das hört sich aber schief an, das kannst du nicht.« Und das Kind? Es glaubte fortan, es könne nicht singen. Genauso wirken Sätze wie: »Immer wieder machst du das falsch«, »Das habe ich mir doch gleich gedacht, dass du ...« oder: »Davon verstehst du nichts.« So manifestieren wir mit unseren unbedachten Äußerungen Glaubenssätze in unseren Kindern und Mitmenschen und natürlich auch in uns selbst.

Wie können wir das verändern? Zuerst müssen wir diese Glaubenssätze erkennen. Dabei ist es hilfreich, einen vertrauensvollen Partner zur Seite zu haben. Bei mir war es meine Frau. Wir vereinbarten, uns gegenseitig dabei zu helfen, unsere Glaubenssätze zu finden und zu erkennen. Bei den positiven, anspornenden Glaubenssätzen ist das Bewusstsein wichtig, um diese an der richtigen Stelle anzuwenden. Bei den negativen, verhindernden können wir unser Verhalten – und also die Wirkung – meist nicht sofort verändern. Aber es wird uns immer stärker bewusst, wenn wir solch einen Satz erneut verwenden, und so gelingt es uns mit der Zeit, darauf ganz zu verzichten.

Und unsere Jungs aus der Work and Box Company? Welche Glaubenssätze haben sie von ihren Eltern mitbekommen? Wir wissen das natürlich nicht im Einzelnen, aber aus der Wirkung, aus ihrem Handeln, dem fehlenden Selbstvertrauen und der Hoffnungslosigkeit, in der wir sie erleben, können wir erahnen, wie viel Herabwürdigung, wie viel Verletzung, wie viel Liebesentzug sie in Form von negativen Glaubenssätzen erlebt haben müssen, dass sie heute so destruktiv mit sich und ihrem Umfeld umgehen.

Daraus lässt sich auch ermessen, welche Chancen in der Begleitung von Kindern liegen. Wie viel können wir bewirken, indem wir positive Glaubenssätze in unseren Kindern verankern wie: »Du schaffst es!«, »Das kannst du!«, »Es ist deine Entscheidung!«. So können wir Kinder befähigen, für sich und die Gesellschaft Verantwortung zu übernehmen, wenn sie zu Erwachsenen werden.

Wenn Sie all das bedenken, wovon in den letzten Abschnitten die Rede war: von den negativen und positiven Glaubenssätzen über die Gedanken bis zu der Energie, aus der heraus das, was wir uns vorstellen, Wirklichkeit wird – wie groß ist dann unsere Verantwortung für das, was uns geschieht? 100 Prozent? Sie werden wohl fragen: »100 Prozent? Ist das überhaupt möglich?« Und Sie werden wahrscheinlich sagen: »Das kann nicht so viel sein.« Und wenn es doch so wäre? Welches Risiko für uns und welch große Chance!

Um Ihnen den Einstieg zu erleichtern, biete ich Ihnen diese These als Gedankenmodell an, dann können Sie mit mehr innerer Freiheit darangehen. Also stellen Sie sich vor:

> ***100 Prozent dessen, was Ihnen geschehen ist und***
> ***was Sie erreicht haben in Ihrem Leben,***
> ***haben Sie selbst zu verantworten.***

Auf der einen Seite ist dieser Gedanke fast nicht auszuhalten. Das wäre schon eine große Last: Nichts von außen kann ich für mein Leid verantwortlich machen. Niemand außer mir ist an meiner Situation »schuld«. Es ist *mein* Glaube, der mich an diese Stelle meines Lebens gebracht hat. Es sind *meine* Gedanken, die Wirklichkeit geworden sind. Jetzt werden Sie zu Recht sagen: »Und was ist mit meiner Kindheit?« Ja, da haben Sie natürlich recht: Ein Kind kann nicht zu 100 Prozent verantwortlich sein für das, was ihm geschieht. Wie oben schon angedeutet, beginnt meines Erachtens diese Verantwortung damit, als Erwachsener ein Teil der Gesellschaft zu sein. Aber auch dann sind die 100 Prozent Verantwortung noch eindrucksvoll genug.

Doch auf der anderen Seite liegt eine sehr große Chance in diesem Gedankenmodell. Es ist die Chance darauf, dass wir unser Leben und all das, was uns geschieht, selbst beeinflussen können. Wenn wir sagen: »Ich kann nur zehn Prozent meines Lebens selbst bestimmen«, dann bin ich zu 90 Prozent fremdbestimmt. An diesem

Teil kann ich auch nichts ändern. Wenn wir aber sagen: »90 Prozent meines Lebens kann ich selbst bestimmen«, dann sind es nur zehn Prozent, die wir nicht selbst ändern können. Sie liebe Leserin, lieber Leser, können selber entscheiden, wie viel oder welches Gedankenmodell Sie für sich übernehmen. Sie können es einfach mal anwenden und sehen, welcher Prozentzahl Sie damit näherkommen.

Ein Beispiel zur erwachsenen Verantwortung, damit dieses Gedankenmodell verständlicher wird. Nehmen wir an, ein Mensch geht die Straße entlang. Es kommen ihm ein paar Jugendliche entgegen. Der Mensch denkt: »Von denen lasse ich mich nicht einschüchtern.« Es kommt zu einem Wortgefecht, und am Ende hat er eine gebrochene Nase und etliche Prellungen. Sie werden vielleicht sagen: »Die Jugendlichen sind verantwortlich für das, was geschehen ist. Wie hätte sich denn der Mensch anders verhalten oder entscheiden können?« Aber war die Situation wirklich so unausweichlich? Der Mensch hätte zum Beispiel die Straßenseite wechseln können, weil er sich angesichts der Jugendlichen unwohl fühlte. Er hätte auch neutral an ihnen vorbeigehen können. Denn durch die Kampfeshaltung »Von denen lasse ich mich nicht einschüchtern« hat auch er Signale ausgesandt, die mit zu diesem Konflikt geführt haben. Natürlich hat er rechtlich nichts verkehrt gemacht, aber das nützt ihm nichts, denn er hat auch die Schmerzen.

In der Work and Box Company haben wir es genau mit solchen Jungs zu tun, die empfänglich sind für die Abwehrsignale ihrer Umwelt. Sie schildern uns Szenen aus ihrem Leben, beschreiben, wie es zu den Übergriffen kommt. Entsprechend sehen wir es bei der Begleitung auch als unsere Verantwortung an, ob sie uns aktiv angreifen oder nicht. Obwohl wir im Kontakt alles andere als ausweichend handeln, gilt es zu spüren, wie sich die Situation entwickeln könnte und danach sein eigenes Verhalten auszurichten.

Noch ein Beispiel aus meinem Leben: Aufgrund meines Aufwachsens waren nach meiner Jugend die Leitplanken für mein

Weltbild sehr eng. Mit meiner Vaterbeziehung hatte ich mich noch nicht auseinandergesetzt, und um mich herum sah ich »einen Haufen Arschlöcher«. Dieser Widerstand gegen Autoritäten war in meiner Haltung so stark verankert, dass ich mich mit allen Menschen anlegte, die mir diesen Konflikt widerspiegelten. War es meine Verantwortung, dass ich mich so oft ungerecht behandelt fühlte? Ich glaube ja, denn nur ich hätte diese Haltung den andern gegenüber ändern können. Auch wenn ich mit meinem Gerechtigkeitsempfinden recht hatte, war mein Widerstand meist überzogen und führte zu nichts. Erst als ich meine Prägung durchschaut und gelernt hatte, die Verantwortung für meine Haltung zu übernehmen, veränderte sich die Welt um mich herum, und ich stellte fest, dass es die vielen »Arschlöcher« nur in meiner Vorstellung gab.

In beiden Beispielen können die Menschen für sich selbst Verantwortung übernehmen. Tun sie das, ändert sich ab dem Zeitpunkt vieles. Je mehr wir es schaffen, aktiv an unsere Verantwortung für das, was uns geschieht, heranzugehen, desto mehr können wir auch unser Leben gestalten. So birgt das Gedankenmodell von 100 Prozent Verantwortung eben die Chance, dass wir unser Leben zu 100 Prozent gestalten können. Alles, was mich stört, alles, was ich verändern will, kann ich auch verändern: die Ungerechtigkeit der Autoritäten, den Streit mit meinen Mitmenschen usw.

Es ist unser Glaube,
der unser Leben verändert.

Denn Glaube versetzt Berge. Unser Glaube und unsere Gedanken machen es möglich, dass eine andere Wirklichkeit eintritt – wie im Beispiel vom Haus für unsere Familie.

So weit mein Gedankenmodell. Und jetzt noch ein Teilaspekt, der aus meiner Sicht in diesem Zusammenhang wichtig ist. Es gibt natürlich Strömungen und Vorkommnisse, die stärker sind als wir, zum Beispiel der Tod eines nahen Verwandten oder der Ausbruch eines Krieges. So etwas können wir faktisch nicht wirklich beeinflussen. Oder wenn politische Entscheidungen getroffen werden: Um hier direkt etwas zu ändern, müssten wir schon in die Politik gehen und uns selber wählen lassen. Aber auch hier entscheiden wir, wie wir uns verhalten, denn unsere Reaktion auf das, was uns geschieht, bestimmen wir zu 100 Prozent selber und dafür tragen wir auch 100 Prozent der Verantwortung.

Wahrscheinlich laufen in Ihrem Kopf schon die verschiedensten Szenarien aus Ihrem Leben ab, und Sie finden auf der einen Seite Bestätigung für dieses Gedankenmodell und spüren auf der anderen Seite Widerstand. Lassen Sie den Widerstand zu! Versuchen Sie, sich an dieser Verantwortung zu reiben und sich zu beobachten: Wie viel Prozent Verantwortung sehen Sie bei sich, wenn Sie dieses Gedankenmodell verwenden? Beginnen Sie in Ihrem Leben zu forschen und dadurch mehr Kontakt zu dem aufzunehmen, wie Sie in Ihre jetzige Situation gekommen sind. Wenn Sie dann die ersten Schlüsse für sich gezogen haben, können Sie mit dem aktiven Einsatz Ihrer Gedanken beginnen. Wenn Sie das tun, werden Sie sich wundern. Denn das Ergebnis sind Wunder.

Eines der Wunder in meinem Leben, einer der Wirklichkeit gewordenen Gedanken ist mein Partner Werner Makella. Denn zwischen 1996 und 2001 erzählte ich meiner Frau Viktoria immer wieder, wie gern ich einen Partner hätte, mit dem ich mich austauschen und der mich in meinen Entscheidungen begleiten könnte. Und dann wurde dieser Wunsch Wirklichkeit.

Ich werde besonders häufig von interessierten Menschen gefragt, wie Werner und ich uns kennengelernt haben. Ich habe am Anfang dieses Buches schon ein bisschen davon erzählt: indem er meine Familie homöopathisch behandelte. Ich ließ mich zunächst nicht von ihm behandeln, denn diesbezüglich war ich sehr skeptisch. Es dauerte zwei Jahre, ehe ich zu einem Erstgespräch zu ihm fuhr. Genau auf dieser Fahrt kam ich an einem Unfall vorbei, einem tödlichen Unfall. Ich war der Dritte oder Vierte, der an der Unfallstelle eintraf, und die anderen waren schon hektisch mit ihren Handys zugange, um die Polizei und den Krankenwagen zu rufen usw. Aber keiner beachtete den verunglückten Motorradfahrer, der auf der Fahrbahn lag. So wie es aussah, war ein Traktor zu weit in die Straße gefahren, und der Motorradfahrer war am Frontmähwerk hängen geblieben. Aufgrund seines Zustands war an Wiederbelebung nicht zu denken. Aber mein erster Weg führte zu ihm, zu dem Menschen, der da lag. Ich verweilte bei ihm und sprach mit ihm. Menschen mit Nahtoderlebnissen schildern, dass sie über ihren beinahe sterbenden Körper erschraken und dass es gut war, wenn jemand bei ihnen blieb und ihre Seele beruhigte. Daher begleitete ich das Unfallopfer so bis zum Eintreffen der Sanitäter und des Notarztes, der den Tod bestätigte.

»So ein Erlebnis vor dem ersten Treffen!«, dachte ich bei mir. Ich kam mit einer Stunde Verspätung und weit geöffneter Seele bei Werner Makella an. Unser Gespräch war sehr intensiv, und wir stellten beide schnell Übereinstimmungen in unseren Ansichten fest. Danach folgte wie schon geschildert unser Austausch über das Boxen, das Seminar in Schweden und die Vereinbarung zur Zusammenarbeit.

Werner beteiligte sich im Dezember 2001 mit Organisationsaufstellungen an der Zielplanung meiner Firmen. Aufstellungen kommen aus der systemischen Familientherapie und machen durch Rollenübernahmen Zusammenhänge sichtbar. Dasselbe Werkzeug lässt sich auf Organisationssysteme wie Unternehmen anwenden – dies waren übrigens Werners erste Aufstellungen für Unternehmen. Als Nächstes beschäftigte er sich mit der Überarbeitung unseres Qualitätsmanagementsystems*, also mit unserer Unternehmensstruktur. Und so wuchs unsere Partnerschaft und wurde durch die gemeinsamen Projekte hand in und Work and Box Company immer fester und intensiver. Auch Stephan Doll, mein Ge-

* Vgl. Seite 22 f.

schäftspartner in der Voss AG, stand trotz unserer ungewöhnlichen Ideen zu dieser Kooperation.

Schon im ersten Jahr unseres Zusammenwirkens setzten wir die ersten mentalen Zielpunkte. Erstens, dass unsere Organisation »Institut für handlungsorientierte Erfahrungsintegration« heißen und Publikationen herausgeben sollte, zweitens, dass über unsere Arbeit in der Work and Box Company – die es damals noch gar nicht gab! – ein Film entstehen sollte, drittens, dass wir forschen und in unserer eigenen Akademie ausbilden wollten, viertens, dass wir außerdem Unternehmer beraten wollten, am liebsten in Krisensituationen, und zwar persönlich *und* geschäftlich. Und wir entschieden uns füreinander: Wir vereinbarten eine lebenslange Zusammenarbeit und legten fest, dass wir dabei für uns selbst lernen und auch viel Spaß haben wollten. Das war wie gesagt 2002, und wir hatten außer unseren Ideen noch gar nichts vorzuweisen.

Das klare Jawort, das Werner Makella und ich uns gegeben haben, eröffnet wie in jeder Beziehung sowohl Rechte als auch Pflichten. Zum einen haben wir gegenseitig die Sicherheit, dass wir uns nicht so schnell voneinander trennen werden, zum anderen auch die Verpflichtung, zueinanderzustehen, einander zu unterstützen. Aber der Hauptgewinn liegt in einer Reibung, die ein Kontakt auf Augenhöhe ist, die wir mit viel Humor austragen, in der wir uns gegenseitig und die besten Lösungen reflektieren. Die meisten Menschen werden sagen: Mir reicht diese intensive Auseinandersetzung schon zu Hause mit meiner Frau oder mit meinem Mann Die Auseinandersetzung mit Werner ist für mich jedoch mit weniger emotionalen Verstrickungen belastet und dadurch leichter. Wesentlich dabei ist es, diese Partnerschaft genauso ernst zu nehmen wie eine Lebenspartnerschaft mit einer Frau, denn nur so entwickelt sie ihre volle Kraft. Es ist eine Erweiterung der Möglichkeit der ernsthaften eigenen Entwicklung über den Austausch und die Reibung mit einem festen Partner – ähnlich wie mit Viktoria, nur ohne Sex und Kinder.

Diese Synergie wirkt immer, wenn zwei Menschen sich für eine lebenslange Zusammenarbeit entschließen, »in guten wie in schlechten Zeiten« und »bis dass der Tod uns scheidet«. Das Potenzial, das durch unsere feste Bindung freigesetzt wird, ist weit höher als die Summe des Potenzials zweier Einzelpersonen. 1 + 1 ist hier nicht 2, sondern ein Vielfaches davon. Es ist eine Potenzierung des Potenzials.

Und wie reagiert die Öffentlichkeit auf die Ergebnisse unserer Synergie? Um dies zu beantworten, muss ich zurückgehen in das Jahr, in dem ich entschied, Unternehmer zu werden. 1999 fällte ich mit der Entscheidung zur Selbstständigkeit auch die Entscheidung, meine Person zum Vertreter nach außen für unsere Unternehmen und unsere Leistungen zu machen. Die beste Idee, die ich bis dahin hierzu kannte, war aktive Medienarbeit: die Öffentlichkeit via Zeitungsartikel, Radio- und Fernsehberichte etc. über die Besonderheiten, die uns auszeichnen, zu informieren. Damals war das vor allem die Unternehmensnachfolge, unser Beteiligungsmodell als kleine Aktiengesellschaft und die hohe Anzahl von Lehrlingen (45 Prozent der Mitarbeiter). Mit der Work and Box Company kam ein sehr öffentlichkeitswirksamer Bereich dazu, und auch hier setzte ich voll auf »Tue Gutes und rede darüber«. Oder wie es die Bibel formuliert: »Du sollst dein Licht nicht unter den Scheffel stellen.« Also betrieben wir auch hier aktive Pressearbeit. Doch wir wollten auch unser Qualitätsmanagement in den Vordergrund stellen und uns durch Wettbewerbe mit anderen vergleichen und noch besser werden.

So begannen wir, uns um Auszeichnungen und Preise zu bewerben. Der erste war der DEKRA Award. Die DEKRA Certification hatte im Jahr 2004 außer dem normalen Qualitätspreis auch erstmals einen Preis für soziales Engagement ausgeschrieben. Also bewarben wir uns um beide. Die Assessoren, die zu uns kamen, waren sehr beeindruckt, vor allem von unserer Arbeit mit den kriminellen Jugendlichen. Und so gewann die Voss AG im März 2005 den DEKRA Ethik Award. Wir waren überglücklich, und unser Dank galt der DEKRA vor allem dafür, dass sie dieses wichtige Thema ins Licht der Öffentlichkeit gerückt hatte.

Nach diesem Anfangserfolg erzielten wir 2005 beim Deichmann Förderpreis gegen Jugendarbeitslosigkeit den ersten Platz. Jetzt war das Eis gebrochen, und die Widerstände, die es auch intern gegen diese Strategie gegeben hatte, waren aufgehoben. Die nächste Aktion waren zwei Bewerbungen von Voss AG sowie hand in um den Deutschen Förderpreis »Jugend in Arbeit«. Im bayerischen Landeswettbewerb gewannen wir im Januar 2006 mit hand in den ersten Preis bei den freien Trägern und landeten mit der Voss AG bei den Unternehmen auf Platz zwei.

Im Frühjahr 2006 wurde ich von meiner Mitarbeiterin für Öffentlichkeitsarbeit, Sibylle Dietermann, auf die gemeinnützige Organisation Ashoka aufmerksam gemacht, die in Deutschland gerade ihre ersten »Fellows« (führende Social Entrepreneurs – Sozialunternehmer) suchte. Bereits im Oktober wurde ich von Ashoka Deutschland als solcher ausgezeichnet. Im Dezember 2006 gewann ich gemeinsam mit meinen Unternehmen und hand in den ersten Preis beim Bürgerkulturpreis des Bayerischen Landtags unter dem Leitthema »Bürgerschaftliches Engagement von Unternehmen«. Daraus entstand ein Kontakt in die höchste bayerische Politik. Im September 2007 wurde ich von der Handwerkskammer für München und Oberbayern und dem Bayerischen Wirtschaftsministerium für meine Leistungen als verdienter Ausbilder ausgezeichnet. Im November 2007 belegte die Voss AG mit der Work and Box Company beim Unternehmerpreis ZIVIL – der Auszeichnung der Wirtschaftsjunioren Deutschlands für mittelständische Unternehmen – den zweiten Platz. Ende 2007 wollten wir uns noch einmal einem internationalen Wettbewerb im Quality Management stellen und bewarben uns wieder bei der DEKRA Certification. Wir wurden im April 2008 zum zweiten Mal für unser gesellschaftliches Engagement mit dem DEKRA Ethics Award ausgezeichnet. Seit Januar 2008 gehört die Voss AG mit der Work and Box Company außerdem zu den zehn deutschlandweit ausgezeichneten Projekten der Initiative »Unternehmen für die Region« der Bertelsmann Stiftung. Im Mai 2008 gewannen Voss AG und Work and Box Company den Business Award 2008 des Rotary Club München-Flughafen.

Eine weitere für uns sehr wichtige Auszeichnung war im November 2008 der Gewinn des Ludwig-Erhard-Preises in der Kategorie der Unternehmen bis 100 Mitarbeiter durch die Voss AG mit allen Tochterunternehmen. Dies ist *der* deutsche Qualitätspreis für ein ganzheitliches Managementsystem nach dem EFQM-Modell (European Foundation for Quality Management). Wir sind das erste Handwerks- und auch das erste Sozialunternehmen, das diesen Preis in dessen zwölfjähriger Geschichte erzielt hat. Und im Dezember 2008 gewannen die Voss AG und die Work and Box Company den Wettbewerb für gesellschaftliches Engagement für Unternehmen der Initiative »Freiheit und Verantwortung«.

Dass wir von der Öffentlichkeit als so besonders angesehen werden, ist auf der einen Seite schön und auf der anderen Seite auch Verpflichtung und Ansporn. Die Aufmerksamkeit, die auf unser Engagement gelenkt wurde, hat neben den Auszeichnungen noch mehr gute Seiten. Mit Sicherheit hat die große öffentliche Resonanz dafür gesorgt, dass es unsere Arbeit noch gibt.

Doch bei so viel Anerkennung von außen ist auch Vorsicht geboten. Wie gehen wir mit diesem »Ruhm« um? Werner Makella wollte damit möglichst nur am Rande zu tun haben, und so entschieden wir, dass ich mich weiter um den Rummel kümmere. Dabei ist es von größter Wichtigkeit, sich des Verlustes der Privatsphäre bewusst zu sein. Normalerweise hat man in unserer Gesellschaft einen gewissen Anonymitätsschutz. Wenn einen nur wenige kennen, können einen auch nur wenige angreifen – oder bewundern. Je mehr Öffentlichkeit entsteht, desto größer kann sowohl die Gruppe der Angreifer als auch die der Bewunderer werden. Beides ist Gift.

Die Angreifer bekommen mit jedem Satz neues Futter und können einen verletzen. Und die Bewunderer heben einen auf einen Sockel und man verliert die Bodenhaftung. Also hieß es für mich zum Jahreswechsel 2006/2007, mich mit beiden Dynamiken aktiv auseinanderzusetzen: auf der einen Seite mit der Verletzlichkeit und auf der anderen Seite mit der Überheblichkeit. Nur durch die aktive Auseinandersetzung wollte und konnte ich mich weiter auf das öffentliche Parkett wagen.

Eine große Medienwelle schwappte 2008 im Januar zu uns herein – im Zuge der sehr populistischen Diskussion um jugendliche Serienstraftäter. Fernsehen, Radiosender und Printmedien gaben sich bei uns die Klinke in die Hand. Zwei Wochen war mein Kalender mit Interviewterminen und Foto- und Filmshootings gefüllt. Auch hier konnte ich wieder über den Umgang mit Öffentlichkeit dazu lernen – Übung und Orientierung vor dem nächsten Ansturm.

Unter all unseren Auszeichnungen gibt es eine besondere. Es ist die Berufung zum »Social Entrepreneur«, zum Fellow von Ashoka. Ashoka ist eine weltweit tätige soziale Organisation, die 1980 von Bill Drayton in den USA gegründet wurde. Zuerst kümmerte sich Drayton um Sozialunternehmer in Indien und Indonesien. Dann weitete sich Ashoka auf Lateinamerika und Afrika später auch auf die Industrieländer aus. So werden seit Mitte der 80er-Jahre weltweit Social Entrepreneurs gefördert. Drayton ist überzeugt, dass auch der gesellschaftliche Wandel von Unternehmerpersönlichkeiten, in diesem Fall von Sozialunternehmern, übernommen werden sollte, da sie die notwendigen Eigenschaften besitzen, um sich mit ihrer Idee oder ihrem Projekt durchzusetzen.

Die Hilfestellung, die Ashoka seitdem gewährt, ist weltweit gleich: Ashoka sponsert Social Entrepreneurs, die am Anfang ihrer Arbeit stehen, für drei Jahre mit Stipendien. Es ist eine Beihilfe zum Lebensunterhalt, damit sie sich ganz ihrem Projekt, ihrer Idee widmen können. Das berühmteste Mitglied im Ashoka-Netzwerk ist

Muhammad Yunus: Er erhielt 2006 den Friedensnobelpreis für sein System der Mikrokredite, mit dem er Millionen von Menschen dazu verholfen hat, sich eine eigene Existenz aufzubauen.

Ashoka Deutschland wurde von Konstanze Frischen aufgebaut. Als Erstes machte sie sich auf die Suche nach Menschen, die diese Art des gesellschaftlichen Wandels verstanden und unterstützen wollten. Erst danach suchte sie die ersten Sozialunternehmer in Deutschland.

Auch das Auswahlverfahren von Ashoka ist weltweit gleich. Es setzt sich aus fünf verschiedenen Stufen zusammen und stellt sicher, dass Menschen ausgewählt werden, die sich ihrer Aufgabe für lange Zeit widmen und für nachhaltige Veränderung in der Gesellschaft sorgen. Die fünf Kriterien, nach denen Ashoka seine Fellows auswählt, sind:

1. Die innovative Idee/das innovative Konzept

Hat der Kandidat ein grundlegend neues Konzept, wie ein gesellschaftlich drängendes Problem zu lösen ist? Was unterscheidet seinen Ansatz von der Herangehensweise anderer? Hat sein Konzept das Potenzial, um nachhaltig gesellschaftlichen Wandel zu bewirken? Ist die ursprüngliche Idee von ihm bzw. was ist das Besondere an seiner Methode, das bisherigen Ansätzen fehlte?

2. Kreativität und Innovationsfreude

Wie kreativ und originell ist der Kandidat in Bezug auf Idee, Zielsetzung und Problemlösungsansätze? Wie flexibel und einfallsreich geht er mit organisatorischen und politischen Chancen und Hindernissen um?

3. Unternehmergeist

Ist der Kandidat so sehr von seinem Vorhaben überzeugt, so »besessen« davon, dass er für die Verwirklichung bereit ist, »alles stehen und liegen zu lassen«? Hat er die zur Verwirklichung nötigen Schritte und Details durchdacht? Wie kann die Idee gesamtgesellschaftlich ausgeweitet werden? Wie lassen sich Einzelaspekte ineinanderfügen, sodass ein Gesamterfolg entsteht? Zeigt sich unternehmerischer Geist in seinem Lebenslauf?

4. Hohe gesellschaftliche Auswirkung

Wie wahrscheinlich ist es, dass der Ansatz des Kandidaten zur Lösung eines gesellschaftlichen Problems beiträgt? Ist das Projekt so praktikabel, dass es auf breiter Basis umgesetzt werden kann? Wenn ja, wie viele Menschen werden in das Projekt eingebunden? Wie viele werden davon in welcher Weise profitieren?

5. Integrität und Vertrauenswürdigkeit

Ist der Kandidat im Austausch mit anderen? Was ist seine Motivation zu tun, was er tut? Ashoka nimmt niemanden in die Fellowship auf, der Gewalt anwendet oder verherrlicht, der rassistisches oder diskriminierendes Gedankengut pflegt, der ideologische Züge trägt oder ethisch zweifelhafte Ziele verfolgt.

In welchem Feld ein Kandidat tätig ist, spielt keine Rolle, jedoch muss das Anliegen gesellschaftlicher Natur sein. Allerdings fördert Ashoka Deutschland nur Menschen, deren Projekte auf die Beseitigung eines hiesigen gesellschaftlichen Problems abzielen. Die meisten Fellows sind auf Gebieten wie Menschenrechte, Gesundheit, Bildung, Armut, Jugend, Integrationsarbeit sowie technologische und gesellschaftliche Entwicklung tätig.

Nach allen diesen Kriterien wurde ich im Auswahlverfahren durchleuchtet. Es ist nicht ein Aussondern, sondern ein interessiertes Suchen nach dem, was es bei diesem Kandidaten zu entdecken gibt.

Zu Beginn steht das Kennenlernen mit den Ashoka-Mitarbeitern. Dabei werden schon viele Fragen gestellt, wie das System genau funktioniert und wie es verbreitet werden soll. Es wird nach dem eigenen Weg gefragt, auf dem man zu dieser Arbeit gekommen ist. Es wird gefragt, was man nach den ersten Rückschlägen macht usw. Als Nächstes folgt eine schriftliche Bewerbung, in der alle diese und weitere Fragen beantwortet werden. Für mich war das eine hervorragende Art, mich mit dem Motor aus meiner Herkunft zu beschäftigen und meine Handlungsmotivation zu überprüfen. Der nächste Schritt war ein intensives Gespräch mit Konstanze Frischen, um die Hintergründe der Arbeit des Bewerbers zu verstehen.

Dann trafen wir uns zu einem vierstündigen Interview mit einem internationalen Ashoka-Mitarbeiter. Mein Gesprächspartner war ein Pole, der in der Solidarność-Bewegung aktiv war und in den 80er-Jahren die Mitglieder von Solidarność auf Lügendetektortests vorbereitet hatte. Es war für mich ein besonders spannendes Gespräch, in dem ich noch einmal viel über mich selbst erfuhr.

Nachdem dieser Mitarbeiter sein Ja gegeben hatte, folgte ein Tag mit vier Gesprächen mit nationalen und internationalen Ashoka-Mitarbeitern. Die letzte Stufe zur endgültigen Anerkennung als Ashoka-Fellow ist die Entscheidung im International Board von Ashoka in Amerika. Für mich kann ich sagen, dass allein die Bewerbung und das Durchlaufen dieser verschiedenen Stufen sehr hilfreich waren. Noch nie wurde ich so hinterfragt, angefangen von meiner Motivation über die Funktionsweisen der Methode bis hin zur Verbreitung in der Gesellschaft.

Alle Mitarbeiter von Ashoka, die ich kennengelernt habe, sind getragen von einem weltoffenen Menschenbild und mit einer Neugierde ausgestattet, die einem im Gespräch alles abverlangt. Dass unsere Arbeit mit den Jugendlichen und ich dann ausgewählt wurden, war eine sehr große Freude und die Bestätigung, auf dem richtigen Weg angekommen zu sein. Allen Mitarbeitern von Ashoka gilt mein Dank für ihre positive Begleitung bis heute.

Zwei Tage vor der Ernennung zum Social Entrepreneur durch Ashoka erlebte ich einen Paradigmenwechsel in meinem Leben. Zu dieser Zeit hatte ich die Betriebsleitung der Schreinerei schon zwei

Jahre an meinen Nachfolger Bernd Musial übergeben. Auf dem Weg zum Auto ging ich durch die Schreinerwerkstatt und dachte so für mich: »Ja, ich war auch mal Schreiner.« Da ich mit sechs Jahren diesen Beruf gewählt, mit 15 Jahren die Lehre begonnen hatte und noch heute eine Schreinerei habe, war der Gedanke, dass dieser Teil meiner beruflichen Identität, der mich 34 Jahre lang begleitete, nun vorbei war, zuerst sehr erschreckend und dann sehr aufregend. Denn damit brach für mich auch eine neue Zeit an: die Zeit als Sozialunternehmer – dieser Titel wurde mir am 19. Oktober 2006 im Münchner Künstlerhaus verliehen.

Jetzt war ich also zusätzlich zu meinem Unternehmertum auch noch Sozialunternehmer. Das Erste, was ich daraufhin tat, war, den Druck auf mich selbst immens zu erhöhen. Hatte ich doch immer, wenn ich mich zu etwas verpflichtet fühlte, erst mal so richtig Gas gegeben. Angefangen mit Englisch lernen (die gemeinsame Sprache bei Ashoka International) über »Jetzt muss aber ein zweiter Standort für die Work and Box Company her!« bis hin zu »Wie bringe ich all meine verschiedenen Aufgaben unter einen Hut?« Nicht dass ich es nicht gewöhnt gewesen wäre, viele Aufgaben gleichzeitig zu bewältigen, aber in diesem Fall war es besonders schwierig für mich. Ein Problem zu lösen, das mir in die Hände fällt, das mit anderen Menschen auf mich zukommt oder dessen Rahmenbedingungen ich selbst bestimme, fällt mir leicht. Aber bei der Verbreitung der Work and Box Company gab es so viele Widerstände! Gespräche über Gespräche haben wir geführt, viele verschiedene Städte angeschrieben, angerufen und über Verbindungen weiterer Menschen kontaktiert. Aber nichts Messbares bewegte sich – und dabei hatte ich doch für mich das Ziel ausgerufen, 2007 eine neue Work and Box Company zu eröffnen.

Bei manchen Städten war wenigstens anfänglich Interesse da. Andere hatten das Problem von jugendlichen Serienstraftätern offiziell nicht. Wieder andere besaßen selbst schon sehr gute Lösungen. Und immer wieder Termine vor Ort und Gespräche, und nach den Gesprächen angepasste Konzepte. Keine Stadt erkannte unser Potenzial oder die Chance, die in unserer Arbeit lag. Wir hatten keinen Erfolg. Oder besser gesagt: Meine Erfolgsvorgaben ließen sich nicht wie geplant umsetzen. Noch heute liegt unser Konzept verschiedenen Städten vor, und die Entscheidungen lassen auf sich warten. Erstaunlich war der Widerspruch zwischen dem öffentlichen Interesse auf der einen Seite und den Schwierigkeiten der Umsetzung und Akzeptanz auf der anderen. Eine Situation, die so für mich nicht verständlich war.

Dazu kam, dass es mir gesundheitlich immer schlechter ging. Im März 2007 hatte ich eine schwere Bronchitis und im Juni einen anaphylaktischen Schock. Mein Zwerchfell tat ständig weh, und der innere Druck wurde nicht weniger. Damit lebte ich im selbst gemachten Stress einfach weiter. Mein Hamsterrad mit den hohen Vorgaben, in das ich immer wieder einstieg, rotierte inzwischen auf Kosten meiner Gesundheit. Da musste ich doch wohl etwas vergessen haben in meiner Zielplanung ...

Im Frühjahr 2007 erhielten wir die ersten Anfragen für Referate, und so übte ich im kleineren Rahmen vor 50 bis 100 Menschen meine ersten Vorträge. Im Sommer kamen dann zwei Anfragen von der Hanns-Seidel-Stiftung und der Initiative Ludwig-Erhard-Preis ins Haus. Das war für mich schon eine größere Herausforderung: vor mehreren hundert Menschen zu reden und diese auch mit der Botschaft, die mir wichtig war, zu erreichen. Ich bereitete die Vorträge vor und übte sie mit meiner Frau. Natürlich war ich aufgeregt und nervös – die Resonanz auf die Vorträge war jedoch sehr gut. Die Menschen waren begeistert von der Arbeit und meiner authentischen Art, darüber zu sprechen. Wieder eine neue Erfahrung für mich! Ein weiterer Schritt, Menschen emotional zu berühren.

Doch die Versuche, neue Work and Box Companys in Deutschland zu platzieren, scheiterten oder verzögerten sich. Als Unternehmer bin ich es gewöhnt, Entscheidungen zu fällen und dann für die Umsetzung zu sorgen. Vor allem, wenn es sich um ein hervorragendes Produkt handelt, ist es in der Regel leicht, einen Kunden zu finden, von dem die Dienstleistung, die im Kosten-Nutzen-Vergleich einen positiven Saldo erreicht, gekauft wird. Doch bei der sehr schwierigen Zielgruppe der Mehrfachstraftäter gibt es besondere Probleme zu überwinden.

Zuallererst haben alle Kommunen ihre eigene Strategie, mit der sie bisher diese Aufgabe angegangen sind. Meistens sind die Zuständigen der Überzeugung, dass das, was sie da machen, eine sehr gute Lösung ist. Außerdem haben sie in der Regel das gesamte Geld für diesen Bereich schon verplant. Die Hürde, laufende Projekte zu schließen und ein neues auszuprobieren, überwinden viele Kommunen nicht.

Zweitens ist der soziale Markt hart umkämpft. Nicht nur die großen Sozialverbände, sondern auch viele große private und gewerkschaftliche Träger tummeln sich im sozialen Raum. Drittens ist es sehr schwierig, etwas Spezielles gerade für die Zielgruppe der Mehrfachstraftäter zu tun, da diese Menschen überhaupt keine Lobby haben.

Und als Viertes ist schließlich das Gesamtbudget, das eine Work and Box Company benötigt, mit ca. 300 000 bis 350 000 Euro pro Jahr so hoch, dass eben viel Geld auf einmal in die Hand genommen werden muss, um diese Arbeit durchzuführen. Natürlich ist das viel Geld, aber für die Leistung, die wir bieten – bei 12 bis 14 Plätzen 20 bis 25 Jugendliche zu begleiten und ca. 14 bis 17 pro Jahr zu vermitteln –, ist das bei dieser Zielgruppe zugleich sehr günstig. Als Einzelbetreuung mit nur einem Jugendlichen funktioniert der Ansatz nicht, denn dann fehlt dem Jugendlichen sowohl das Betreuerteam mit unterschiedlichen Persönlichkeiten und wechselnden Rollen als auch die positive Gruppendynamik.

All diese Schwierigkeiten führen und führten dazu, dass es noch nicht gelungen ist, eine zweite Kommune zur Eröffnung einer Work and Box Company zu begleiten. Für mich als Unternehmer war und ist das jedoch nicht zufriedenstellend, und es gilt, weitere Wege zu finden und zu beschreiten. Bei unserem Ashoka-Treffen im Januar 2008 kam die Anregung, sich auf *einen* Standort zu konzentrieren. Wir erarbeiteten eine Umsetzungsstudie für Stuttgart, da hier aus dem Jugendamt die konkretesten Interessensbekundungen kamen. Unser größtes Hindernis war es, die definitiven Entscheider zu erreichen. Also machten wir uns auf die Suche nach Mitstreitern. Durch die Vermittlung des Stuttgarter Jugendamts lernten wir einen lokalen Jugendhilfeträger kennen. Mit ihm als Kooperationspartner werden wir voraussichtlich 2009 unseren zweiten Standort gründen.

Dazu machten wir uns auf die Suche nach einem Koordinator als dem ersten Mitarbeiter für die Work and Box Company Stuttgart. Außerdem gestalteten wir eine neue Struktur für unser Sozialunternehmen. Wir gründeten als Holding für unsere unterschiedlichen Standorte die hand in gemeinnützige Aktiengesellschaft (hand in gAG) – eine der ersten gAGs in Deutschland. Für München gründeten wir eine hand in gemeinnützige GmbH (hand in gGmbH), die dort die Trägerschaft der Work and Box Company übernommen hat – solch eine gemeinnützige GmbH wird gemeinsam mit unserem Kooperationspartner auch als Träger für den Standort Stuttgart entstehen.

Wozu diese Struktur? Wir hätten doch auch bei unserem Verein bleiben können. Uns leiteten zwei Ideen, die so unter einen Hut kommen. Zum einen, den regionalen Standorten Eigenständigkeit zu geben, die Verantwortung einem regional tätigen Geschäftsführer zu übertragen und offen zu sein für die Gründung weiterer gGmbHs in Kooperationsmodellen. Zum anderen unternehmerische Strukturen zu schaffen, Aufsichtsräte aus dem Unternehmertum einzubinden, die bei uns ähnliche Strukturen erfahren, wie sie sie aus ihrem eigenen Umfeld kennen, eine klare Verbindung zwischen meinen gewinnorientierten Unternehmen und der gemeinnützigen, gesellschaftlichen Aufgabe des Sozialunternehmertums herzustellen als Zeichen, dass sich das nicht widerspricht, und nicht zuletzt als Risikoabsicherung, wenn an einem Standort etwas nicht funktionieren sollte. Alles in allem aus unserer Sicht ein Vielfaches an Vorteilen gegenüber einem zentralen Verein. Außerdem soll sowohl die Ausbildung der neuen Mitarbeiter als auch gegebenenfalls der Aufbau von neuen Standorten von der hand in gAG aus gesteuert werden. Denn es ist leider so, dass zwar die konkrete Arbeit in den Work and Box Companys öffentlich gefördert wird, nicht aber die Verbreitung des erfolgreichen methodischen Ansatzes.

Um das möglich zu machen, suchen wir einen oder mehrere Hauptsponsoren oder -unterstützer, die unser unternehmerisches Konzept begeistert und die wie wir der Ansicht sind, dass die Methode »Work and Box« in ganz Deutschland verbreitet werden sollte. Wir wünschen uns, dass sich ein oder mehrere Partner für einige Jahre mit uns verbinden, um Planungssicherheit zu haben und Mitarbeiter für Presse- und Öffentlichkeitsarbeit, Projektmanagement und Mitarbeiterausbildung einstellen zu können.

Das notwendige Grundkapital für die Gründung der gAG kam zur Hälfte aus meinen Unternehmen und zur anderen Hälfte von der Rupert-Voß-Stiftung. Diese hatte das Geld von verschiedenen privaten und Firmen-Spendern sowie aus unseren Preisgeldern gesammelt.

Die Rupert-Voß-Stiftung habe ich Ihnen, liebe Leserin, lieber Leser, noch nicht näher vorgestellt. Meine Frau Viktoria und ich hatten schon in den 90er-Jahren den Wunsch, dass nach unserem Tod mehr als ein Grabstein und die Erinnerung unserer Kinder und Enkel bleiben soll. Wir wollten etwas schaffen, das einen Teil unseres Wirkens dieser Gesellschaft wieder zurückgibt, ein Kreislauf von Geben und Nehmen. Die Rupert-Voß-Stiftung wurde aus der Überlegung heraus gegründet, dass Eltern oft weder wissen, welche Verantwortung sie übernehmen (und sich dadurch auch nicht bewusst sind, welche Auswirkungen ihr Handeln auf ihre Kinder, die nachwachsende Generation und die gesamte Gesellschaft hat), noch genügend Wissen und Handwerkszeug dafür haben, wie das Begleiten oder Erziehen von Kindern anders geschehen könnte. Unser Wunsch ist es, dass unsere Stiftung wächst und langfristig Eltern in unserer Gesellschaft befähigen kann, viele der Verletzungen, wie sie unsere jungen Männer in der Work and Box Company in sich tragen, von vornherein zu vermeiden. Da wir für dieses Ziel noch nicht über genügend Mittel verfügen, sammeln wir auch Spenden und Zustiftungen, um hier schon bald handlungsfähig zu sein.

Sehr oft werden wir von Interessierten auch gefragt, ob sie sich unsere Arbeit anschauen dürfen. Wenn es für die von uns betreuten Jugendlichen möglich war, haben wir das eingerichtet. Inzwischen entsteht mit dem schon im Vorwort erwähnten Film »Friedensschlag – Das Jahr der Entscheidung« ein Dokumentarfilm, der die Arbeit der Work and Box Company sichtbar macht.

Wie ist es zu diesem Film gekommen? Werner Makella und ich hatten in unserer mentalen Zielplanung 2002 einen Film vorgesehen. So einfach könnte ich dieses Thema abhandeln, wenn es da nicht mehr zu erzählen gäbe. Dazu müssen wir zurückgehen ins Jahr 2003. Noch vor unserer Arbeit mit den Jungs lernten wir Gerardo Milsztein, Regisseur und Kameramann mit Schwerpunkt Dokumentarfilm, kennen. Er war begeistert von unserer Idee und wollte sofort einen Film darüber drehen. Doch zuerst mussten wir unsere Arbeit mit den Jungs beginnen. Wir blieben im Kontakt, und Gerardo war so engagiert, dass er uns immer wieder besuchte. Er wollte genau dieses Projekt – einen Film über unsere Arbeit – umsetzen, doch fand er nicht sofort eine Finanzierung. Also beschloss er, einfach ohne Mittel anzufangen. Er und einer seiner Kollegen begleiteten eines unserer Wochenendseminare und drehten mit zwei Kameras Material, ohne zu wissen, wer es bezahlen würde. Er schnitt daraus eine halbstündige Dokumentation, die wir immer wieder zeigen konnten. Dadurch war es uns schon früh möglich, unsere Arbeit mit den Jugendlichen sichtbar zu machen. Und ihm war es möglich, das Potenzial eines solchen Filmes zu zeigen. Das war im Frühjahr 2004.

Natürlich war es auch unser Interesse, dass es zu einer Langzeitdokumentation über unsere Jungs käme, damit diese in der Seele sehr verletzten jungen Menschen ihr Leben und ihre Entwicklung in der Work and Box Company zeigen könnten und sie, die nur als Täter stigmatisiert werden, ein Gesicht bekämen. Ein Gesicht, das zeigt, dass sie *Menschen* sind und wir ihr Leben verstehen müssen, statt leichtfertig und pauschal zu urteilen. Vor allem auch deshalb, damit diese Jungs, von denen es in Deutschland mehrere Zehntausend gibt, wieder Hoffnung bekommen. Hoffnung darauf, dass es für sie eine Chance gibt und dass sie es wert sind, (wieder) ein wertvoller Teil der Gesellschaft zu werden. Die Ersten, die diese Jungs aufgegeben haben, waren ihre Eltern, dann die Erzieher und Pädagogen und schließlich irgendwann sie selbst. Genau deshalb ist der Film so wichtig für die Jungs: damit sie wieder anfangen, an sich selbst zu glauben.

Also gab es schon drei Interessenslagen für den Film: unsere, die von Gerardo Milsztein und die der Jungs. Jetzt brauchten wir eine Produktionsfirma. 2005 sah ich den bekannten Dokumentarfilm »Rhythm is it!« über das Tanzprojekt mit Berliner Hauptschülern. Dieser Film sprach mich sofort an. Als ich dann noch die Besucherzahlen hörte, sagte ich zu Werner: »Wenn, dann müssen *die* unseren Film produzieren.« »Die« sind Boomtown Media, die Produzenten von »Rhythm is it!«. Aber wie sollten wir an sie herankommen?

Gerade an einer solchen Stelle wird das Potenzial einer festen Partnerschaft sichtbar. Werner ist derjenige von uns, der dann einfach anruft, egal, wer am anderen Ende der Leitung ist. Unser erster Anlauf bei Boomtown Media schlug fehl. Scheinbar war kein Interesse da – tatsächlich landete unsere Anfrage in den Händen eines Praktikanten und verschwand spurlos. Auch Gerardo kontaktierte Produzenten und versuchte seinerseits, eine Finanzierung auf die Beine zu stellen, denn wir alle wollten nicht aufgeben. Andererseits verging die Zeit schnell – und wir waren uns aufgrund der Kritik und des Widerstands nie sicher, ob es uns ein Jahr später noch geben würde. Es war Mitte 2006, als ein erneuter Anlauf von Werner zu einem Kontakt mit Boomtown Media führte. Gerardo, Werner und ich trafen die Produzenten in Salzburg. Wir konnten uns gegenseitig sofort über die Materie und unsere Haltung verständigen und waren uns einig über eine Zusammenarbeit. Wir fühlten uns und das Thema unserer Jungs bei Gerardo als Regisseur und Kameramann und bei Boomtown Media als Produktionsgesellschaft richtig gut aufgehoben. Boomtown Media stellte die Förderanträge und organisierte die gesamte Finanzierung.

Im Herbst 2006 begannen die Dreharbeiten zu unserem Dokumentarkinofilm. 60 Drehtage standen dem Filmteam zur Verfügung. 60 Tage, ohne zu wissen, was an jedem dieser Tage passieren würde: mit hochexplosiven Jungs, die ihre Verletzungen niemals gerne herzeigten. 60 Tage, von denen wir noch nicht wussten, wie sie sich auf unsere Arbeit auswirken würden. Würde es möglich sein, unter ständiger Beobachtung so zu arbeiten, wie wir es ohne Kamera konnten? Wie würden die Jungs, die wir ja auch noch nicht kannten, reagieren? Außerdem brauchten wir zuerst einmal ihr Einverständnis, sonst konnten wir gar nicht drehen. Würde sich das Filmteam so zurückhalten, dass es nicht Konflikte auslöste? Und wie sollten wir diese zusätzliche organisatorische und mentale Belastung bewältigen? Viele Fragen und Unsicherheiten, die mit den Dreharbeiten auf uns zukamen. Zu unserem großen Glück kannten wir Gerardo Milsztein jetzt schon seit vier Jahren, sodass wir wussten, wie wir mit ihm, seinen Interessen und seinen künstlerischen Besonderheiten umgehen mussten.

Im Oktober 2006 ging es also mit den neuen Jungs los. Gerade am Anfang der Dreharbeiten kam es mit der Kamera immer wieder zu zusätzlichen Reibungsflächen. Manche Jungs verweigerten sich trotz der unterschriebenen Vereinbarung, aber auch das konnten wir akzeptieren. Für Gerardo war es eine besondere Herausforderung, der Beobachter zu bleiben und gleichzeitig in Beziehung zu gehen, damit genügend Vertrauen für die Filmaufnahmen entstand. Mit den Monaten fanden die Drehtage zunehmend bei den Jugendlichen statt, in ihrer Welt auf der Straße und zu Hause, und das Filmteam musste seine Termine selbst vereinbaren.

Bei unserer Bootstour in Italien auf dem Ticino ging es noch einmal für alle richtig zur Sache. Fünf Tage weitgehend von der Zivilisation abgeschnitten, inmitten der Natur, ohne Begleitfahrzeug, nur im Kanadier. Immer mit der Gefahr, dass die Ausrüstung über Bord gehen konnte. Die Fahrt ging zwar durch die Weite der Natur, aber die Jungs und ihre Begleiter waren sich mit allen ihren Herausforderungen und Notwendigkeiten auf engstem Raum gegenseitig ausgeliefert. Da waren Spannungen, Abbrüche, Wiedereinstiege, Verzweiflung, Missachtung und alle anderen Schwierigkeiten im Umgang miteinander unvermeidbar. Für das Filmteam war die nächtliche Verarbeitung des gefilmten Materials eine zusätzliche Belastung. Für den Tonmann und den Kameraassistenten kam der Schlaf schon sehr zu kurz. Es war wunderbar zu erleben, wie Gerardo mit der Handkamera die Szenen einfing – mit solcher Intensität, als hätte er ein emotional aufsaugendes Auge. Wir konnten ahnen, welche Bilder entstehen würden, und waren sehr gespannt auf den Film. Genauso ging es den Jungs.

Zu Beginn des Jahres 2009 ist der Film in der Postproduktion: Die Bildnachbearbeitung läuft. Filmmusik und Ton entstehen. Voraussichtlich im Herbst 2009 wird er in den Kinos starten.

Noch ein anderes in der Zusammenarbeit von Werner Makella und mir früh gefasstes Ziel ist inzwischen Wirklichkeit geworden und wächst und gedeiht: die Idee von einer anderen Art Unternehmensberatung. Wir hatten erlebt, dass auch Unternehmer oft in sehr schwierigen Lebenslagen sind. Normalerweise befassen sich Psychologen und Therapeuten mit den schwierigen Lebenslagen und Unternehmensberater mit den Wirtschaftsproblemen. Doch welcher Unternehmer geht schon zum Psychologen, wenn es in der

Firma Schwierigkeiten gibt? Und welcher Unternehmensberater kann bei persönlichen Problemen weiterhelfen? Daraus entstand unsere Idee als Team: Ein Familientherapeut mit systemischer Erfahrung in Unternehmen und ein Unternehmer mit struktureller betriebswirtschaftlicher Erfahrung – und beide mit Krisenkompetenzen – können Unternehmer- und Unternehmensprobleme ganzheitlich angehen. Unsere Beratung hat sich direkt aus den Erfahrungen als Unternehmer und als Therapeut sowie aus unserer Jugendarbeit entwickelt.

Irgendwann sagten zwei Unternehmer zu uns: »Wow, wenn ihr diese Krisen mit den gewalttätigen Jungs lösen könnt, dann könnt ihr vielleicht auch die Krise in unserem Unternehmen lösen.« Sie stellten sich eine Verbesserung der Strukturen in ihrem Traditionsunternehmen vor. Diesem Wunsch stand eine Personalsituation im Wege, die schon sechs Jahre alt war. Damals wurde – wie es oft praktiziert wird – jemand aus der dritten Reihe, der Beste mit der längsten Betriebszugehörigkeit, zum Prokuristen befördert. Doch weder wurde er vom Team akzeptiert, noch hatte er die nötigen Führungskompetenzen. Das wurde jedoch erst klar, als er schon befördert war. Inzwischen war es in diesem Unternehmen Usus, alle Probleme bei diesem Prokuristen abzuladen. Die Unternehmer hielten an ihm fest, denn durch ihn hatten sie genügend Abstand zu den Aufgaben, die eigentlich ihre waren – vor allem die der direkten Personalverantwortung. Wenn sonst aber auf keinem Weg etwas zu verbessern war, waren sie letztlich willens, diesen Mitarbeiter zu entlassen, um so das Problem zu lösen: bei dessen 30 Jahren Betriebszugehörigkeit nicht nur eine sehr teure, sondern auch eine menschlich und ethisch nicht zu vertretende Lösung. Diese Krise war unsere erste Aufgabe.

Wie sind wir das damals angegangen? Ein Mensch (der Prokurist) mit hervorragenden Kompetenzen ist eine Stufe zu weit oben, und viele Menschen (seine Mitarbeiter) benutzen ihn als Papierkorb und lenken dadurch von ihren eigenen Defiziten ab. Zuerst führten wir mit den Mitarbeitern, dem Prokuristen und den Unternehmern Einzelgespräche – eine Mischung von Hinhören, Aufnehmen, Verstehen der Zusammenhänge, Benennen von Verantwortlichkeiten und Vorbereiten für die Veränderung. Wir wussten selbst im Vorfeld nicht, welches die richtige Lösung sein würde. Wir lernten von den Beteiligten und übersetzten das Gesamtbild für sie.

Am Ende trat der Prokurist aus freiem Willen von seinem Amt zurück, und die Unternehmer gingen wieder in die Verantwortung, die sie zu diesem Zeitpunkt einfach tragen mussten. Der ehemalige Prokurist bekam von allen anderen Mitarbeitern höchste Anerkennung für diesen Schritt. Heute ist er – mit ein paar zusätzlichen Spezialaufgaben – wieder in dem Bereich tätig, in dem er vorher erfolgreich war. Nach diesem Schritt war der Weg frei für neue Strukturen. Das Unternehmen ist mittlerweile zertifiziert und auf dem Markt sehr erfolgreich. Aber das Wichtigste ist, dass das Miteinander im Unternehmen wieder viel besser und die Umgangskultur offener geworden ist.

So entstand 2004 unser Weg in die Beratung, und wir gründeten die Voss & Partner Unternehmensberatung, die mittelständische Unternehmen und Unternehmer in Veränderungsprozessen begleitet. Der Name entstand, weil die Voss AG schon existierte, weil es sich um eine Partnerschaft handelt und auch bei weiteren Partnern bei einer Partnerschaft bleiben soll. Wir erkannten damals schon, dass es nicht ausreicht, beratend Impulse zu geben. Deshalb begleiten wir auch die Umsetzung. Und zwar, bis sich der Erfolg einstellt. Ebenso wichtig ist das Verständnis für die wirklichen Ursachen der Krise.

Was 2004 mit einem Kunden begann, entwickelte sich über die Jahre zu einem sehr interessanten neuen Standbein. Die unterschiedlichsten Branchen durften wir begleiten, die unterschiedlichsten Menschen kennenlernen und die Qualität unserer Zusammenarbeit so immer weiter entfalten. Unsere Kunden kommen aus den verschiedensten Bereichen, doch eines verbindet sie: Alle sind sie

Menschen, und dadurch ist es wie immer bei der Arbeit mit Menschen:

> *Es geht um die Herkunft und um den Umgang, den dieser Mensch damit gepflegt hat, und es geht um unsere Haltung zu diesem Menschen.*

Einer unserer wichtigsten Gründsätze lautet »inkognito«: Wir kommen, wir helfen, begleiten, unterstützen, bis der gewünschte Erfolg erreicht ist. Doch wenn wir nicht mehr gebraucht werden, verschwinden wir so schnell, wie wir gekommen sind. Wie ein guter Schatten, wie ein Mentor, der eine Zeit lang an der Seite geht und nur das tut, was in der Situation nötig ist. Manchmal ist wenig nötig, und es braucht nur einen Impuls mit drei, vier Gesprächen. Manchmal ist es viel, und wir gehen mit in die unternehmerische Verantwortung. Nicht finanziell, aber mental im Tragen der Last der schlechten Zahlen zum Beispiel oder im Tragen von Entscheidungen.

Weitere Grundsätze unserer Beratung und Begleitung sind:

1. Wir ordnen unser Handeln dem Unternehmenssystem unter, nicht dem Unternehmer und auch nicht unserer Auftragsstruktur.
2. Wir lassen uns am umgesetzten, vorher definierten Erfolg unseres Kunden messen.
3. Wir begleiten so lange, bis dieser Erfolg erreicht ist und die notwendigen Schritte umgesetzt sind.
4. Wir ordnen alle unsere Vorschläge, Strukturen usw. dem Erreichen des Zieles unter – egal, ob es ein finanzielles oder ein menschliches Ziel ist. Apropos menschliches Ziel: Da wir immer aus dem Blickwinkel der Menschen und der Menschlichkeit auf die zu lösende Herausforderung schauen, kommt auch immer eine menschliche Lösung dabei heraus, also immer eine

Lösung, die sowohl menschlich als auch wirtschaftlich ausgewogen ist.
5. Für uns entscheidend ist ein ganzheitliches Herangehen und Lösen der vorhandenen Problematik.

Durch unsere Herkunft sind sowohl Werner Makella als auch ich krisenerprobt. Werner hat in seiner Kindheit und Jugend durch Umzüge viele Neuanfänge erlebt. In seinem Wunsch nach Geborgenheit allein gelassen, war er immer auf der Suche nach seinen eigenen Wurzeln. Heute hat er sich dieser Herausforderung gestellt; darauf basiert sein Erfolg. In der Arbeit mit den straffälligen Jugendlichen lernten wir unsere Krisenkompetenzen besser verstehen und erweiterten sie. Und in die Zusammenarbeit mit unseren Kunden können wir all dieses kognitive und emotionale Wissen einbringen.

Die mögliche Bandbreite der Beratung möchte ich anhand der Problemstellungen eines einzigen Falles zeigen. Für alle Beispiele übertrage ich unsere Arbeit auf imaginäre Situationen, die nicht mit unseren realen Kunden in Verbindung gebracht werden können.

Ein Unternehmer mit 135 Mitarbeitern kommt über eine Empfehlung zu uns. Er fühlt sich in seiner Situation momentan nicht wohl. Innerhalb seiner Firma gibt es Streit zwischen den verschiedenen Abteilungen. Er ist schon länger nicht mehr dicht dran am Geschehen in der Firma – es fehlt ihm an Motivation. Im ersten Gespräch erzählt er nur von seinem Unternehmen, den Führungskräften und dem Streit, der ihn so belastet. Wir fragen, *was* ihn an der Auseinandersetzung so belaste und ob er Ähnliches in seinem Leben schon einmal erlebt habe. Nach einigen Nachfragen kommt er auf seine Familiensituation zu sprechen: den Streit und die Trennung seiner Eltern, den Streit und das Gezerre der Eltern um die Kinder und das Sorgerecht, den Zwiespalt in ihm zwischen den beiden Elternteilen, seinen Wunsch nach Harmonie usw. Wie oft in solchen Fällen hat dieser Unternehmer anschließend nur Kontakt zu einem Elternteil. Er bekommt seine erste Aufgabe von uns: herauszufinden, wo sein Vater lebt, den er schon zwölf Jahre nicht mehr gesehen hat.

Eine klassische Situation als Einstieg in eine persönliche Begleitung. In unserem zweiten Gespräch – seine erste Aufgabe hat er erledigt, er kennt nun die Adresse seines Vaters – spricht er davon, dass auch seine Frau Probleme habe und ob sie einmal vorbeikommen könne. Nach dem vierten Gespräch besucht er dann seinen Vater und spricht mit ihm. Ein halbes Jahr später steht er wieder fester in seinem Unternehmen, nimmt Anteil am Geschehen und kann vor allem mit der Konfliktsituation viel besser umgehen. Er braucht nicht mehr so viel Harmonie als Kompensation für die Erlebnisse seiner Kindheit.

Und seine Frau? Ihr Problem war eine lang vergrabene Trauer: die Trauer um ein vor 20 Jahren abgetriebenes Kind, eine »Zufallsproduktion« kurz vor der Partnerschaft mit dem Unternehmer. Sie war damals 18 Jahre alt, und ihre Eltern wollten, dass sie ihr Abitur fertig macht. Da sich der Vater ihres Kindes aus dem Staub gemacht hatte und sie mit der Situation allein war, schaffte sie es nicht, den Eltern die Stirn zu bieten. Mit größten Gewissensbissen und weil die Eltern ihr androhten, sie vor die Tür zu setzen, willigte sie in die Abtreibung ein. Die Gewissensbisse ließen sie nicht mehr los, und niemandem konnte sie sich anvertrauen. Eine Zeit lang litt sie sogar unter Essstörungen. Dann lernte sie ihren Mann kennen, heiratete sehr schnell und bekam zwei Kinder. Die unverarbeitete Trauer blieb. Aus der Trauer entstanden Rückzug und große Nachgiebigkeit den Kindern gegenüber. Sie schirmte ihre Kinder aber auch von ihrem Mann ab, woraufhin der sich gleichfalls zurückzog. Nach einigen Gesprächen begann sie, die Trauer zu verarbeiten: Sie gab dem abgetriebenen Kind einen Namen, schaffte einen Ort des Gedenkens, an dem die Trauer ihren Platz bekam, und öffnete sich wieder dem Leben.

Sie, liebe Leserin, lieber Leser, werden wohl fragen: Was hat das mit dem Unternehmen zu tun? Das ist doch klassische therapeutische Arbeit! Das stimmt, doch der Besuch Jahre zuvor bei einem Psychiater war nicht erfolgreich und die Frau zog sich immer weiter zurück, auch aus ihrer Partnerschaft. Und das belastete sowohl die Ehe als auch das Unternehmen. Die private Situation lässt sich vor dem Büro nicht einfach ablegen. Automatisch vermischen sich beide Sphären, gerade wenn die Ehepartner beide im Unternehmen arbeiten wie in diesem Fall.

Heute bezeichnen beide Partner ihre Ehe als glücklich. Als nächsten Schritt strukturierten wir das Unternehmen nach Qualitätsgrundsätzen. Auf dem Weg dorthin haben wir mit dem Unternehmer den Konflikt unter den Führungskräften gelöst, zwischendurch mit den Banken verhandelt und das Berichtswesen so verbessert, dass das Unternehmen in der Einschätzung der Banken in zwei Jahren vom 13. auf den 5. Platz der 18-teiligen Bonitätsskala kletterte. Der Gewinn des Unternehmens hat sich fast verdoppelt.

Zu Beginn unserer Begleitung und Beratung steht also eine Analyse, in der wir Hintergründe erfragen. Diese Gespräche werden durch unsere Kunden selbst sehr schnell sehr persönlich. Je offener ein Mensch ist, desto besser können wir von Anfang an die richtigen Weichen stellen. In die Aufgaben, die unser Kunde zu erfüllen hat, fließen die Informationen und eine sich oft schon im Erstgespräch abzeichnende Lösung ein. Gerade in den ersten Monaten einer Begleitung bewährt sich das Zweierteam als wichtigster Bestandteil unseres Erfolgs. Einer allein hätte nie dieses Einfühlungsvermögen in alle Lebensbereiche und alle Herausforderungen unserer Kunden. Wie immer im Leben brauchen wir Erfahrungen, um anderen Menschen helfen zu können. Denn nur durch sie kommt die Tiefe des Wissens zustande, kann die Situation erfasst werden und ein anderer Mensch sich gehört und angenommen fühlen. Und zwei Menschen mit unterschiedlichen Erfahrungen haben immer mehr emotionale und kognitive Anknüpfungspunkte als nur einer.

Unsere Begleitung beinhaltet je nach Kunden persönliche Themen und Lösungen und geschäftliche Themen und Lösungen. In der Regel ist aber das Zusammenspiel beider Bereiche in dieser Begleitung der entscheidende Punkt. Sind doch die meisten mittelständischen Unternehmer mit einer Vielzahl von Aufgaben belastet, die in Großkonzernen von Spezialisten erledigt werden. Ein Mittelständler hat vielleicht gerade mal einen Assistenten an seiner Seite, jedoch kaum ein Vorstandsgremium, bestehend aus sechs oder sogar zwölf Personen. Von daher muss er sich oft auf seine eigene unternehmerische Beurteilungs- und Entscheidungsfähigkeit verlassen. Wenn diese im Unternehmen zentrale Person aus welchen Gründen auch immer wackelt, wackelt auch das Unternehmen selbst. Wir unterstützen deshalb sowohl den Unternehmer als Menschen als auch die Strukturen des Unternehmens. Damit werden der Unternehmer und das Unternehmen langfristig strategisch entwickelt und stabilisiert.

Wenn ein mittelständischer Unternehmer eine falsche Weichenstellung vornimmt, an die Grenzen seiner Ressourcen stößt oder private Probleme hat, wird das viel schneller sichtbar als bei einem normalen Arbeitnehmer, denn die Auswirkungen sind viel größer. Jetzt stehen diesem Unternehmer aber, wie jedem von uns, erst mal nur die ihm bekannten Lösungsmechanismen zur Verfügung. Und an dieser Stelle setzen wir an.

Die Lösungsmodelle eines Menschen entstehen aus den Erlebnissen seiner Herkunft, und das meist innerhalb kürzester Zeit. Er empfindet sie als lebensrettend in einer existenzbedrohenden Situation. Dieses Verhalten hat ihn aus der Krise gerettet, aber nur für diesen Moment und nur aus dieser Krise. Das Fatale ist, dass diese Mechanismen bei uns zu einer Gewohnheit werden, die wir immer und immer wieder anwenden, auch später noch, wenn die »passende« Krise schon lange nicht mehr da ist und wir dieses Verhalten nicht mehr bräuchten – sondern ein ganz anderes.

Ein Unternehmer hat zum Beispiel in seiner Kindheit gelernt, als Ältester von drei Geschwistern immer vernünftig zu sein und seine eigenen Belange oft hintanzustellen. Seine Eltern hatten wenig

Zeit, da sie selbstständig waren, und er musste schon früh die Verantwortung für seine Geschwister übernehmen. Als er zwölf Jahre alt war, starb sein Bruder bei einem Unfall im Garten, als er auf seine Geschwister aufpasste. Er fühlte sich schuldig und übernahm – wie Kinder das in solchen Situationen häufig tun – die Verantwortung. Er zog sich zurück, sprach einige Wochen nicht mehr und öffnete sich nur langsam wieder. Mit den Jahren normalisierte sich sein Verhalten nach außen, doch innerlich litt er weiter stark unter der Last, die er übernommen hatte. Seine »Gewohnheit«, die sich aus diesem Vorfall ergab, war es, zu vergessen. Sein Vater begann nach dem Tod des Kindes zu trinken. Da in seinem Umfeld Alkohol als Lösungsmuster eingesetzt wurde, nutzte auch er diese Gewohnheit, um zu vergessen. Dass die Gewohnheit, jeden Abend viel und in Feierlaune noch mehr zu trinken, auf Dauer weder seiner Aufgabe als Unternehmer noch seiner Gesundheit guttat, wurde ihm mit der Zeit bewusst. Nach einem halben Jahr Begleitung und intensiver Aufarbeitung seiner Kindheit konnte er mit der Belastung von damals offener umgehen und seinen Alkoholkonsum reduzieren.

Wenn also ein Verhalten, das im Ursprung berechtigt war, sich als Gewohnheit verselbstständigt und wir automatisch so handeln, wie wir es gewohnt sind, beinhaltet das natürlich, dass unser Verhalten der neuen Situation unter Umständen nicht angemessen ist und wir dadurch der neuen Situation oder einer gewollten Lösung nicht näherkommen. Und es beinhaltet, dass dieses Verhalten, wenn wir daran festhalten, auch schädlich für unser Umfeld, uns selbst oder unsere Gesundheit sein kann.

Wenn wir hier wieder an unsere jugendlichen Gewaltstraftäter denken, dann wird an ihnen exemplarisch sichtbar, wie schädlich ein solches Verhalten sein kann für das Umfeld und den Menschen selbst. Die Gewohnheiten der Unternehmer oder anderer Menschen werden selten so deutlich sichtbar, weil sie meist gesellschaftlich akzeptiert oder angepasst und versteckt sind. Auch mir fällt es immer wieder schwer, mein eigenes Verhalten in allen Details bewusst und präsent zu erfassen und die dann bekannten Gewohnheiten zu verändern.

Um altgewohnte Strukturen aufzulösen oder
zu verändern, müssen wir zuerst die Ursachen
und Situationen finden, in denen
diese Verhaltensstrukturen entstanden sind.

Dazu brauchen wir einen Impuls des Erkennens der Vergangenheit. Wenn wir neue Lösungs- oder Verhaltensmöglichkeiten suchen, geht es niemals darum, die vorhandenen Verhaltensstrukturen über Bord zu werfen. Das ist auch gar nicht möglich. Wesentlich ist es, Wahlmöglichkeiten im Verhalten, in der Reaktion oder der Aktion kennenzulernen und dadurch bewusst entscheiden zu können, welche Lösungsstrategie ich verwende.

Wir begleiten unsere Kunden in diesem Prozess des Erkennens und stellen ihnen pragmatische Aufgaben und Herausforderungen – manchmal auch paradoxe –, die ihnen eine neue Herangehensweise an das alte Problem oder eine neue Struktur im Verhalten anbieten.

So bekam der Unternehmer mit der Alkoholkompensation die Aufgabe, auf den Friedhof zu gehen und dort die Verantwortung für den Tod seines Bruders, die er übernommen hatte, am Grab seines Vaters abzugeben. Dem war eine systemische Familienaufstellung vorangegangen, in der sichtbar wurde, dass das Problem in seinem Verhältnis zum Vater verankert war und die Klärung auf dieser Ebene erfolgreich sein würde.

Für solche Aufstellungen bilden wir bei Bedarf Gruppen mit Teilnehmern aus verschiedenen Regionen Deutschlands, um die Anonymität zu gewährleisten. In den Folgeterminen werden die Aufgaben besprochen und so Erkenntnis- und gleichzeitig Änderungsprozesse in Gang gesetzt. Das macht diese Begleitung so effizient. Dabei beobachten wir Veränderungswillen und -bereitschaft, genauso die Fähigkeit des Kunden, die Situation zu tragen und auszuhalten.

Bei den unternehmerischen Lösungen gehen wir in der Regel von der momentan am dringendsten im Raum stehenden strukturellen Herausforderung aus und arbeiten mit unserem Kunden den tatsächlichen sofortigen und langfristigen Veränderungsbedarf heraus. Dazu eignet sich im zweiten Schritt eine persönliche Zielplanung.

In allen Begleitungssituationen greifen wir immer die menschlichen Schwierigkeiten auf und bearbeiten auch in diesem Bereich die tatsächlichen Herausforderungen. In der Regel führen nicht die Strukturen, sondern das Fehlen von Strukturen oder die individuellen Schwierigkeiten der Mitarbeiter und des Unternehmers zu den Problemen im Unternehmen. Wie in jedem Veränderungsprozess destabilisiert es Menschen zu Beginn, wenn Gewohnheiten ersetzt und neue »unsichere« Wege beschritten werden. In dieser ersten Zeit der Begleitung ist es auch unsere Aufgabe, immer erreichbar zu sein und einen Teil der Last unserer Kunden mitzutragen, um die Umstellung, die Umstrukturierung oder die Neuorientierung möglich zu machen und den Mut unserer Kunden aufrechtzuerhalten, auf ihrem neuen Weg zu bleiben. Dabei geht es nicht darum dem Menschen seine Verantwortung abzunehmen, sondern ihn in der Unsicherheit der Neuorientierung zu stützen.

Unsere Kunden kommen zumeist über persönliches Kennenlernen oder Empfehlung zu uns – so nehmen unsere Anfragen und Aufträge nach dem Schneeballsystem zu. Unsere Kunden empfehlen uns an andere Menschen weiter, weil sie erleben, dass nicht mehr erwartete Veränderungen oder innovative Lösungen möglich sind und Wirklichkeit werden. Dazu gehören Sätze wie: »Was Sie bei uns bis jetzt schon erreicht haben, konnten wir uns vorher nicht vorstellen.« Bei der Empfehlung bereiten unsere »Altkunden« die neuen Kunden sehr gut auf die Anstrengungen vor, die bei unserer

Begleitung auf sie zukommen. Der häufigste Satz, den wir dann nach zwei bis drei Monaten hören, ist: »Jetzt weiß ich, was ... damit gemeint hat, dass der Anfang sehr anstrengend wird.« Dieses Empfehlungssystem bietet beste Voraussetzungen für das Gelingen!

Um unsere Beratung und Begleitung auszuweiten, suchen wir neue Mitarbeiter mit ähnlichen Krisenkompetenzen, die in der Lage sind, ähnlich zu arbeiten und zu begleiten. Aber es müssen immer Teams sein, denn nur in der Zusammenarbeit zweier Partner ist genügend Empathie vorhanden und der Kunde bekommt viel mehr, als er erwartet.

Dabei unterscheidet sich unsere Grundhaltung nicht von der unserer Jugendarbeit. In beiden Fällen handelt es sich um Menschen, und wir begegnen den Problemen mit der gleichen Hochachtung und mit dem gleichen Respekt. Für uns sind Menschen Menschen, und ihr Stand und ihr Vermögen sind nicht ausschlaggebend für unsere Haltung. Wie schon bei unserer Arbeit mit den Jugendlichen lernen wir auch in der Beratung unserer Kunden permanent dazu. Auch deshalb, weil von anderen Menschen lernen zu wollen, um in der Begleitung immer besser zu werden, eine unserer Grundhaltungen ist.

Und wie sieht es mit dem Erfolg aus? Grundsätzlich definiert unser Kunde mit uns den Erfolg, den er erreichen will, in der Regel beim Erstgespräch und spätestens bei der Zielplanung. Dieser klar definierte Erfolg ist die Messlatte für unsere Arbeit. Dabei geht es natürlich um realistisch erreichbare Ziele, aber in jedem Fall ordnen wir uns hier den Zielen unter. Deshalb lautet unser Anspruch: »Am Erfolg unserer Kunden lassen wir uns messen.«

Eine weitere Frage, die mir gerade bei Diskussionen oft gestellt wird, ist: »Wie kann die Gesellschaft und der Einzelne von der Methodenkompetenz der Work and Box Company und der Beratung profitieren?« Dazu zwei Beispiele aus unserer Arbeit.

Im ersten Beispiel geht es um den sogenannten Perspektiv- oder Seitenwechsel, der alle paar Wochen in der Work and Box Company stattfindet. Hierbei wollen Menschen – in der Regel Führungskräfte und Manager – die andere Seite der Gesellschaft kennenlernen und sind bereit, für eine Woche in die Welt der Jungs, ins Boxen und in die Auseinandersetzung mit sich selbst einzutauchen. Am besten lässt sich das anhand der Auszüge aus dem Seitenwechsel-Tagebuch eines Teilnehmers beschreiben:

Dienstag, 7.30 Uhr

Zweiter Tag, fast schon Routine. Es geht gleich morgens gut los, Werner ist richtig sauer, die Maßnahme ist ihm zu lasch. Die Jungs müssten härter mit sich selbst konfrontiert werden. Kurz darauf kommt der fast schon aufgegebene C. rein. Werner schiebt ihn in den Boxring, traktiert ihn mit Liegestütze (20, 19, 18 …), provoziert ihn x-mal. Um 10.00 Uhr hat C. seinen Termin beim Bewährungshelfer. Er brüllt rum. Am Ende läuft der Termin doch ganz gut, C. kommt total entspannt zurück, ist fast euphorisch. Wir machen noch einen kleinen Kick bis an die körperlichen Grenzen dieses 90-kg-Kerls. Dieser Typ ist heute einen Schritt weitergekommen.

In der Mittagspause

Werner fragt mich zwischendurch, wie es mir geht. Ich antworte: »Es gefällt mir supergut.« Er gibt zurück, dass es für mich zu wenig wäre wenn ich bis Freitag alles nur gut finde. Ich solle die Jungs mehr konfrontieren, ihnen auch selbst Grenzen setzen, um zu schauen, wie sie reagieren. Okay, ich nehm's mir vor …

Am Nachmittag

Werner schnappt sich N. und konfrontiert ihn, rückt ihm auf die Pelle, läuft durch den Schneeregen mit ihm. Dann macht er mit N. eine Familienaufstellung, bei der ich dabei sein kann, und nimmt mich zum Schluss noch mit ins Gespräch, in das ich sogar manches einbringe, zum

Beispiel, dass N. erst ein Erfolgserlebnis braucht, bevor er auf seinen strengen Vater zugehen kann.

Die Aufstellung war superinteressant, N. schreibt sofort eine Bewerbung, ist engagiert. Leider bekommt er am Tag drauf das Vorstellungsgespräch doch nicht auf die Reihe.

Donnerstag, morgens

Der bisher härteste Tag, voller Achterbahn-Frustrationen mit diesen Vollidioten, die eigentlich noch Kinder sind. Morgens bei der Teamrunde geht es gleich mit einem Paukenschlag los: Die Kasse wurde geklaut. Sie war verschlossen in einer Schublade im Büro.

Dann beim Boxen geht's richtig gut, besonders gegen R. – er gibt mir ein paar ordentliche Treffer. Ich kämpfe ein paar Runden gegen H., er hat Riesenspaß dabei, mir immer heftiger auf die Schulter zu boxen, am liebsten würde er mich wegpusten ... Geiles Gefühl, gegen einen superathletischen 21-jährigen Knasti im Ring zu stehen. Am Ende erkläre ich den Kampf für beendet, bevor es zu heftig wird. Er ist enttäuscht.

Mittags

Am Mittag kommt noch L. mit seiner Freundin. Werner hat ein produktives Gespräch mit ihm, macht wieder seine Familienaufstellung (»Psycho-Scheiße«), die L. aber dennoch mitmacht. Riesenproblem ist sein cholerischer und dominanter Vater, der die ganze Familie wie Dreck behandelt und ihn als Kiffer auch. Der Vater muss weg, er und seine Geschwister wollen die Mutter bei der Trennung unterstützen. Am Ende einigt man sich, dass der Vater die nächsten Tage mal mit herkommen soll, damit man sich gemeinsam unterhalten kann.

Etwas später

Dann gibt es 'ne Riesenrunde mit allen, die gekommen sind. Das einzige, ewig lange Thema ist: »Wer hat die Kasse geklaut?« Der soll sich bitte outen, ansonsten gibt es eine Anzeige. H. und W. machen eine große Show, niemand ist es natürlich gewesen. H. hat die Idee, dass die Betreuer ja die Schuldigen sind, weil sie auf die Kasse so schlecht aufgepasst haben. Das sei ein Fehler gewesen! Treffender Konter: »Es ist also ein Fehler, euch zu vertrauen!« H. macht so lange Stress, wird frech, beleidigt und bedroht uns, bis er rausfliegt und nach Hause geht.

Danach regt sich W. total auf, wir seien wegen der Kassen-Scheiße jetzt daran schuld, dass H. Stress mit seinem Bewährungshelfer kriegt. Er gehe jetzt allein zu seinem Praktikum, könne auf sich selber aufpassen, brauche keinen Penner von Work und Box, der mitgeht! Dann steht er auf und geht raus.

Danach wird die Runde endlich produktiv. Die Dienste werden verteilt (Kloputzen, Saugen, Putzen, Kehren), was leidlich funktioniert. Anschließend wird noch der Hof aufgeräumt.

Vor Feierabend

Danach gibt es lange Diskussionen mit P., der allen Selbsterkenntnissen ausweicht, am Anfang supercool ist, am Ende aber immer mehr einlenkt. Er will keinen Putzjob haben, Work and Box langweilt ihn, bringt ihm nix. Er ist was Besseres, will kellnern oder an der Bar stehen. Im genau richtigen Moment bringe ich mich kontrovers ein, was alle überrascht. Ich sag ihm recht emotional, dass er wirklich was Besseres sei, dass er das aber den anderen auch zeigen und sich beweisen müsse. Irgendwie bringe ich auch noch meine Familiengeschichte mit rein und erzähle von Zwillingsbruder und Vaterlosigkeit und dass ich mich auch durchgebissen hätte, und zwar ohne Work and Box Company …

Freitag, 14.00 Uhr

Im Abschlussgespräch gebe ich Rupert und Werner mein offenes Feedback, dass die Woche meine Erwartungen sogar noch übertroffen hat, dass ich sehr froh bin, das Ding bei Work and Box gemacht zu haben. Beruflich werde ich schwelende Konflikte noch früher eskalieren, die Sachen beim Namen nennen, denn nur dann geht es wieder positiv weiter.

Jetzt die zusammenfassenden Rückmeldungen verschiedener Teilnehmer einer Woche Perspektiv- oder Seitenwechsel bei der Work and Box Company:

Es hat mich gereizt, mit Menschen auf der schiefen Bahn in Kontakt zu kommen, zu verstehen, warum sie da hingeraten sind und was in unserer Gesellschaft schiefläuft. Das ist ein Kontakt, den ich sonst im Leben nicht finde. Und das Boxen war für mich eine Grenzerfahrung.

Die Work and Box Company hat ein faszinierendes Konzept, das funktioniert. Die Typen, die immer wieder den »Coolheimer« spielen müssen, gehen ein Stück verändert nach Hause – auch wenn es am nächsten Tag einen Rückfall gibt. Das macht die Arbeit so hart, superhart, und nötigt mir den allergrößten Respekt ab.

Ich war gut drin, bei den Jungs, fast zu kumpelhaft integriert. Darum habe ich ganz bewusst die Konfrontation gesucht und ausprobiert, zum Beispiel einen von ihnen im richtigen Moment anzuzählen oder die persönliche Schiene zu fahren – beides hat funktioniert, hat getroffen, der Junge ist in die Gänge gekommen.

Für mich war das eine enorme Bewusstseinserweiterung, übern Tellerrand zu schauen, was zu erleben, was man sonst nicht erlebt. Für meine Arbeit nehme ich mit: Sachen, die anstehen, beinhart besprechen, nicht schönreden. Probleme benennen und auf den Tisch packen, nicht nur schöne Folien malen.

Die Betreuer arbeiten jeden Tag daran, die jungen Menschen auf eine vernünftige Bahn zu bringen, sie zu motivieren und ihnen den Glauben an sich selbst und das Leben zurückzugeben. Diese Arbeit verdient meinen vollen Respekt, denn es ist eine ständige Gratwanderung zwischen Erfolg und Misserfolg – zwischen hoffnungsvollen und hoffnungslosen Momenten.

Für mich persönlich war die Teilnahme bei der Work and Box Company eine völlig neue Erfahrung. Jugendliche, die in einer (scheinbar) anderen Welt leben, die sich und ihre Zukunft aufgegeben haben, dazu zu motivieren, dass sie wieder an sich und eine Zukunft glauben, ist eine wirklich harte Herausforderung.

Bei der Work and Box Company hatte ich es statt mit Finanzspezialisten mit gewaltbereiten jungen Männern zu tun. Der Umgang war ganz anders als etwa beim Personal- oder Kundengespräch in der Bank. Dennoch war ich sofort integriert – sowohl von den Jungs als auch vom Team. Das hat mir für mein eigenes Umfeld viel gebracht. Ich habe mich auf Menschen mit einem vollkommen anderen sozialen und kulturellen Hintergrund eingelassen und dabei Berührungsängste abgebaut. Ich bin ruhiger geworden und habe gelernt, besser zuzuhören und auch im größten Stress nicht zu vergessen, was im Leben wirklich wichtig ist. Die Erfahrungen aus den »grenzwertigen« Situationen in der Work and Box Company sind mir im Arbeitsalltag, im Kunden- und Mitarbeiterkontakt von großem Nutzen.

Eine andere Möglichkeit, unsere Arbeit kennenzulernen und davon zu profitieren, sind Boxseminare, die wir durchführen. Unser erstes Seminar fand innerhalb einer internationalen Tagung mit Teilnehmern aus ganz Europa statt. Wir hatten zweieinhalb Tage Zeit, die Teilnehmer über das »Handlungswerkzeug« Boxen mit sich selbst in Kontakt und in Reflexion über vorhandene Verhaltensstrukturen zu bringen, damit jeder Einzelne daraus Erkenntnisse entwickelt und neue Handlungsmöglichkeiten und -fähigkeiten für sich entdeckt.

Nachfolgend Auszüge aus dem Tagebuch eines der Teilnehmer, der das, was er dabei erlebte, sehr treffend beschrieben hat:

Erster Tag – Ankunft

Es ist Donnerstagabend, ich fahre in den Hof des Klosters. Ein bisschen unheimlich ist mir zumute. Ein Boxseminar? Wo habe ich mich da angemeldet? Worauf lasse ich mich ein? Meine Aufgabe aus dem Vorgespräch war, mir zu überlegen, worauf mein Erfolg basiert und aus welchen Erlebnissen in meinem Leben meine momentanen Handlungsstrukturen stammen.

Am Abend steht noch das Kennenlernen der anderen Teilnehmer beim Abendessen auf dem Programm. Nervosität ist in mir. Auch die Idee mit dem Tagebuch ist von Werner und Rupert, ist sogar Pflicht für die drei Tage. Ich soll meine Gefühle aufschreiben – das ist ganz neu für mich.

Zweiter Tag – Training

Gestern Abend lag ich noch lange wach. Ein großer Raum empfängt uns, es ist kühl. Werner fragt kurz nach den Aufgaben, geht aber nicht auf die Antwort ein, und sofort beginnt das Training.

Boxhandschuhe, Grundstellung, linker Fuß vorne, rechte Faust an die Wange, linke Faust leicht nach vorne, die erste Übung: linke Gerade auf die Handschuhe des Partners. Adrenalin steigt in mir auf. So etwas habe ich noch nie gemacht. Werner und Rupert machen die Übung vor. Dann Seitenwechsel, rechter Fuß vorne und wieder auf die Handschuhe des Gegenübers. Ich habe Hemmungen zuzuschlagen. Dann Partnerwechsel. Ich fange an zu schwitzen.

Nächste Übung: Grundstellung, die gleiche Übung auf den Kopf des Partners, und dieser muss abwehren, nur eine kurze Bewegung mit der rechten Hand vor der Wange, um den Schlag kurz vor dem Gesicht abzuleiten. Ich traue mich nicht nah genug an meinen Partner heran. Rupert ermahnt mich. Ich habe Angst, mein Gegenüber zu verletzen. »16-Unzen-Handschuhe mit viel Polster«, sagt Werner, »da kann kaum was passieren.« Vom Kopf her verstehe ich das, aber meine Angst bleibt. »Jetzt die andere Seite«, kommt von Werner. Abwehren – wie ging das gleich wieder? Rupert erklärt es mir noch mal: »Mach es langsam, um die Bewegung einzuüben.« So unsicher war ich schon lange nicht mehr. Normalerweise fliege ich im Monat 5 000 Meilen und berate Logistikunternehmen bei IT-Lösungen. Mit meinen 42 Jahren bin ich ein gestandener Manager mit zehn Mitarbeitern in meiner Projektgruppe. Mein Übungspartner steht auch zu weit weg von mir. Ich spüre seine

Solidarität, ihm geht es anscheinend genauso wie mir. Ich wehre schon 50 Zentimeter vor mir seinen Schlag ab. Meine Arme werden schwer, und wir trainieren erst eine Stunde. Alle zwei Stunden machen wir uns Notizen für unser Tagebuch. Wir sollen vor allem unsere Emotionen aufschreiben. Es fällt mir schwer.

Wir trainieren immer eine Stunde und machen dann Pause. Der große Raum mit der hohen Gewölbedecke ist warm geworden. Die 24 Teilnehmer sind so unterschiedlich, die Dame aus der Automobilbranche ist Deutsche, der etwas korpulentere Herr aus dem Familienunternehmen stammt aus Italien und der Mittfünfziger aus Finnland – vor dem habe ich richtig Respekt. Wir lernen uns langsam kennen. Die Übungen werden immer schwieriger.

Mittagessen: leichte Kost mit Fisch und Salat.

Immer wieder der Wechsel zwischen der Welt, die ich kenne, und dem »Boxen« samt der Reflexion meiner Gefühle. In mir schwankt es zwischen Leere und Verkrampfung. Am Nachmittag werde ich etwas ruhiger. Nächste Übung: »Einer steht vorne und die anderen greifen an. Linke Gerade, dann rechter Schwinger zum Kopf.« – »Und vorsichtig«, sagt Werner, »wer vorne steht, darf nur verteidigen.« Ich bin gleich der Erste. Stress breitet sich in mir aus. Ich habe Angst, getroffen zu werden, Nein, ich habe Angst zu versagen. Falsch: Mein Vater kommt mir in den Sinn, eine Situation, eine Strafe – es war nur eine Kleinigkeit.

Ich versuche abzuwehren und kassiere einen Treffer. »Cut!« Werner unterbricht die Übung, und Rupert nimmt mich zur Seite. Die anderen trainieren weiter. Ein kurzes Einzelgespräch und ich schreibe, was ich erlebt habe, gleich ins Tagebuch. – Ich mache im Training wieder mit.

Am Ende des Trainings Reflexionsrunde: Jeder hat Zeit, aus seinen Eintragungen im Tagebuch und den Erlebnissen zu erzählen. In den Aussagen der anderen Teilnehmer erkenne ich für mich Parallelen zu meinem Erfolgsprogramm. Das war ja meine Aufgabe aus dem Vorgespräch, die mir jetzt klarer geworden ist. Die Beziehung zu meinem

Vater: Ich habe ihn schon lange nicht mehr besucht. Gemeinsam mit Werner und Rupert entwickelt jeder in der Runde bis in den Abend hinein seine Aufgabe für seinen Kampf am nächsten Tag.

Das mit dem Kampf hat schon in der Ankündigung gestanden, doch jetzt mit der Erfahrung des ersten Tages ist die Herausforderung auf der einen Seite konkreter, aber auf der anderen Seite auch viel größer geworden.

Ich brauche einen Boxpartner, mit dem ich »meinen« Kampf mache. Jeder muss sich seinen Partner suchen, und wir brauchen außerdem noch einen Betreuer für unsere Ecke und einen Coach.

Langsam finden sich die Paarungen. Zwei wollen nicht boxen. Ich bin mir unsicher, wen ich wählen soll, und entscheide mich dann für den Finnen. Er ist groß gewachsen und stellt eine richtige Aufgabe für mich dar. So verrückt, wie es klingt: Wir gehen aufeinander zu, und unser Lächeln verrät uns, dass wir beide die gleiche Idee hatten. Als Coach frage ich den korpulenten Herrn aus Italien mit seinem wachen Verstand und als Betreuerin die Dame aus Deutschland.

Meine Aufgabe ist: »Für mich ganz allein kämpfen«, also nicht für meinen Vater und nicht für meinen Erfolg und nicht für andere Menschen, nur für mich.

Alle sind aufgeregt. Beim Abendessen im Erdgeschoss des Klosters in dem etwas gedrungenen Speisesaal, den wir ganz für uns haben, ist Schweigen verordnet. Jeder soll seine Mahlzeit ganz bewusst für sich einnehmen und ganz bei sich bleiben.

In dieser Stimmung geht es ins Zimmer. Ich brauche nicht zu erwähnen, dass dort kein Fernseher steht und wir für diesen Abend auch niemanden mehr anrufen dürfen. Wir sollen ganz für uns bleiben. Nur unser Tagebuch steht uns offen. Darin stehen unsere Aufgabe und unsere Notizen der letzten Tage. So viel habe ich noch nie über mich nachgedacht und auch noch nie über mich aufgeschrieben. In aller Stille schlafe ich ein.

Dritter Tag – Kampf

Wir treffen uns wieder um 7.00 Uhr im Trainingsraum. Dort steht jetzt ein Boxring. Die Boxpaarungen sind auf einer Tafel angeschrieben. Auch die beiden, die gestern nicht wollten, haben sich jetzt doch noch entschieden, gegeneinander zu boxen.

Der Finne und ich sind als Dritte dran. Ich versuche mich zu entspannen. Dreimal zwei Minuten mit einer Minute Pause. So lange dauern die Kämpfe. Der erste Kampf beginnt, die Paare definieren vorher noch, mit wie viel Prozent sie boxen wollen.

Ich schaue zu, es ist still im Raum, nur die Coachs geben technische Anweisungen: »Deckung hoch!« – »Seitlich raus!« Wir haben viel gelernt an Technik in diesen Tagen, und jetzt müssen wir es umsetzen. Mit meiner Aufgabe habe ich mich gestern Abend noch beschäftigt. Bisher habe ich immer dem Erfolg gedient und mich dabei vergessen. Heute im Kampf will ich versuchen, mich dieser Aufgabe zu stellen.

Der erste Kampf ist vorbei. Die Kämpfer sind geschafft und machen einen glücklichen Eindruck. Jeder Kämpfer muss sich jetzt für sich kurz zurückziehen und wieder im Tagebuch aufschreiben, was er im Kampf mit sich und seiner Aufgabe erlebt hat.

Der zweite Kampf beginnt. Wieder stehen alle an den Ringseilen und sind mit ihrer Aufmerksamkeit bei den Kämpfern.

Ich schwanke zwischen Angst vor dem Versagen und der Kraft, es zu bestehen. »Woher kommt diese Kraft?« ist der letzte Satz, den ich vor meinem Kampf aufschreibe.

Es geht los. Meine Betreuerin und mein Coach ziehen mir die Handschuhe an und machen mich warm, noch ein paar kurze Anweisungen des Italieners und es geht ab in den Ring.

Werner steht dort und erwartet uns schon. Er erklärt die Trefferfläche, fordert uns zum fairen Kampf auf und fragt nach den Prozenten: 70 Prozent haben wir ausgemacht, der Finne und ich. »Box«, sagt Werner, und es geht los.

Der Finne mit seinen 54 Jahren ist sehr fit und wendig, und ich habe Schwierigkeiten, mich zurechtzufinden. »Warum habe ich mich angemeldet?«, schießt es mir durch den Kopf. Die erste Runde ist vorbei. In der Pause Mundschutz raus, kurz was trinken, Anweisungen vom Coach. Zweite Runde: Das Gleiche wie vorher. Ich fühle mich unterlegen, kann mich nicht konzentrieren. Linke Gerade zum Kopf – »Deckung hoch!«, ruft der Italiener. Treffer des Finnen. Werner geht mit »Zeit« dazwischen, ich bin leicht benommen. »Wie war deine Aufgabe?«, fragt Werner. Ich schaue ihn an und erinnere mich. Ich konzentriere mich, und in mir wird es ruhiger: »Für mich ganz allein kämpfen«, denke ich mir. »Box« – es geht weiter. Jetzt halte ich Augenkontakt zum Finnen, und meine Arme und Beine machen das, was ich gelernt habe. Ich achte auf mich und greife an. Gong – Pause: Die Deutsche schüttet mir Wasser über mein verschwitztes Gesicht. Der Italiener gibt mir Tipps, wie ich dem Finnen besser ausweichen kann.

»Nächste Runde«, sagt Rupert. Und »Box«. »Für mich ganz allein kämpfen«, schießt mir durch den Kopf. Mein Boxpartner ist jetzt nur noch mein Gegenüber, ich bin ganz bei mir, so ruhig komme ich mir selbst fast unheimlich vor. Ich setze noch ein Paar Treffer und wehre gut ab. Gong. Der Finne und ich fallen uns in die Arme, lächeln uns an: »Danke« kommt aus seinem Mund, »es war ein guter Kampf.« Auch ich bedanke mich. Mundschutz raus, Handschuhe aus, abtrocknen und ein Paar Schritte auf und ab. In einer Mischung aus Euphorie und Ernsthaftigkeit schreibe ich meine Reflexionen in mein Tagebuch. Ich bin stolz auf mich, heute habe ich für mich gekämpft.

Nach den Boxkämpfen ist Mittagessen. Jetzt herrscht eine schon fast ausgelassene Stimmung. Rupert ermahnt uns, noch nicht über unsere Kämpfe zu reden.

Am Nachmittag ist Reflexionsrunde, jeder Kampf wird durchgegangen, jede Aufgabe wird besprochen. Es gibt Feedback aus der Gruppe, vom Coach, vom Betreuer und von Werner und Rupert. Gegen 17.00 Uhr sind wir fertig, erfüllt vom Erlebten und bereichert mit neuen Erkenntnissen.

Drei Wochen später

*In meinem Leben habe ich das eine oder andere aus dem Seminar schon umsetzen können. Für meine Kinder und meine Frau nehme ich mir mehr Zeit, und auch für persönliche Gespräche mit meinen Mitarbeitern versuche ich, aktiv Zeit einzuplanen. Und für mich? Ich bin in Gesprächen mit der Geschäftsleitung über eine Reduzierung meiner Arbeitsbelastung und den Wechsel in die interne Projektsteuerung. Ein Weg, den ich mir vorher nicht vorstellen konnte.**

Für mich ist dem kaum etwas hinzuzufügen. Durch die Beschreibung eines erwachsenen Mannes wird sichtbar, welche Prozesse in einem Menschen mit unserer Methode ausgelöst werden und welche Erkenntnisse dabei entstehen. Das steht ebenso für unsere Arbeit mit den Jugendlichen, denn die Prozesse sind bei ihnen die gleichen, auch wenn die Auswirkungen andere sind.

Ich bin dem Leben dankbar dafür, dass ich sowohl in der Arbeit mit den Jugendlichen als auch in der Beratung und Begleitung von und auf Seminaren mit Unternehmern und Managern Menschen Impulse geben kann. Und bin dankbar, dass ich dabei so viel Menschlichkeit erleben darf.

Des Weiteren wird mir noch häufig die Frage gestellt: »Wie bekommen Sie das alles unter einen Hut, Herr Voß?«

Dazu trägt eine ganze Reihe von Faktoren bei: zuallererst die Haltung oder Einstellung, dass mein Leben – wie bei allen anderen Menschen – jede Sekunde meines Lebens stattfindet. Viele Menschen unterteilen jedoch ihr Leben in Freizeit, Urlaub, Familie und Arbeit, wobei in der Regel Letzteres negativ besetzt ist. Für mich ist mein Arbeitsleben ein Teil meines Lebens wie jeder andere Teil, und es gibt bei mir keine qualitative Trennung. Damit entfallen viele Barrieren.

---

* Aus dem Englischen übersetzt von Werner Makella

Als Zweites geht es um die Freiheit, das zu tun, was ich will. Das klingt vielleicht seltsam, aber es trifft sehr genau meine Einstellung. Das heißt nicht, dass ich heute hier und morgen da langgehe, ohne nachzudenken. Es heißt, dass ich mir die Bereiche, in denen ich arbeite, selber ausgesucht habe und gestalte, und dass ich auch weitgehend selbst bestimmen kann, mit wem ich arbeite. Natürlich trage ich auch die Verantwortung, die dabei zu tragen ist.

Als Drittes spielt die Konzentration eine Rolle: Wenn ich mich in einem meiner Lebensbereiche befinde, muss ich dort auch geistig anwesend sein. Wenn ich zu Hause bin und mit den Kindern spiele, dann bin ich ganz dort. Wenn ich im Büro bin oder mit den Jugendlichen arbeite, dann bin ich ganz bei der Sache, und wenn Werner und ich einen Beratungskunden haben, dann sind wir ganz beim Kunden, seinen Problemen und Lösungen. Und wenn ich mit meiner Frau zusammen bin, dann bin ich mit ihr zusammen. Es gibt natürlich Bereiche, die sich überschneiden. Wesentlich dabei sind das Bewusstsein dafür und das aktive Umschalten in den nächsten Bereich.

Jedoch erklärt das noch nicht das Handling der gesamten Aufgaben, die zu bewältigen sind. Unerlässlich für den Freiraum, so viel Unterschiedliches tun zu können, ist es, Partner und Mitarbeiter zu haben, die ihre Aufgaben ausfüllen. Dazu brauchen die Mitarbeiter Strukturen und die Chance, in die Verantwortungsübernahme hineinzuwachsen. Des Weiteren sind Kommunikationsstrukturen sehr wichtig, die meiner Frau, meinen Kindern, meinen Partnern, meinen Kunden, meinen Jugendlichen und meinen Mitarbeitern den Kontakt ermöglichen und dafür sorgen, dass dieser beständig ist und bei Bedarf intensiviert werden kann. Wenn diese Grundlagen geschaffen sind, geht es nur noch ums Delegieren sowie darum, den Menschen zu vertrauen und ihnen die Hilfestellungen zu geben, die sie brauchen.

Soweit die Grundlagen. Natürlich klappt das nicht aus dem Stand. Es dauerte schon ein paar Jahre, bis das Umfeld so leistungsfähig war, und meine Bereitschaft einzuspringen, war und ist immer gegeben.

Außerdem ist das, was ich mache, nicht in einer 40-Stunden-Woche möglich. Es bedarf einer größeren Leistungsbereitschaft. Ich arbeite zwischen 50 und 80 Stunden pro Woche. Das klingt viel. Aber rechnen Sie einmal nach: Eine Woche hat insgesamt 168 Stunden, davon schlafen wir ca. 56 Stunden, bleiben 112 Stunden übrig. Bei durchschnittlich 65 Wochenstunden Arbeit bleiben also 47 Stunden für Frau, Kinder und Freizeit übrig, die Urlaubszeit nicht mitgerechnet. Denn seit Jahren mache ich acht bis neun Wochen Urlaub im Jahr, fast ausschließlich mit der Familie.

Da wir in der Familie keinen Fernseher haben, der uns Zeit füreinander nimmt, die Zeit für meine Frau und mich eingeplant ist und gelebt wird und ich wie beschrieben ganz bei einem Menschen bin, wenn ich mit ihm im Kontakt bin, sind alle Menschen in meinem Umfeld und auch ich mit meiner Begleitung, mit dem Kontakt zufrieden, wenn nicht sogar glücklich, und Beziehung und Partnerschaft finden statt.

Ein sehr schönes Bild dazu ist für mich ein Stein, der ins Wasser fällt. Es entsteht eine Welle nach der anderen, und von der Mitte aus breiten die Wellen sich kreisförmig aus. So sehe ich das auch bei mir. Ich bin mit mir in Kontakt und kann für mich sorgen, auch wenn mir das manchmal noch schwerfällt. Dann kommt als Nächstes meine Frau Viktoria und unsere Partnerschaft, dann kommen unsere Kinder und danach meine Geschäftspartner und die Mitarbeiter. Die nächste Welle sind die Kunden und die Jugendlichen in der Work and Box Company, die direkt durch und von uns betreut werden. Schließlich kommen das regionale Umfeld und die Gesellschaft, in der wir leben.

Viele Menschen, die ihre eigenen Probleme nicht lösen können, versuchen, statt diese in Angriff zu nehmen, anderen zu helfen – was natürlich nicht funktioniert. Denn nur wenn ich meine Probleme gelöst habe oder auf dem Weg der Lösung bin, kann ich anderen eine Stütze sein. Daher kann ich mich mit der nächsten Welle (dem nächsten Projekt) nur beschäftigen, wenn es mir gelingt, von innen nach außen (von mir selbst zu meinen Nächsten) für ein gesundes Zusammenleben zu sorgen. Sonst werde ich der zuvor übernommenen Verantwortung nicht gerecht.

Und schließlich werde ich noch gefragt, woher diese Ernsthaftigkeit in meinem Leben kommt. Damit kommen wir am Ende des Buches wieder zum Motto des Anfangs zurück. Im Vorwort steht das etwas ungewöhnliche Motto geschrieben: *Die Gnade eines schweren Lebens.* Ihnen, liebe Leserin, lieber Leser, wird dieses zuerst merkwürdig erscheinende Lebensmotto jetzt verständlicher sein. Ich will den Kern des Ganzen noch mal zusammenfassen.

In meinem Leben war ich schon in der Jugend mit dem Tod von sehr nahen Menschen konfrontiert. Das Leben hat mir dadurch schon früh die Möglichkeit gegeben, Abschied zu nehmen. Normalerweise haben wir kaum Erfahrungen mit dem Tod, können nicht mit ihm umgehen und haben Angst sowohl bezüglich unseres Verhaltens, wenn ein naher Angehöriger stirbt, als auch – in der Resonanz mit dem Tod – vor unserem eigenen Tod. Durch den Wegfall der gesellschaftlichen Rituale um den Tod eines Menschen fehlt uns die Orientierung. Nur die Kirche hält hier noch einen Rest Tradition hoch. Das alles macht es uns schwer, Erfahrungen mit dem Tod zu sammeln. Geburt ist für uns Menschen ein freudiges Ereignis, und wir verdrängen, dass es der Beginn eines Lebens ist, das mit dem Tod enden wird – wie auch unser eigenes. Aus dieser Sicht ist es für mich eine *Gnade*, schon so viel mit der Endlichkeit meines Lebens in Kontakt gekommen zu sein, denn so komme ich meinem Leben und dem Umgang damit näher. Ich fühle Dankbarkeit und damit auch Wachsamkeit für mein eigenes Leben und dessen Endlichkeit. Denn kein Augenblick kommt zurück, und keine Sekunde lässt sich wiederfinden. Und jeder Streit und jede Auseinandersetzung mit meinen Nächsten, an denen ich zu lange festhalte, ist verlorene Zeit.

Wenn uns das bewusster wird und wir mit der Normalität unseres bevorstehenden Endes im Bewusstsein leben, wird unser Leben intensiver und lebendiger.

Und wie gehen wir mit Krisen um, wenn sie auf uns zukommen? Denn ausbleiben werden sie nicht, auch wenn wir noch so bewusst leben. In unserer Kultur bedeutet Krise Gefahr: Es passiert etwas, das uns aus der Bahn wirft. Es passiert etwas Ungewöhnliches. Immer wenn etwas Ungewöhnliches passiert, werden wir verunsichert. Diese Verunsicherung führt bei uns dazu, dass wir eine Krise als unangenehm ansehen. Unter der Voraussetzung, dass hinter jeder neuen Situation auch ein Gewinn stehen kann, könnten wir uns auf unsere nächste Krise freuen. Der Gewinn einer Krise kann in einer Erkenntnis bestehen, aber genauso auch in neuen Handlungskompetenzen. Wie Sie gelesen haben, gab es in meinem Leben viele Krisen, und gerade die in meiner Kindheit hätten nicht so umfangreich sein müssen. Auf der anderen Seite habe ich dabei intuitiv gelernt, mit Krisensituationen zurechtzukommen. Meine Handlungskompetenzen im Bereich Krisenmanagement in allen Lebensbereichen sehe ich heute für mich als eine der größten Chancen meines Lebens.

Es ist unser Umgang mit einer Krise, der sie für uns wertvoll oder schädlich macht. Wir sind es, die unsere Lebenssituation werten und damit festlegen, wie wir die Situation, in der wir uns befinden, wahrnehmen. Wir können in Auflehnung gehen und die Situation nicht wahrhaben wollen oder in Empörung und die »anderen« dafür verantwortlich machen. Wir können in Selbstmitleid verfallen und uns selbst bedauern. Und sicher fallen Ihnen aus Ihrem Leben genügend andere Varianten ein, wie Sie mit Krisen umgehen. Sobald wir jedoch beginnen, eine Situation aus einem anderen Blickwinkel wahrzunehmen, verändert sich auch die Situation selbst. Wir können entscheiden, wie wir uns zu dem gerade Erlebten verhalten.

Natürlich stehen uns dabei erst nur unsere emotionalen Empfindungs- und Verhaltensstrukturen zur Verfügung. Was aber, wenn wir diese erweitern und uns damit erlauben, die nächste Krise neu und anders wahrzunehmen als bisher? Darin liegt auch die Chance der Krise. Das Schönste daran ist: Das Leben wird uns immer und immer wieder eine Krise anbieten, und wir werden sehen, was wir daraus machen. Meine Krisen haben mich in der Kindheit und Jugend geformt, und später habe ich erkannt, wie viel Entwicklungspotenzial in einer Krise steckt. Nicht dass ich mich riesig auf die nächste Krise freue, aber wenn wieder einmal eine da ist, versuche ich, damit bewusst umzugehen und das Potenzial darin zu erkennen.

***Nur der Augenblick
ist Wirklichkeit.***

Dieser Satz mag selbstverständlich erscheinen. Aber verhalten wir uns auch so? In den meisten Momenten unseres Lebens beschäftigen wir uns entweder mit der Vergangenheit oder mit der Zukunft. Die Beschäftigung mit der Vergangenheit: Das ist zum Beispiel der Satz, der unsere Partnerin verletzt hat, die Entscheidung von letzter Woche, unser Verhalten gegenüber unserem Geschäftspartner vor wenigen Minuten oder unsere Berufswahl vor 15 Jahren. Wie gern würden wir das eine oder andere wieder rückgängig machen oder zumindest verändern, und wie intensiv beschäftigen wir uns damit.

Dazu ein einfaches Beispiel: Wir bücken uns und nehmen einen Stein in die Hand. Je nachdem, welches Gestein wir aufgehoben haben, ist er Millionen von Jahren oder auch »nur« einige Hunderttausend Jahre alt. Niemals würden wir auf die Idee kommen, an der Struktur dieses Steines etwas verändern zu wollen. Wir wissen ja, dass das nicht geht. Genauso unmöglich ist es, ein Wort, das wir vor 20 Sekunden gesagt haben, wieder vergessen zu machen. In dieser Hinsicht kann durch die Beschäftigung mit der Vergangenheit nichts geändert werden. Wir können die Vergangenheit jedoch nutzen, um zu verstehen und zu reflektieren, was sich wie entwickelt hat.

Nehmen wir zum Beispiel den Tod meiner Tochter Sara. Was nützt es mir heute, wenn ich mir Gedanken mache wie: »Wenn ich damals nur nicht weggefahren wäre!«, oder: »Wenn wir damals nur keinen Keuchhusten im Haus gehabt hätten!«? All diese Gedanken änderten am Tod meiner Tochter nichts mehr, sondern verschwendeten nur Energie, Lebenszeit. Und diese Energie würde mir fehlen, jetzt, für meine Familie und meine Projekte. Denn Energie im Augenblick ist kostbar, da unser Leben endlich ist und kein Augenblick zurückkommt.

Genauso geht es uns mit der Zukunft. Statt mit unserer Aufmerksamkeit in der Gegenwart zu sein, machen wir uns Sorgen und überlegen uns, wie wir dieses oder jenes verhindern oder in Gang setzen könnten. Wir glauben, dass wir unser Leben mit all dem, was kommen wird, »absichern« müssten. Deshalb gibt es so viele Versicherungen, sogar »suggestive« wie Lebens- oder Unfallversicherung. Als ob wir dadurch sicherer wären! Doch auch die Zukunft ist nicht wirklich, sie findet nur als Vorstellung in unserem Kopf statt, »denn erstens kommt es anders und zweitens, als man denkt«. Natürlich mache ich meine Zielplanung für das, was in einigen Jahren kommen soll. Aber das Wichtigste dabei ist, das Geplante wieder loszulassen. Ein verkrampftes Festhalten an den Zielen lässt diese nicht in Erfüllung gehen. Wahrscheinlich war es das, was 2007 dazu geführt hat, dass es mit der zweiten Work and Box Company nicht klappte: Ich hatte vergessen, das Ziel loszulassen. Aber je mehr wir auf ein Ziel fixiert sind, desto weniger Wahrnehmungsfähigkeit haben wir für das, was jetzt gerade geschieht.

Da die gesamte Evolution vergänglich ist, gibt es die Wirklichkeit immer nur im Augenblick. Im nächsten Moment ist schon eine neue Wirklichkeit vorhanden. Nur in *diesem* Augenblick, nur an *dieser* Wirklichkeit können wir etwas ändern. Wenn wir Durst haben, können wir dieses Bedürfnis nicht mehr in der Vergangenheit stillen, genauso wenig nutzt es uns, wenn wir es in drei Tagen tun. Nur im Moment können wir etwas ändern. Mit dem nächsten Beispiel wird das noch klarer.

Meine Mutter ist im gesegneten Alter von 85 Jahren. Das eine oder andere wollte ich mit ihr noch besprechen, und gerade für dieses Buch waren solche Unterhaltungen sinnvoll und nötig, auch um auszusprechen, was zwischen uns stand. Die Gespräche fanden 2008 statt. Denn in der Vergangenheit hatte ich sie nicht geführt – sie auf die Zukunft zu verschieben wäre gefährlich, weil sie nicht mehr möglich sind, wenn meine Mutter stirbt.

Genauso kann auch der Kontakt zu unseren Kindern oder unserem Partner nur im Augenblick stattfinden. Spätestens wenn unsere Kinder groß und ausgezogen sind oder wenn unser Partner uns verlassen hat, bemerken wir unsere Kontaktlosigkeit, unsere Entfernung vom Augenblick. Nur im Moment können wir im Kontakt sein, nur im Moment können wir uns entschuldigen, und nur im Moment können wir entscheiden und handeln.

In der Öffentlichkeit bekommt meist nur der Aufmerksamkeit, der etwas Ungewöhnliches zu berichten hat. Aber auch Sie, liebe Leserin, lieber Leser, haben Ihr Schicksal, und auch Sie haben die Herausforderungen Ihres Lebens schon kennengelernt. Es ist auch Ihre Chance und Verpflichtung – und Ihre Verantwortung für sich selbst –, sich immer wieder zu entscheiden, denn ein Mensch, der nicht entscheidet, entscheidet durch Nichts-Tun.

Stellen Sie sich vor: Ein Mensch lebt sein Leben, und auf dem Sterbebett läuft es als Ganzes als Film noch mal an ihm vorbei. Er schaut sich alles an und sieht jetzt alle Chancen, die ihm sein Leben geboten und die er nicht genutzt hat: seine erste Frau, mit der er, wäre er mit ihr zusammengeblieben, alle seine »Beziehungskisten« danach unnötig gemacht hätte. Seine Mutter, die sich vor ihrem Tod so gewünscht hatte, dass er noch mal vorbeikommt. Sein Geschäftspartner, mit dem er viel erfolgreicher gewesen wäre als allein nach der Trennung. Und viele andere Chancen, die er verstreichen ließ. Wie schmerzlich muss es sein, in den letzten Sekunden des Lebens meine Versäumnisse erkennen zu müssen, wenn ich fast nichts mehr tun, fast nichts mehr wiedergutmachen kann.

Früher wurde das Sterbelager meist zu Hause und im Rahmen der Familie gehalten, und vieles konnte dort noch ausgesprochen, noch in Frieden gebracht werden. Heute berauben wir uns dieser Möglichkeit allzu oft. Um mit dem Ende und der Sinnhaftigkeit unseres Lebens in Kontakt zu kommen, ist es zum Beispiel eine Möglichkeit, seine eigene Grabrede aufzuschreiben, und zwar so, wie nur wir selbst es können. Denn nur wir wissen was andere nach unserem Tod über uns sagen sollen. Anhand dieser Grabrede können wir im Leben Korrekturen einleiten. Wir können uns neu entscheiden.

Oft stehen wir an einer Grenze, vor einer Wand. Gerade dann braucht es einen Freund, einen Anstoß, sich wieder auf den Weg zu machen und nach der Tür in dieser Wand zu suchen. Jeder von uns kennt dieses Gefühl, nicht mehr weiterzukommen. Und jeder kennt auch, wenn die Tür dann gefunden ist, die Erkenntnis, dass es diese Tür gibt und wie wir den Weg dorthin gefunden haben. Meistens ist die Angst vor der Veränderung größer als die Veränderung selbst. Wenn Sie Ihre Ressourcen besser kennen, sind Sie auch in der Lage, Ihr Leben mit mehr Kraft zu gestalten. Oft kann uns unsere Angst auf den richtigen Weg leiten. Denn dort, wo unsere Angst am größten ist, ist auch das größte Wachstum möglich.

Wir bekommen im Leben immer Aufgaben und Schwierigkeiten gestellt, die wir auch meistern können. Und wir bekommen *die* Aufgaben im Leben gestellt, die *unsere* Aufgaben sind. Deshalb macht es auch keinen Sinn wegzulaufen, denn die Aufgabe, die ja unsere ist, kommt wieder.

Sie haben in diesem Buch viele der Aufgaben in meinem Leben kennengelernt, angefangen von meiner Kindheit über meinen Berufsweg, meine Partnerschaft, meine Kinder bis hin zu meinem Sozialunternehmertum. Sie haben gelesen, wie es mir gelungen ist, damit zurechtzukommen, welche Entscheidungen ich gefällt und welche Wirkungen ich damit erzielt habe.

Und so möchte ich Ihnen, liebe Leserin, lieber Leser, Mut machen, sich aus meinem Buch das herauszusuchen, was Ihnen am besten gefällt – oder wo Sie den meisten Widerstand spüren! –, und es einfach für sich selbst zu verwenden und zu verändern. Denn Sie haben *Ihr* Schicksal und *Ihren* Lebensweg. Und Sie können jeden Augenblick neu entscheiden für Ihr Leben, Ihre Ziele, Ihre Zukunft und unsere Gesellschaft.

Anhang

DANK

Mein erster Dank für dieses Buch gilt meiner Mitarbeiterin Sibylle Dietermann, die in akribischer Arbeit meine Texte überarbeitet und mit mir die Dramaturgie des Buches erarbeitet hat. Gerade ihre Fragen haben zur Konkretisierung der Inhalte geführt und damit zur besseren Verständlichkeit. Ihrem Einfühlungsvermögen und ihrer schriftstellerischen Ader ist es zu verdanken, dass Sie jetzt dieses Buch in dieser strukturierten und gut lesbaren Form in Händen halten.

Mein Dank für mein Leben gilt meinen Eltern, die trotz all ihrer Fehler und Unzulänglichkeiten versucht haben, ihr Bestes zu geben. Ihre Liebe musste ich über die Jahre erst verstehen. Dann war ich in der Lage, auch meine zu finden. Doch ohne meine Eltern gäbe es mich gar nicht.

Mein Dank gilt weiter meiner lieben Frau Viktoria, meiner liebevollen und treuen Lebenspartnerin seit 23 Jahren, die meine sechs Kinder geboren hat. Durch sie als Gegenüber sind viele der hier geschilderten Entwicklungen erst möglich geworden. Ohne meine Frau hätte mir in vielen Bereichen nicht genügend Kraft zur Verfügung gestanden. Ihr gilt auch der Dank für die Offenheit, mit der sie mir erlaubt, so viel von unserem Leben preiszugeben. Deshalb ist dieses Buch auch ihr gewidmet.

Mein Dank gilt auch meinen Kindern, die mir mit ihrem Leben und ihrer Freude immer wieder die Hoffnung auf eine zukünftige Entwicklung geben. Und die mir ein Spiegel meines Verhaltens sind, wodurch ich immer wieder von Neuem lernen kann.

Und mein Dank gilt meinem Arbeits-(Lebens-)Partner Werner Makella, von dem ich viel lernen durfte. In der Reibung und im Austausch mit ihm sind viele unserer Ideen und Projekte entstanden und nur mit ihm gemeinsam ist es mir möglich, diese auch zu verwirklichen.

Mein weiterer Dank gilt meinen Geschäftspartnern Stephan Doll und Bernd Musial für ihre jahrelange Treue und ihre erfolgreiche Führung unserer Unternehmen, darüber hinaus für das Mittragen aller neuen Projekte und den festen Glauben an mich.

Mein Dank gilt ebenfalls Gerardo Milsztein, der unsere Arbeit bei der Work and Box Company seit 2003 selbstlos unterstützt und den Kinofilm erst möglich gemacht hat.

Und zuletzt gilt mein Dank dem Kösel-Verlag mit all seinen Mitarbeitern, vor allem den Lektoren, die mich begleitet haben. Denn auch ihre Anregungen und ihre Erfahrungen haben mit zu diesem Buch beigetragen.

KINOFILM »FRIEDENSSCHLAG – DAS JAHR DER ENTSCHEIDUNG«

Ein Dokumentarfilm von Gerardo Milsztein
Länge: 90 Minuten
Kinostart: voraussichtlich Herbst 2009

Mitwirkende
Rupert Voß (hand in)
Werner Makella (hand in)
Jugendliche Teilnehmer der Work and Box Company

Team
Buch, Regie und Kamera: Gerardo Milsztein
Ton: Robert Kellner
Herstellungsleitung: Marc Wächter
Produzenten: Andrea Thilo, Uwe Dierks, Thomas Grube
In Zusammenarbeit mit dem Bayerischen Rundfunk (Christian Baudissin)

Förderung
MBB Medienboard Berlin-Brandenburg
fff FilmFernsehFonds Bayern
FFA Filmförderungsanstalt

Weltvertrieb
Boomtown Media International

FERNSEHSENDUNGEN

- »Die Antwort heißt Gewalt – Jugendliche zwischen Frust und Aggression«, ZDF-Dokumentation, November 2008
- »Wut im Bauch – Hass im Hirn«, Ausschnitt: Wie kriegt man Gewalt in den Griff?, Bayerisches Fernsehen, Sendung »Vor Ort – Die Reportage«, Juni 2008
- Der bayerische SPD-Landtagschef Franz Maget stieg selbst in den Ring (Nachrichtenbeitrag), München.tv, Sendung »münchen heute«, April 2008
- Wie sich der bayerische SPD-Fraktionschef Franz Maget geschlagen hat (Nachrichtenbeitrag), SAT.1, Sendung »17.30 live für Bayern«, April 2008
- Interview mit Rupert Voß, Bayerisches Fernsehen, Sendung »Brunch«, Januar 2008
- Rupert Voß als Studiogast zum Thema Jugendkriminalität, Bayerisches Fernsehen, Sendung »quer«, Januar 2008
- In der Work and Box Company trainieren straffällige Jugendliche (Nachrichtenbeitrag), München.tv, Sendung »münchen heute«, Januar 2008
- Grüne besuchen Erziehungsprojekt (Nachrichtenbeitrag), SAT.1, Sendung »17.30 live für Bayern«, Januar 2008
- Reportage aus der Work and Box Company, Bayerisches Fernsehen, Sendung »Abendschau«, Januar 2008
- »Gewaltexzesse in der U-Bahn: Brauchen wir härtere Strafen?«, Diskussion unter anderem mit Werner Makella und Rafal Kucab, einem ehemaligen Teilnehmer der Work and Box Company, Bayerisches Fernsehen, Sendung »Münchner Runde«, Januar 2008
- Sendung über das Projekt Jobmotor von hand in: »Wir beginnen, wo andere aufhören …«, Bayerisches Fernsehen, Sendung »Stolberstein«, Oktober 2007
- Porträt Rupert Voß, Beitrag zur Ernennung als Ashoka-Fellow, Ashoka Deutschland, September 2006
- Beitrag über die Work and Box Company, Eröffnung der Kampagne »In welcher Gesellschaft wollen wir leben?« der »Aktion Mensch«, ZDF, Sendung »Menschen – das Magazin«, April 2006
- Nachrichtenbeitrag über die Work and Box Company, RTL, Sendung »News«, März 2006

- Beitrag zum Thema »Erfolg bei Jugend in Arbeit«, Bayerisches Fernsehen, Schulfernsehen, Sendung »Wege zum Beruf«, Teil 3: »Vom Wert der Arbeit«, September 2005
- Beitrag zum Thema »Ausbildung«, ZDF, Sendung »Menschen – das Magazin«, September 2005
- Beitrag zum Thema »Erfolg bei Jugend in Arbeit«, Bayerisches Fernsehen (BR-alpha), September 2005
- »Jugendliche Straftäter«, ProSieben, Sendung »taff«, Mai 2005
- »Friedensschlag«, Dokumentarkurzfilm von Gerardo Milsztein, Oktober 2004

RADIOSENDUNGEN

- Beitrag über die Work and Box Company aus Anlass der Preisverleihung »Unternehmen für die Region«, Bayern 2, Sendung »radioWelt – Magazin am Mittag«, Januar 2008
- Porträt von Eftal Sen, einem ehemaligen Teilnehmer der Work and Box Company, Bayern 5 aktuell, Sendung »Die Porträts der Woche«, Januar 2008
- Interview mit Rupert Voß und Teilnehmern der Work and Box Company, Radio Charivari München, Januar 2008
- Beitrag über die Work and Box Company, Bayern 1, Sendung »Mittags in Oberbayern«, Januar 2008
- »Einmal Täter – immer Täter?« Daniela Arnu im Gespräch mit Rupert Voß und Rafal Kucab, einem ehemaligen Teilnehmer der Work and Box Company, Bayern 2, Sendung »Notizbuch«, Januar 2008
- Bayernreporter-Beitrag, Antenne Bayern, Sendung »Antenne Bayern Nachrichten«, Januar 2008
- »Rupert Voß, Sozialunternehmer«, Interview mit Marion Glück-Levi, Bayern 2, Sendung »radioDuo«, Juni 2007
- »Boxen«, Bayern 2, Sendung »Notizbuch«, April 2007
- »Neuer Schwung mit neuen Ideen, Rupert Voß als Sozialunternehmer, gefördert von Ashoka«, Deutschlandfunk, Sendung »DLF-Magazin«, Januar 2007

- Rupert Voß im Interview mit Lotti Ohnesorge, Bayern 2, Sendung »Bayernchronik«, Dezember 2006
- Reportage über die Work and Box Company, Bayern 2, Sendung »Nahaufnahme«, April 2005

LITERATURHINWEISE

- Ackermann, Andreas: *Easy zum Ziel. Wie man zum mentalen Gewinner wird,* München 2000
- Birkenbihl, Vera F.: *Der Birkenbihl Power-Tag,* München 2007
- Birkenbihl, Vera F.: *Stroh im Kopf? Vom Gehirn-Besitzer zum Gehirn-Benutzer,* München 2007
- Carnegie, Dale: *Wie man Freunde gewinnt. Die Kunst, beliebt und einflussreich zu werden,* Frankfurt/Main 2001
- Egli, René: *Das LOL²A-Prinzip. Die Vollkommenheit der Welt,* Oetwil 1999
- Gray, John: *Männer sind anders, Frauen auch,* München 1998
- Hecker, Iris: *»Work and Box Company« statt Jugendstrafvollzug – alternative Resozialisierung als Weg aus schwerer Jugenddelinquenz. Zu strukturellen Bedingungen und Hintergründen erfolgreicher Reintegration von mehrfach straffälligen Jugendlichen,* Universität der Bundeswehr, Fakultät für Pädagogik, München 2007
- Kobjoll, Klaus: *Abenteuer European Quality Award,* Zürich 2000
- Kriminologisches Forschungsinstitut Niedersachsen e.V.: *Gewalterfahrungen von Kindern und Jugendlichen. Ergebnisse von Schülerbefragungen im Jahr 2005 und Möglichkeiten Erfolg versprechender Prävention. Eine Handreichung für Kommunalverantwortliche, Schule und Polizei,* Stuttgart 2007
- Molcho, Samy: *Körpersprache als Dialog. Ganzheitliche Kommunikation in Beruf und Alltag,* München 1988
- Patzlaff, Rainer: *Der gefrorene Blick. Die physiologische Wirkung des Fernsehens auf Kinder,* Stuttgart 2000

- Prekop, Jirina: *Erstgeborene. Über eine besondere Geschwisterposition,* München 2000
- Prekop, Jirina: *Von der Liebe, die Halt gibt. Erziehungsweisheiten,* München 2000
- Prekop, Jirina; Hellinger, Bert: *Wenn ihr wüsstet, wie ich euch liebe. Wie schwierigen Kindern durch Familien-Stellen und Festhalten geholfen werden kann,* München 1998
- Spitzer, Manfred: *Vorsicht Bildschirm. Elektronische Medien, Gehirnentwicklung, Gesundheit und Gesellschaft,* Stuttgart 2005
- Tolle, Eckhart: *JETZT! Die Kraft der Gegenwart. Ein Leitfaden zum spirituellen Erwachen,* Bielefeld 1999
- Zurhorst, Eva: *Liebe dich selbst und es ist egal, wen du heiratest,* München 2004

DEMNÄCHST IM KINO!
EIN AUFWÜHLENDER FILM
VON DEN PRODUZENTEN VON RHYTHM IS IT!
„Den Ausblick gibt's zwar, aber den musst Du in diesem Scheißlabyrinth erstmal finden!"
EFTAL, 17 Jahre
FRIEDENSSCHLAG
DAS JAHR DER ENTSCHEIDUNG
Ein Film von GERARDO MILSZTEIN
Ein inspirierender Dokumentarfilm über die Verwandlung von zerstörerischer Kraft in schöpferische Energie, Selbstbewusstsein und Verantwortung für das eigene Leben.
medienboard
FFF Bayern
www.friedensschlag.de
BOOMTOWNMEDIA